教师教育系列教材

大学生心理健康
(第3版)

欧晓霞 付 瑶 赵 嘉 编著

清华大学出版社
北 京

内 容 简 介

本书以心理健康知识的基本理论为基础，紧紧围绕影响大学生人格成长和完善过程中经常遇到的心理问题，如自我意识、人格完善、情绪调节、挫折应对、人际交往、恋爱心理、网络心理等方面的困扰，通过心理健康知识理论和一些简单实用的心理调适方法的讲授和具体操作，帮助学生更好地认识自我，能够及时地对可能发生的心理问题进行必要的干预，提高心理健康自我教育的能力，增强心理教育的自觉性、主动性和积极性。

本书内容贴近大学生活，具有很强的理论性、实践性及可操作性，既适合大学生阅读，也可以作为大学生心理健康教育的教材，还可以供心理咨询员、辅导员、教师等参考学习。

本书封面贴有清华大学出版社防伪标签，无标签者不得销售。
版权所有，侵权必究。举报: 010-62782989, beiqinquan@tup.tsinghua.edu.cn。

图书在版编目(CIP)数据

大学生心理健康/欧晓霞，付瑶，赵嘉编著. —3 版. —北京: 清华大学出版社，2023.7 (2024.8 重印)
教师教育系列教材
ISBN 978-7-302-63763-9

Ⅰ.①大… Ⅱ.①欧… ②付… ③赵… Ⅲ.①大学生—心理健康—健康教育—师范大学—教材 Ⅳ.①G444

中国国家版本馆 CIP 数据核字(2023)第 101699 号

责任编辑: 陈冬梅
装帧设计: 刘孝琼
责任校对: 徐彩虹
责任印制: 刘海龙

出版发行: 清华大学出版社
网　　址: https://www.tup.com.cn, https://www.wqxuetang.com
地　　址: 北京清华大学学研大厦 A 座　　邮　编: 100084
社 总 机: 010-83470000　　邮　购: 010-62786544
投稿与读者服务: 010-62776969, c-service@tup.tsinghua.edu.cn
质量反馈: 010-62772015, zhiliang@tup.tsinghua.edu.cn
课件下载: https://www.tup.com.cn, 010-62791865
印 装 者: 北京鑫海金澳胶印有限公司
经　　销: 全国新华书店
开　　本: 185mm×260mm　　印　张: 15.5　　字　数: 377 千字
版　　次: 2006 年 8 月第 1 版　2023 年 7 月第 3 版　　印　次: 2024 年 8 月第 2 次印刷
定　　价: 48.00 元

产品编号: 097511-01

前　言

习近平总书记在中国共产党第二十次全国代表大会上的报告中明确指出："我们要办好人民满意的教育，全面贯彻党的教育方针，落实立德树人根本任务，培养德智体美劳全面发展的社会主义建设者和接班人，加快建设高质量教育体系，发展素质教育，促进教育公平。"本教材在编写过程中深刻领会党对高校教育工作的指导意见，认真履行党对高校人才培养的具体要求。

1948年，世界卫生组织(WHO)指出："健康乃是一种在身体上、精神上和社会适应上的完好状态，而不仅仅是没有疾病和虚弱的现象。"心理健康作为健康的重要组成部分越来越受到大众的认可和关注。大学生正处于心理发展逐渐成熟的关键时期，同时其面临生活环境、学习方法、人际交往、网络媒体和职业生涯发展等诸多方面的挑战和机遇，因此在这一阶段促进其心理健康，完成适应和发展两大成长主题，尤其具有重要的价值和意义。2018年，教育部通过并颁布《高等学校学生心理健康教育指导纲要》，这说明国家已把大学生心理健康教育作为高等教育的重要组成部分。

《大学生心理健康》于2006年出版第一版，于2017年出版第二版，目前出版的第三版是在第二版的基础上，结合现在信息技术发展的特点和大学生的认知特点，为每一章配套知识点讲解短视频和自评量表，使教材内容更加立体化，符合学生多元认知的兴趣特点。本版教材的主要特点如下。

1. **指导思想明确**

教材依据《高等学校学生心理健康教育指导纲要》编写，坚持正面引导的原则，体现发展性心理健康教育的理念，促使学生发现自身的成长潜力，帮助学生掌握心理调节的方法，解决适应性和发展性问题。

2. **教材内容系统**

教材以心理健康知识的基本理论为基础，紧紧围绕影响大学生人格成长和完善过程中经常遇到的心理问题，如自我意识、人格完善、情绪调节、挫折应对、人际交往、恋爱心理、网络心理等方面的困扰，通过心理健康知识理论和一些简单实用的心理调适方法的讲授和具体操作，帮助学生更好地认识自我，能够及时地对可能发生的心理问题进行必要的干预，提高心理健康自我教育的能力，增强心理教育的自觉性、主动性和积极性。

3. **章节结构完整**

章节结构包括学习目标、核心概念、引导案例、学习指导、拓展阅读、思考与练习、实践课堂和自评量表等栏目。每章均由一个生动的案例导入，每个抽象的概念均有相应的实例说明，在规范表述的基础上力求通俗生动，增强教材的可读性，丰富读者的知识面。同时，添加的"自评量表"符合学生自我意识发展的特点和要求。

4. 视频资源配套

本次修订运用信息技术手段，在每一章节配套教师精讲短视频，短视频内容选取既与教材内容相关，又针对大学生普遍困惑的问题进行阐述，时间上不超过 20 分钟，形式和内容上符合读者多元的认知兴趣和习惯。

5. 教材与时俱进

本次修订修改了部分数据和内容，参考了近几年发表的新资料，并尽可能多地吸收国内专家的新成果。

本书在修订过程中参阅和吸收了有关著作和论文中的研究成果，在此向相关作者深表谢意，也向清华大学出版社的编辑，以及几年来关心、支持和使用这本教材的广大读者表示由衷的感谢。由于编者水平和时间的限制，本版教材仍会存在一些缺点和不当之处，敬请广大读者批评、指正。

编　者

目 录

第一章 走进心理健康 1

第一节 健康概念及心理健康的起源与发展 2
  一、健康概念的演化 2
  二、心理健康的起源与发展 4
第二节 心理健康的标准及特点 7
  一、心理健康的概念及界定的原则 7
  二、心理健康的标准 9
  三、心理健康的特点 13
  四、心理健康的意义 14
第三节 心理不健康的机理与影响因素 15
  一、心理不健康的机理 15
  二、影响心理健康的因素 19
本章小结 21
思考与练习 22
实践课堂 23

第二章 大学生与心理健康 24

第一节 大学生心理健康概述 25
  一、大学生心理发展的特点 25
  二、大学生生理发展对心理发展的影响 26
  三、大学生心理的发展 28
第二节 大学生心理健康的标准及意义 31
  一、大学生心理健康的标准 31
  二、大学生心理健康的意义 33
  三、大学生心理异常类型及常见的心理问题 35
第三节 中外大学生心理健康教育概况 39
  一、欧美、日本的高校心理健康教育工作 39
  二、我国大学生心理健康教育工作 41
本章小结 42
思考与练习 43
实践课堂 43

第三章 大学生常见的心理障碍 45

第一节 大学生常见的情绪障碍 46
  一、轻度情绪障碍及其调适 46
  二、重度情绪障碍及其防治 47
第二节 大学生神经症的表现与调适 51
  一、神经衰弱及其防治 52
  二、强迫症及其防治 53
  三、疑病症及其防治 55
第三节 大学生人格障碍及调适 56
  一、人格障碍的概念 56
  二、人格障碍的类型及其特点 56
本章小结 62
思考与练习 62
实践课堂 63

第四章 网络与心理健康 64

第一节 互联网与大学生 65
  一、互联网的形成与发展 65
  二、网络的特点 66
  三、互联网对人类的影响 67
第二节 大学生网络心理 73
  一、大学生网络心理特点与矛盾 73
  二、大学生上网心理 75
第三节 大学生网络心理障碍及其调适 78
  一、网络环境下的心理问题扫描 78
  二、大学生网络心理障碍 79
  三、大学生网络心理障碍的克服 82
本章小结 85
思考与练习 86
实践课堂 86

第五章 自我意识与心理健康 88

第一节 自我意识概述 89
  一、自我意识的概念 89
  二、自我意识是心理健康的重要标志 89

三、自我意识的结构 90
　　四、自我意识的发生 91
　　五、自我意识发展的一般规律 93
　　六、自我意识的作用 95
第二节　大学生自我意识发展的类型、
　　　　特点及形成的信息来源 97
　　一、大学生自我意识发展的类型 97
　　二、大学生自我意识发展的特点 97
　　三、大学生自我意识形成的信息
　　　　来源 99
第三节　大学生自我意识的完善 100
　　一、大学生自我意识的矛盾 100
　　二、大学生自我意识发展的障碍 101
　　三、塑造大学生健全的自我意识的
　　　　途径 103
本章小结 106
思考与练习 107
实践课堂 108

第六章　人际交往与心理健康 110

第一节　人际交往概述 111
　　一、人际交往的概念及意义 111
　　二、大学生人际交往的特点 113
　　三、大学生人际交往产生的原因 114
第二节　大学生交往的心理误区与调适 115
　　一、大学生人际交往中常见的
　　　　问题 115
　　二、大学生交往的心理误区及
　　　　调适 116
第三节　建立良好人际关系的途径与
　　　　方法 123
　　一、形成正确的交往态度 123
　　二、明确人际交往的一般原则 123
　　三、调整好人际交往的尺度 125
　　四、掌握人际交往的技巧 126
　　五、优化个性特征 129
本章小结 130
思考与练习 131
实践课堂 132

第七章　情绪与心理健康 134

第一节　情绪、情感概述 135
　　一、什么是情绪、情感 135
　　二、情绪、情感与机体变化 137
　　三、情绪、情感的功能 138
　　四、情绪的基本状态 139
　　五、高级的社会情感 140
第二节　大学生情绪问题概况 141
　　一、大学生的情绪特征 141
　　二、情绪与大学生的身心健康 142
　　三、健康情绪的标准 144
　　四、大学生常见的情绪问题 145
　　五、引起大学生不良情绪的因素 147
第三节　情绪的自我管理与调节 148
　　一、情绪、情感的自我完善 148
　　二、合理情绪理论——情绪控制和
　　　　调节的重要方法 152
　　三、采用行为训练方式进行情绪
　　　　调节 155
本章小结 158
思考与练习 159
实践课堂 160

第八章　挫折与心理健康 161

第一节　挫折概述 162
　　一、挫折的含义 162
　　二、挫折的类型 164
　　三、挫折产生的原因 165
　　四、挫折与身心健康 168
第二节　大学生的挫折反应 171
　　一、不成熟的原始消极的反应 171
　　二、成熟的积极的反应 174
第三节　挫折承受力及其培养 176
　　一、什么是挫折承受力 176
　　二、挫折承受力的影响因素 177
　　三、提高大学生挫折承受力的
　　　　必要性与重要性 178
　　四、大学生挫折承受力的培养 179
本章小结 184

思考与练习 184
　　实践课堂 184

第九章　恋爱与心理健康 186

　第一节　恋爱心理概述 187
　　一、爱情的本质 187
　　二、爱情的发展 189
　　三、爱情的理论 192
　　四、大学生恋爱的动因 193
　　五、对大学生恋爱的评价 195
　第二节　大学生恋爱心理的表现 196
　　一、大学生恋爱心理形成的
　　　　三个阶段 196
　　二、大学生恋爱的特点 197
　　三、大学生恋爱的类型 198
　　四、大学生恋爱中的常见心理 199
　　五、大学生恋爱的心理变化 201
　　六、大学生中常见的恋爱
　　　　心理障碍 202
　第三节　正确对待爱情 203
　　一、对恋爱中各种疑惑的解答 203
　　二、正确地对待爱情 205
　　三、矫正恋爱中的不良行为 208

　　本章小结 208
　　思考与练习 209
　　实践课堂 209

第十章　人格与心理健康 211

　第一节　人格概述 212
　　一、什么是人格 212
　　二、人格的特征 213
　　三、人格结构的理论 213
　　四、人格的内容 215
　第二节　影响人格形成与发展的因素 223
　　一、人格形成和发展的过程 223
　　二、影响人格形成的因素 227
　第三节　健康人格的形成与发展 230
　　一、健康人格的基本特征 230
　　二、大学生常见的人格发展不足的
　　　　方面 231
　　三、大学生健康人格的塑造 233
　　本章小结 236
　　思考与练习 237
　　实践课堂 238

参考文献 239

如果没有健康，智慧就难以表露，文化就无从施展，力量就不能战斗，财富变成废物，知识也无法利用。

——古希腊哲学家 赫拉克利特

第一章　走进心理健康

本章学习目标

- 了解健康的概念及心理健康的起源与发展。
- 明确心理健康的概念、心理健康的标准。
- 掌握心理不健康的机理与影响因素。

 核心概念

健康(health)　心理健康(mental health)

 引导案例

刘海洋伤熊事件

2002年，清华大学学生刘海洋为了验证狗熊是否笨，把硫酸洒在北京动物园狗熊的身上，造成对动物的伤害。

事后，清华大学给予刘海洋留校察看处分。

(资料来源：百度百科整理.)

 案例分析

这个案例充分说明心理健康在人的成长中的重要性。如果仅从学习成绩上看，刘海洋同学无疑是一个好学生：刘海洋在中学时就是一个"响当当的名字"，是全校3000多名学生学习的榜样；上了大学，他的学习成绩仍然名列前茅，而且"已通过研究生考试"。可以说，铸下大错的刘海洋同学并不缺少科学文化知识，他缺少的是心理的健康、最起码的社会公德和一个正常的人格。

本章重点介绍心理健康的概念、心理健康的标准以及心理不健康机理与影响因素。在学习的过程中，首先，要仔细阅读教材，掌握相关的概念、理论；其次，要结合自己的学习，认识到大学生心理健康的重要意义。

第一节 健康概念及心理健康的起源与发展

一、健康概念的演化

什么是健康？过去很长一个时期，人们普遍认为，没有疾病和不适，就是健康。这种"无病即健康"的传统健康观念一直影响着人们的医疗保健乃至政府的卫生政策。在日常生活中，人们比较注重锻炼身体，却忽视了心理的健康。一有头疼脑热就赶紧看医生，可心理出现障碍，往往不能正视。人们对健康概念的认识经历了一个比较漫长的过程。

(一)健康的初始概念

个体自诞生伊始，便祈求健康。然而，对什么是健康，健康的概念应包括哪些内涵，人们一直有不同的见解。人类对健康概念的认识是随着社会发展以及人类自身认识的深化而不断丰富的。在生产力低下的时期，人类只关注如何适应和征服自然，维护自身的生存。其后，随着生产力水平的提高，人类开始关心身体健康，防病、治病的医学科学应运而生。数百年来，生物医学的巨大成就为人类的健康做出了卓越的贡献，这种成就使人们对健康的认识局限于过分关注躯体的生物学变化，而忽视了人的心理活动及社会存在对健康的影响。20世纪初，《简明不列颠百科全书》对健康下的定义为："没有疾病和营养不良以及虚弱状态。"甚至我国《辞海》(1989年版)中，也将健康定义为："人体各器官系统发育良好，功能正常，体质健壮，精力充沛，并具有良好劳动效能的状态。通常用人体测量、体格检验和各种生理指标来衡量。"可以看出，这种解释依然是一种生物医学的模式。

(二)健康新概念

现代科技的飞速发展与社会文化的迅猛变革，使生活在现代社会的人普遍面临着激烈的竞争、频繁的应激、快速的生活节奏，前所未有的巨大心理压力使人不堪重负，这对人们的健康产生了重大影响。人们逐渐认识到心理、社会因素在健康与疾病及其相互转化中的不容忽视的重要作用，进而逐步确立了心身统一的健康观，从更全面的角度诠释健康的概念。由此，生物—心理—社会医学模式应运而生。1948年，世界卫生组织在成立宪章中指出："健康乃是一种在身体上、精神上和社会适应上的完好状态，而不仅仅是没有疾病和虚弱的现象。"这是对健康较为全面、科学、完整、系统的定义。这种对健康的理解意味着，衡量一个人是否健康必须从生理、心理、社会、行为等因素分析，不仅看他/她有没有器质性或功能性异常，还要看他/她有没有主观不适感，有没有社会公认的不健康行为。

为了加深人们对健康的认识，世界卫生组织还规定了健康的10条标准。

① 有足够充沛的精力,能从容不迫地应付日常生活和工作压力而不感到过分紧张。
② 态度积极,乐于承担责任,不论事情大小都不挑剔。
③ 善于休息,睡眠良好。
④ 能适应外界环境的各种变化,应变能力强。
⑤ 能够抵抗一般性的感冒和传染病。
⑥ 体重得当,身体匀称,站立时头、肩、臀的位置协调。
⑦ 反应敏锐,眼睛明亮,眼睑不发炎。
⑧ 牙齿清洁,无空洞,无痛感,无出血现象,齿龈颜色正常。
⑨ 头发有光泽,无头屑。
⑩ 肌肉和皮肤富有弹性,走路轻松。

从这10条健康标准可以看出,健康包括身体健康和心理健康两个方面,这两个方面相辅相成,缺一不可。严格地说,没有一种病是纯粹的身体方面的,也没有一种病是纯粹的心理方面的。

1988年,美国F.D.沃林斯基在其所著的《健康社会学》一书中提出了"立体健康观",见表1-1。

表1-1 健康模型中的8种健康状态构成

健康状态	类别	心理尺度	医学尺度	社会尺度
1	正常健康	健康	健康	健康
2	悲观者	患病	健康	健康
3	社会疾病	健康	健康	患病
4	抑郁症患者	患病	健康	患病
5	身体疾病	健康	患病	健康
6	自我牺牲者	患病	患病	健康
7	自乐者	健康	患病	患病
8	严重疾病	患病	患病	患病

从表1-1可以看出,健康的目标是追求一种更积极的状态,更高层次的适应和发展,是一种身心健康、社会幸福的完好状态。

(三)亚健康的概念

20世纪80年代初,世界卫生组织提出了一个崭新的概念"亚健康",即一种介于健康与疾病之间的"第三状态",又称为"次健康""疾病前状态""灰色状态""潜临床状态""半健康人"等。它具有以下特征:生理、心理、躯体均存在活力降低,适应能力呈不同程度减退现象,即有自觉症状,但做全面的生理检查又未能发现异常或处于临床状态,没有出现功能性或器质性病变。"亚健康状态"主要表现为:各项身体指标无异常,但与健康人相比,生活质量低、学习工作效率低、注意力分散、生活缺乏动力、学习没有目标、有些茫然不知所措,感觉生活没劲。躯体反应为睡眠质量不高,容易疲劳,身体乏力,食欲不振。尽管亚健康状态并非严重的心理问题,但如果不引起高度重视,极易引发相应的心理问题。

据一项对大学生的调查结果显示，大学生的亚健康状态主要表现为：人生目标茫然，学习目标不明确，学习动力缺失，生活目标随波逐流，常有无意义感伴随，自卑与自负两极振荡，懒散与退缩，恐惧失败等。事实上，任何一个处于亚健康状态的大学生，其表现会有：对于黄金年华、美丽大学生活的感受力下降，对自我发展的心理预期也会变得不确定，人际吸引力降低而且自我满足感不高，内在潜能不能够充分发掘。

因此，1981年，世界卫生组织在对健康人群进行大量调查后，对健康的概念做出了如下的阐述："健康就是精力旺盛地、敏捷地、不感觉过分疲劳地从事日常活动，保持乐观、蓬勃向上及有应激能力。"美国学者杜巴认为："真正的健康并不是全无疾病的理想境界，而是在一个现成的环境中有效运作的能力。环境是在不断地变，所谓健康便是不断适应无数每日威胁人们的微生物、刺激物、压力和问题。"还有学者提出了现代人应有的健康观：能对抗紧张，经得住压力和挫折，能积极安排自己的各种活动，使自己的智慧、情感融为一体，生活和精神充满生机，且富有文明意义。

(四)21世纪健康新概念

1989年，世界卫生组织又提出了21世纪健康新概念："健康不仅是没有疾病，而且包括躯体健康、心理健康、社会适应良好和道德健康。"21世纪人类的健康是生理的、心理的、社会适应与道德健康的完美整合。在这一新概念中，以生理健康为物质基础并发展心理健康与良好的社会适应，道德健康则是整体健康的统率。此外，关于死亡的定义，几千年来的传统观念中，都将心跳和呼吸停止视作人的死亡。现代，随着心脏、肾等器官的功能可以靠机器维护，还可进行移植，于是提出了脑死亡的概念，才最后在逻辑上统一了对人体生命中枢问题的认识，而脑死亡的新概念也更强调了人格生命中的心理因素。这种认识是现代社会人们对健康概念的全面总结与更新，健康不再仅仅是躯体状况的反映，而且还必须是心理活动正常、社会适应良好的综合体现。

二、心理健康的起源与发展

(一)心理健康的起源

心理健康教育是从正确认识精神病和给精神病患者以人道的待遇开始的。法国大革命后，比奈尔医生对全人类的"自由与和平"充满希望。在他工作过的两所医院里，他以大无畏的勇气和改革的气魄，毅然给住院精神病人解除了束缚他们躯体的锁链，并且努力为他们提供清洁的房间、良好的食物和仁慈的护理。这一创举在社会上引起了巨大的反响，因为在此之前，精神病人一直遭受着锁链的折磨和非人的对待。法国政府对比奈尔的改革十分重视，并予以支持，遂使一些精神病院的治疗环境逐步得到改善。比奈尔的名声也因此而传遍欧洲，被公认为心理卫生的倡导者。

最早采用"心理卫生"这一名词的是英国的克劳斯顿博士，他于1906年出版了《心理卫生》一书，不过心理健康运动的发展起源于美国。美国人比尔斯建立了今日心理健康的基础，对现代心理健康运动的兴起做出了贡献。比尔斯生于1876年，18岁就读于耶鲁大学商科，毕业后到纽约一家保险公司工作。比尔斯的哥哥患有癫痫病，他目睹其兄病情发作时昏倒在地、四肢抽搐、口吐白沫的可怕情景，担心这种病会遗传到自己身上，于是终日惶恐不安。24 岁时，比尔斯因精神失常从四楼跳下，企图自杀未遂，结果被送入精神病院。在精神病院的三年痛苦经历，使比尔斯亲身体验到精神病患者的苦闷和所受到的虐待，亲眼看见了一系列精神病人惨遭折磨和不公正对待的事件。病愈出院后，比尔斯立志为改善精神病患者的待遇而努力。1907 年，他写了一本自传体著作《自觉之心》。在这本书中，他用生动的笔墨，历数了当时精神病院的冷酷和落后，详细记述了自己的病情、治疗和康复经过，并且向世人发出改善精神病患者待遇的强烈呼声。此书第二年 3 月问世之后，得到心理学大师詹姆斯的赞赏和著名精神病学家迈耶的支持。迈耶指出，比尔斯所倡导的就是心理卫生。比尔斯得到各方面的赞助和鼓励后，于 1908 年 5 月在家乡成立了世界上第一个心理卫生组织——康涅狄格州心理卫生协会。1909 年 2 月，他又在纽约成立了全国心理卫生委员会(比尔斯任顾问)，该会的宗旨是"在为保持心理健康而活动，对于神经或精神障碍及精神缺陷的预防，精神病患保护标准的提高，给予全力的支持与协助，并搜集与公布有关此方面的资料，同时又与联邦、州或地方所设立的精神病设施，以及公私立的心理卫生协会协调"。1917 年，全国心理卫生委员会创办了《心理卫生》杂志，采用多种形式宣传普及心理卫生知识，使心理卫生运动逐步在美国形成了一股热潮。

在美国心理卫生运动的推动下，世界许多国家纷纷成立各国的心理卫生组织。1918 年，加拿大全国心理卫生协会宣告成立。1919—1926 年，法国、比利时、英国、巴西、匈牙利、德国、日本、意大利等，先后建立起全国性的心理卫生组织。此后，又有一些国家如阿根廷、古巴、印度、新西兰、苏联、土耳其、挪威等，建立相应的心理卫生机构。1930 年 5 月 5 日，第一届国际心理卫生大会在华盛顿召开，有 3042 人代表 53 个国家和地区出席了会议，中国也有代表参加，盛极一时。同时，产生了一个永久性的国际心理卫生委员会，标志着心理卫生运动已经发展成为一种世界性的潮流。

我国于 1931 年首先由吴南轩教授在中央大学心理系开设"心理卫生"选修课程，在其积极倡导下，于 1936 年 4 月 19 日在南京正式成立"中国心理卫生协会"，并推选吴南轩担任总干事。自成立至抗战前其主要成果如下。

① 成立心理卫生图书室，陈列书籍，供民众阅览。
② 编印心理卫生丛书，共出版 17 种。
③ 举办心理卫生讲演。
④ 调查地方实施心理卫生状况。
⑤ 培养心理卫生人才。
⑥ 编制心理健康测验。
⑦ 翻译心理卫生书籍。

抗战爆发后，会务中断，但在后方，卫生部中央卫生实验院成立心理卫生室；1942 年成立青年心理卫生指导所；1944 年成立儿童指导所；抗战胜利后，全国心理卫生协会于 1947 年召开第二届大会。

现代西方心理健康教育思想包含在西方新教育和自由主义教育思想、实用主义教育与存在主义教育思想之中。新教育思想和自由主义教育思想继承了卢梭、裴斯泰洛齐的自然主义教育思想，从研究儿童的自然本性入手，强调教育应该尊重儿童的个性，主张教育的民主与自由，提倡办新学校。教育家蒙台梭利认为儿童的发展是一个自然过程，教育的作用只是在于帮助儿童发展其自然力量，教育应该是自由教育和活动教育。所谓自由教育，一是为学生提供一个自由环境，在这个环境下，儿童是自己的主人，教师的任务是了解儿童的发展，及时为儿童创造自由活动的环境与条件。二是以培养儿童自我教育的能力为核心。所谓活动教育，是指围绕儿童发展的自然规律安排活动，实施教育。思想家罗素主张"爱的人格教育"，他认为旧教育是缺乏爱的教育，儿童毫无自由与人格可言，所以，一个真正善于施教的人，并能使学生发展得完全，一定要十分透彻地充满尊敬的精神。美国的进步主义与实用主义教育思想主张发展和尊重儿童人格，坚持教育的民主与自由；主张自然教育，将兴趣看成是活动的动力；强调儿童是教育的中心。杜威认为教育既要注重个人的发展，又要强调社会进步，把个人发展与合作精神的培养结合起来，把课程的生活性、社会性与课程的儿童性放在同等重要地位。尽管这些教育思想中有过分强调儿童"自由""兴趣"，忽视系统文化科学知识学习的局限性，但其重视儿童人格健全发展的思想对现代心理健康教育的产生起了推动作用。

作为心理健康教育的实践出现在20世纪三四十年代。某些西方学者提出了以专门的教学或训练课程来培养学生的某种能力或心理品质，这就是心理健康教育的雏形。例如，英国克劳福德于1954年开创性地提出了一种思维训练课程，该课程的主要目的是改善工程师、经理与设计师等专业人员的思维能力。他要求受训者掌握"属性罗列法"，即列出产品的关键属性，然后提出改进产品的办法。美国著名创造学家奥斯本在20世纪40年代开始推广"头脑风暴法"(也称脑力激荡术)，一种训练创造思维的方法。著名社会心理学家勒温在1946年提出了"敏感性训练"的课程。此后，在西方国家中出现了大量专门的心理训练课程或心理教学模式。由此，真正意义的心理健康教育蓬勃发展起来。

(二)心理健康运动的发展

现代心理健康教育的发展，大致经历了三个阶段。

1. 从改善精神病人的待遇到注重精神疾病的预防

该阶段从20世纪20年代到第二次世界大战结束，主要注重改善精神病人的待遇，注意精神疾病的预防。在1930年召开的第一届国际心理卫生大会上，大会的中心议题就是进一步改善精神病人的待遇，积极研究、治疗和预防精神疾病。在这一阶段，从事心理卫生与心理教育工作的大多数是精神病学工作者，心理卫生与心理教育的重点也更多的是放在精神病患者本身及其家属方面。

2. 从关心身心因素的制约到关注社会因素的影响

这一阶段从第二次世界大战后到20世纪60年代，从关心身心因素的制约到开始关注社会因素的影响。此阶段，随着临床领域生物学模式向生物—心理—社会医学模式的逐步转变，心理健康教育工作的重点也从关心身心因素对精神健康的制约逐步向关注社会因素对精神健康的影响方面发展。在1946年伦敦第三届国际心理卫生大会上通过的《心理健康与世界公民》文件中，明确指出了心理卫生的社会化趋向，要求各国的心理卫生工作者必须十分重视社会因素对心理健康的意义。到了1961年，世界心理健康联合会在其出版的《国际心理健康展望》中，更是明确地提出：心理卫生今后的任务是在生物学、医学、教育学和社会学等最为广泛的方面，使居民的心理健康达到尽可能高的水平。这一奋斗目标表明，此时的心理卫生工作已远远超出传统的精神学的活动范围,而与新形成的生物—心理—社会医学模式合拍并进,正在向更为广阔的领域渗透。

3. 从努力提高个人的适应能力到力图全面提高人的心理素质

这一阶段从 20 世纪 70 年代初到现在,该阶段主张不仅要提高个人的适应能力,还要全面提高人的心理素质,进行心理健康教育。20 世纪 70 年代以来,随着人本主义心理学的兴盛,西方的不少心理学工作者,开始尝试用人本主义的观点重新审视心理健康教育问题。一些学者指出,过去的心理健康教育工作过多地集中在个体心理不健康的一面,而对人的心理健康的一面关心不够,特别是对如何增强人的适应能力缺乏应有的重视,这种状况亟须改变。美国著名的心理学卫生专家贾霍达认为,应当从个体对于自己的态度、个体成长、发展的类型与程序、个体人格的完整性、个体的独立性或自主性、个体现实知觉的适宜性、个体驾驭环境的能力等方面,大力增强人的适应能力。贾霍达的这种观点,得到许多学者的赞同与支持。但是,增强个体的适应能力,毕竟没有从更积极的方面反映出人类对于心理健康的向往与追求。因此,全面提高人的心理素质,充分发挥人的潜能和创造性,塑造美好的心灵与个性,便成为当今世界心理健康教育的新的目标和发展趋向。

中国的心理健康与教育事业自 20 世纪 80 年代复苏以来,也正在朝着这一目标积极努力。1985 年,中国心理卫生协会在泰安宣告成立后,开展了内容丰富、形式多样的心理卫生宣传普及、科学研究和骨干培训工作。20 世纪 90 年代以来,全国各地教育工作者逐渐重视学生的心理卫生与心理健康教育问题,在许多学校设立了心理咨询室,并开设了心理健康教育课程。心理健康教育活动已经在各地大、中小学兴起。

第二节 心理健康的标准及特点

一、心理健康的概念及界定的原则

(一)心理健康的定义

什么是心理健康

心理健康是时代的课题,是 20 世纪中叶以来由科技、文化和社会发展所决定的以一种全新、多元的视角看待健康的产物。它的出现反映了唯物主义心身统一的哲学观在健康观念上的确立。

(1) 1946 年,第三届国际心理卫生大会将心理健康定义为:"所谓心理健康是指在身体、智能以及情感上与他人的心理健康不相矛盾的范围内,将个人的心境发展成最佳的状态。"

(2) 精神病学家门宁格认为"心理健康是指人们对于环境及相互间具有最高效率及快乐的适应情况,不仅要有效率,也不只是要有满足感,或是愉快地接受生活的规范,而是需要三者兼备。心理健康的人应能保持平静的情绪、敏锐的智能、适于社会环境的行为和愉快的气质"。

(3) 英国心理学家英格里士指出:心理健康是指一种持续的心理状态,当事人在那种情况下,能做出良好的适应,具有生命的活力,并能充分发挥其身体潜能。这乃是一种积极的丰富体验,不仅仅是免于心理疾病而已。

(4) 我国学者王效道等认为心理健康具有如下特征:①智力水平处在正常范围内,并能正确反映事物；②心理和行为特点与生理年龄基本相符；③情绪稳定、积极，与情境适应；④心理与行为协调一致；⑤社会适应，主要是人际关系的心理适应与协调；⑥行为反应适度，不过敏、不迟钝，与刺激情境相适应；⑦不背离社会行为规范，在一定程度上能实现个人动机并使合理要求获得满足；⑧自我意识与自我实际基本相符，"理想我"和"现实我"之间的差距不大。

综上所述，我们定义心理健康为：心理健康是一种持续良好的心境，个体在这种状态下，其认识活动、情绪反应、意志行动处于积极状态，而且具有正常的、适当的调控能力，并能充分发挥其身心的潜能。

心理健康是一个相对的概念，它不像人的躯体健康与不健康有明显的生理指标，比如脉搏、体温，所以要区别心理是否健康并不那么容易。心理健康的参照系是，相对心理健康的理想状态是以无心理疾病为准的；而"正常"这一概念不论对于整体还是个体都是有阶段性的，因为一个人随时都可能产生心境不良，所以个体的心理健康也不是一条直线。这里的"正常"是用于评价阶段行为的，不是用来描述某一阶段行为的。要区分心理正常与异常，尚无一个适用于任何人的任何情境的心理健康标准，因为人的心理世界是复杂多样的，即使一个健康的人，也可以有突发性、暂时的心理异常。因此，每个人随时随地都可能产生心理问题，心理冲突犹如感冒、发烧一样不足为奇。

(二)心理健康的两个基本原则

1. 心理活动的主观感觉如何(快乐原则)

任何行为必然伴随着主观感受，主观感受指行为者自身的内心体验，这种体验中最基本的是本体感觉。无论是工作学习还是待人接物，主要不是依靠耳目的情报和抽象的道理来评定行为是否过分，而是靠内心体验来调整行为，大道理只能起"宏观"调控作用，时刻起作用的"微观"调控几乎完全取决于内心体验。强迫症患者屈从于强迫性的需要，行为拘谨刻板，以程式化的方式对待身边的人与事，过分追求完美，这显然是本体感觉出了问题，回避来自本体感觉的真实声音，所以他们在社会生活中步履维艰，因为他们完全是一个直接体验上的"瞎子"。

有时，利他行为不一定是健康行为。当一个小孩子为了博得大人的好感，违心地表达自己的真实感受时，千万别太早地为孩子的懂事高兴，你得留意这个孩子的心理健康。过分的早熟与懂事会压抑孩子的本体感觉，这不是什么好事。因为当利他只是一种手段时，它不会给行为者带来真正的道德愉快。只有行为中的愉快真正来自本体而不依赖于他人的评价，也就是社会性评价真正达到个人化与体验化之后，利他行为才成为健康行为。

1911 年，西格蒙德·弗洛伊德在《详论心理功能的两个原则》中提出心理活动的第一原则为"快乐原则"。它表明，本能需要的即时满足给人带来快乐，不满足则会带来紧张、不安甚至痛苦，而每个人都具有追求快乐、避免痛苦的本性。快乐原则是指导人之初心理活动的唯一原则，也是衡量心理健康的首要法则。

如果一个人经常遭受到严重的忧郁、焦虑、敌意等不良情绪困扰，并且这些烦恼与痛苦影响了他的生活质量；如果经常失眠、头痛、感到注意力不集中、记忆力减退、情绪大起大落，并且注意到这些变化并为此而感到不安；如果一个人不敢在班级讨论中发言，不敢与陌生人打交道，想到要在公众场合抛头露面就会脸红、心跳、出汗、发抖，为此感到自己无能，深陷沮丧与挫败感中；如果一个人感到总有一些毫无意义的念头、怀疑与行为不断出现，想控制却又控制不了，诸如此类情况，都会让人感到不安、烦恼甚至痛苦。总之，这些人不快乐，对自己的心理状态不满意。这种根据个人的主观感受做出自己是否处于健康状态的判断，一般是比较准确的。

2. 社会适应性怎样(现实原则)

自我感觉很好的人不一定健康。比如精神病人，这是心理疾病中最严重的一类疾病，但他们从来不会意识到自己有病，而且越严重的人越不承认自己有病；自我防御意识很强的人，整天生活在自欺欺人之中，但自己并不觉察；自私自利的人，以自我为中心，内心充满了"我是上帝"的感觉，只管自己的感受，从不顾及对他人的伤害。这些人很快乐，但他们的心理并不健康，因为衡量一个人的心理是否健康，除了自我感受外，还必须考虑其社会适应性，一个人的心理活动与外部环境是否具有同一性。即一个人的所思所想、所作所为是否正确地反映外部世界，有无明显的差异。这与弗洛伊德提出的心理活动的"现实原则"是一致的。

每个人都生活在社会中，一个心理健康的人必须适应社会，与社会处于和谐状态，而不是对立状态。个人与社会的适应情况表现在对自己、对他人、对集体、对社会的态度上，表现在与他人和社会建立的联系上，也表现在对各种事情的处理上。如果个人只顾追求快乐而忽视社会规范，迟早会受到社会的惩罚。因此，个人在追求快乐的时候，必须学会延迟满足，将眼前需要的满足与长远而持久的利益结合起来。

需要指出的是，快乐原则与现实原则是衡量心理健康的两个基本原则，不论牺牲哪个原则，都是不健康的，甚至是病态的。

二、心理健康的标准

(一)区分心理健康的规范

心理健康不是一种虚无缥缈的空洞的概念，它有自己明确的范围和标准。但是，人们在确定某人的心理健康水平时，往往又遵循着某一种衡量的规范。至少我们可以知道以下几种规范。

1. 统计学规范，也可以称为平均规范的标准

统计学规范是以统计学正态分布理论为基础，以接近平均值为正常，以偏离平均值为变态。正常与不正常之间为一条连续的曲线，该曲线的广大中间地带是正常的，而两端则是偏离正常的。

2. 生理学规范，即病因症状的检验标准

生理学规范认为，正常人不应该存在变态的症状行为，所以心理行为变态都是某些精神疾病影响的结果，都可以在患者身上找到生理、生化、神经、遗传等器质性原因。此标准较为客观，准确可靠，但是适应范围较小。现实中，多数心理障碍和心因性精神疾病查不出生理上的器质性病变。

3. 价值观规范

该观点认为,在平均规范幅度之下的人不一定都正常,而偏离平均规范者也不一定都异常,这要取决于一定的价值观。如在严重的自然灾害面前,大多数人表现出焦虑或抑郁反应,但仍有少数人处于泰然自若的状态。又如在癔病集群发作者当中,总有个别人由于意念坚定而不受感应,对这种人则不能视为异常。这种观点认为,一个人的心理健康与否主要取决于他的行为与价值观的一致性。

4. 社会规范

社会规范是根据个人的心理行为是否符合社会道德、法律、风俗等规范来划分心理的常态和变态。由于社会规范受文化传统、地区、地域、历史变化等因素的影响,因此,社会规范标准有社会历史的制约性,它只能适应某一地区、某一国家、某一历史阶段。另外,有些心理疾病者、心理变态者仍能遵守社会规范,所以很难将违反社会规范与心理异常画上等号。

5. 机能水平规范

这种观点认为,健康时的心理机能是能够充分发挥的,水准也高,而病态时的心理机能偏低。因此,灵活运行其自身所具有的全部机能时则为健康,机能水平发挥越高,价值越大。当然,在评价个别或部分机能时,应把它置于整体机能中去考虑,关键是发挥其整体机能作用。有些神经症患者,他的仪态、行为可以说与常人无异,但他的学习、工作效率很低,整体机能不足,故其心理是不健康的。

(二)心理健康标准的探讨

人的躯体健康有客观的标准,只要医生用仪器进行内、外科的检查,就可以得出基本正确的结论。人的心理健康也是有客观标准的,一般可以根据心理测验、观察和个人主观体验等方面的材料进行综合分析,做出较明确可靠的判断。关于心理健康的具体标准问题,每一位心理学家、精神卫生专家都可能提出一套标准。下面我们来了解一下具有代表性的几位专家的观点。

(1) 世界心理卫生联合会(WFMH)提出的标准。世界心理卫生联合会具体地指明了心理健康的标准:①身体、智力、情绪十分调和;②适应环境,人际关系中彼此谦让;③有幸福感;④在工作职业中,能充分发挥自己的能力,过有效率的生活。

(2) 《简明不列颠百科全书》认为,心理健康是指个体心理活动在自身及环境条件许可范围内所能达到的最佳状态,而不是指一种绝对的十全十美的状态。其具体标准为:①认知过程正常,智力正常;②情绪稳定、乐观,心情舒畅;③意志坚强,做事有目的;④人格健全,性格、能力、价值观等均正常;⑤养成健康习惯和行为,无不良行为;⑥精力充沛地适应社会,人际关系良好。

(3) 美国心理学家马斯洛提出的标准。马斯洛将心理健康的标准概括为 10 个方面:①有足够的自我安全感;②能充分了解自己,并有恰当估计自己的能力;③生活理想切合实际;④不脱离周围现实环境;⑤能保持人格的完整与和谐;⑥具有从经验中学习的能力;⑦能保持良好的人际关系;⑧能适度地宣泄情绪和控制情绪;⑨在符合社会规范的前提下,能有限度地发挥个性；⑩在不违背社会规范的前提下，能适当地满足个人的基本需求。

(4) 美国心理学家罗杰斯提出的标准。罗杰斯认为，每一个人都依赖自己对于世界的经验，一个心理健康者(自身功能充分发挥者)有5个特点：①能接受一切经验；②可时刻保持生活充实；③相信自己的肌体；④有自由感；⑤具有高创造性。

(5) 美国心理学家奥尔波特提出的标准。奥尔波特认为心理健康者的功能发挥是在理性和意识水平上进行的。他提出健康个性的7个特征：①自我意识广延；②自我与他人关系融洽；③有情绪安全感；④知觉客观；⑤有各种技能，并能专注于工作；⑥现实的自我形象；⑦内在统一的人生观。

(6) 美国学者坎布斯提出的标准。坎布斯认为一个心理健康、人格健全的人应有4种特质：①积极的自我观念；②恰当地认同他人；③面对和接受现实；④主观经验丰富，可供取用。

(7) 我国学者提出的标准。王效道提出了心理健康水平的10条评估标准：适应能力、耐受力、控制力、意识水平、社会交往能力、康复力正常，以及道德愉快胜于道德痛苦等。马建青主编的《心理卫生学》认为心理健康的标准为：①智力正常；②善于协调与控制情绪，心境良好；③具有较强的意志品质；④人际关系和谐；⑤能动地适应和改造现实环境；⑥保持人格的完整与健康；⑦心理行为符合年龄特征。我国学者严和骏提出心理健康的6条标准：①积极向上，有面对现实和适应环境的能力；②能避免由于过度紧张和焦虑而产生病态症状；③与人相处时，能保持发展融洽互助的能力；④有将其精力转化为创造性和建设性活动的能力；⑤有能力进行工作；⑥能正常进行恋爱。天津精神卫生中心的陈钟舜对青年学生提出心理健康的10条标准：①能正常地学习、工作和生活，并保持在一定的能力水平上；②能与他人保持良好的人际关系，与人为善，团结互助；③情绪基本稳定，对事物反应敏捷，心境持久地保持轻松和愉快状态；④行为符合社会群体要求，与学生的角色、身份相称；⑤人格完整，能客观地评价个人及外界，意志坚强，言行一致；⑥与大多数人的心理意向一致，热爱集体，有浓厚的社会交往欲望；⑦有良好的适应能力及对紧急事件的应变能力；⑧有一定的安全感、信心和自主感，而不是逆反状态；⑨心理符合其年龄水平，自居及定向能力强，个人理想与现实的可能性之间的距离是可望可即的；⑩能适应快节奏的时代变化，高效率的学习质量，精力充沛，自我感觉良好。

(三)心理健康的标准

关于心理健康的标准，中外学者、专家提出众多的观点，至今尚无完全一致的标准。综观各种标准，我们认为，提出我国自己的心理健康标准时，应考虑三个主要依据。第一，依据心理健康的根本内涵，突出其积极的、富有建设性的一面。第二，依据个体心理发展的年龄特征。因为一个人心理是否健康，其判断标准的参照系只能是同年龄组的人，超越这条界线将失去标准的意义。第三，依据心理活动的系统性特点，尽可能从心理活动的各主要方面来考察个人的心理健康状况。据此，我们参照各种已发表的心理健康标准，提出以下8条标准。

1. 心理行为符合年龄特征

在人的生命发展的不同年龄阶段，都有相对应的不同的心理行为表现，从而形成不同年龄阶段独特的心理行为模式。如少年天真活泼，青年朝气蓬勃，中年平稳稳健，老年沉着老练。心理健康与否是指与同龄人相比，是否具有与多数人相符合的心理行为特征。如果一个人的心理行为经常严重偏离自己的年龄特征，一般都是不健康的表现。

每个人都可以有 4 种年龄。①实际年龄，指人们的自然年龄。②心理年龄，指每个人具有心理成熟期与发展阶段的特征。由于每个人的心理健康状况不一样，有的人超越自己的心理期，称为心理年龄提前，反之，则是心理发展迟缓。如果一个人的心理行为经常严重偏离自己的年龄特征，则是心理不健康的表现。③生理年龄，指生理发育成长的实际情况，与实际年龄有差异。每个人所处的地理环境、营养条件等因素不同，会造成生理年龄与实际年龄的差异。如热带地区的人生理发育早，生理年龄大于实际年龄；寒带地区的人或营养不良的人，生理发育要晚于实际年龄。④社会年龄，指一个人处世待人、适应社会能力的强弱。有人老练，有人幼稚。对于大多数心理健康者来说，要求心理、社会、生理及实际年龄基本一致，既不能"少年老成"，又不能"成人幼稚化"。

2. 智力正常

智力是心理活动的认知功能表现。智力主要由观察力、记忆力、思维力和想象力组成。良好的智力水平是保障一切社会的人学业成功、事业成功的必备心理基础。心理健康者能适应生活环境，能正常生活、工作、学习，智商大于 70 分。

3. 情绪稳定乐观

情绪和情感在心理健康中是一种明显的外部指标。它对人的心理活动常常起着推动或阻抑作用。乐观、开朗、兴奋使人思维敏捷，记忆力增强，充满信心；忧郁、悲观、沉闷导致思维抑制，记忆困难，悲观失望。心理健康者能经常保持愉快、开朗、自信、满足的心情，善于从生活中寻求乐趣，对生活充满希望。更为重要的是情绪稳定，具有自制和自控能力，能够保持与周围环境的动态平衡。心理不健康者经常情绪波动、反复无常，对人或物无动于衷、冷漠无情，焦虑忧郁，情感不协调，无法自制、自控。

4. 意志坚定，能够自制

心理健康的人具有良好的意志品质，主要表现为对自己的行为有一定的控制能力，能正确认识自己行动的目的和意义，遇事有一定的决断能力，凡事持之以恒，对冲动有克制能力，对紧急事件有良好的应变能力。心理不健康者的意志水平常表现为两种极端状态，要么武断独行、我行我素、固执己见；要么表现为犹豫不决、畏惧退缩、缺乏信心和决心。

5. 人际关系和谐

每个人都生活、工作在某一群体之中，人与人之间不断进行人际交往、共同协作。个体的心理健康水准往往在与他人交往中有所表现。和谐的人际关系既是心理健康不可缺少的条件，也是获得心理健康的重要途径。心理健康者在人际关系上表现为：乐于与人交往，有知心朋友；在交往中有自知之明，不卑不亢；能客观地评价别人，友好相处，宽厚待人。

6. 自我意识完善

心理健康者有正确的自我意识，能正确地认识自己，承认自己的优点与缺点，能够不断修正自己的缺点，努力完善自我，对自己的缺点和错误不掩饰、不自卑，对自己的长处不自傲。心理健康的人不挑剔自己或厌恶自己，他的生活观是积极的，能够以愉快的态度接纳自己。

7. 反应适度

人的基本心理活动是对外部信号接收和反应的过程，人的大脑接收外界环境的各种信号，通过分析、综合、判断、推理，做出相应的反应，从而达到生理、心理协调平衡的最佳状态。由于每个人对事物的反应能力和解决问题的敏捷程度各不相同，又由于各人的个性特点、思维模式、智力水平和社会适应性以及心理素质的差异，因而每个人对事物的反应具有某些差异性。

心理健康者思维清晰、符合逻辑，行为有序、语言有条理，言行相符、思维行动一致，行为反应正常；心理不健康者思维混乱、不符合逻辑，行为无序、语无伦次，言行不一、思维与行为矛盾，行为反应过敏或迟钝。

8. 人格完整和谐

心理健康者有积极进取的人生观，需要、愿望、目标、行为统一，正直、热情、自信、勇敢；心理不健康者人生观消极、悲观失望，需要、愿望、目标、行为相互矛盾，冷漠、自卑、惧怕、自私。

三、心理健康的特点

(一)心理健康的状态具有相对性

一个人是否心理健康与一个人是否有不健康的心理和行为，并非完全是一回事。假如有这样一个情景：一位大学生，平时性格开朗，活泼大方，可近几个星期以来，他变得郁郁寡欢，常常神思恍惚，神不守舍，以致学习成绩一落千丈，还常常半夜里哭醒。从表现看，他精神是失常状态。但当我们得知不久前他相恋多年的女友不幸因车祸丧生时，我们则认为他的表现是完全正常的。可见，人的心理健康具有相对性，与人们所处的时代、环境、年龄、文化背景等方面的因素有关，所以不能仅仅从一种行为或者一种偶然的行为来判断他人或自己心理是否健康。

(二)心理健康的状态具有连续性

人的心理健康水平可分为不同的等级，"心理健康"与"心理不健康"不是泾渭分明的对立面，而是一种连续或交叉的状态。良好的心理健康状态到严重的心理疾病之间是渐进的、连续的，异常心理与正常心理、变态心理与常态心理之间没有绝对的界限，只是程度的差异。

长期以来，人们习惯于将人的心理健康看作是黑白分明的事情。要么你是正常的人，无论你的思想与行为有多么的变态与异常现象；要么你就是个疯子，无论你的疾患有多大的好转。这种观点将人的精神正常与否看作简单的质差，忽视了正常人与精神病患者的巨大量差的变化。

事实上，在人的心理健康上存在着一个广泛的灰色区域。具体地说，如果将人的精神健康比作白色，精神不健康比作黑色，那么，在白色和黑色之间存在着一个巨大的缓冲区域——灰色区，世间大多数人的精神状况都散落在这一灰色区域内。换言之，灰色区可谓是人非器质性精神痛苦的总和，其中包括了人的心理不平衡、情绪障碍及变态人格。这些问题不同程度地干扰了人们的正常生活与情绪状态。

灰色区又进一步划分为浅灰色和深灰色。浅灰色区的人只有心理冲突，而无人格变态，其突出表现为由诸如失恋、丧亲、夫妻纠纷、家庭不和、工作不顺心、人际关系不佳等生活矛盾而带来的心理不平衡和精神压抑。深灰色区的人则患有种种异常人格和神经症，如强迫症、焦虑症、癔症等。浅灰色和深灰色也无明显界限，后者往往包含了前者，如图1-1所示。

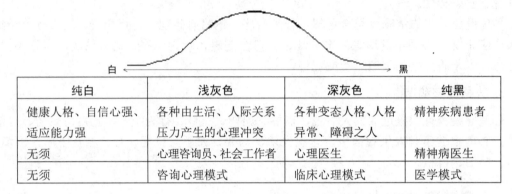

图1-1 心理健康"灰色区"示意图

(三)心理健康的状态具有可逆性

如果我们不注意心理保健，经常出现不良的心理状态，那么心理健康水平就会下降，甚至出现心理变态和心理疾病；反过来，当心理有了困扰或出现失衡时，学会及时自我调整和寻求心理咨询的帮助，就会很快解除烦恼，恢复健康的心理。

(四)心理健康的状态具有动态性

心理健康的状态不是静止不变的，而是一个动态发展变化的过程。心理健康的水平会随着个人的成长、经验的积累、环境的改变，以及自我保健意识的发展而变化。

四、心理健康的意义

生理健康与心理健康固然都很重要，但比较起来，心理健康则对人的生活及人类社会的发展有着更为深远的意义。

(一)心理健康对生理健康的影响

心理健康与身体健康是密切相关、互为影响的。心理健康可促进身体健康，身体健康又能促进心理健康，只有两者都得到健康发展，才是高水平的全面健康，才有可能激发自身其他的潜在能力。早在古代，我国医学经典《黄帝内经》就已揭示心理对身体健康的影响，指出："大怒伤肝，暴喜伤心，思虑伤脾，悲忧伤肺，惊恐伤肾。"近代医学更明确提出心身疾病的概念，它是指心理因素在其发生、发展、治疗和预防方面起着重要作用的一类躯体疾病，主要包括冠心病、原发性高血压、支气管哮喘、溃疡性肠胃病、神经性皮炎、类风湿关节炎以及疼痛综合征等。现代研究证明，长期情绪不良会导致人体免疫功能下降，因而感冒、肝炎甚至癌症等疾病都与心理因素有关。

(二)心理健康对素质教育的影响

心理健康的人不但具有良好的心理素质，而且对其他素质的形成起到促进的作用。一个心理健康的人能自知、自爱、自制，能够从容地适应社会环境，具有良好的心理素质。良好的政治、道德、文化、技能等素质必须建立在心理素质基础上，心理素质好比是一种载体，人的其他素质必须由良好的心理素质来承载才能变成一个人的良好素质。因此，搞好素质教育必须从提高学生的心理素质开始。心理素质教育不仅能促进教育的发展，还能使德、智、体、美、劳五育的教育成果得以稳定和巩固。

(三)心理健康对生活质量的影响

心理健康的人，有利于充分发挥其心理的潜在能量，在其他条件相当的情况下，他们的学习成绩必然优于心理不健康者，工作效率也必然相对较高。心理健康的人比较能够耐受挫折和逆境，并比较容易平稳地度过社会变革和灾难。对大学生来说，心理健康是成才立业之本。有不少人虽有强壮的身体，但由于某种不健康心理因素的存在，如自卑、缺乏毅力，最终落得个庸庸碌碌、虚度一生的结局。有的人，即使疾病缠身、严重残疾，但由于心理健康，也会以乐观的态度、惊人的毅力，赢得事业上的巨大成功，博得人们的尊重与钦佩。

(四)心理健康对人际关系的影响

人际关系是人与人之间直接的心理关系，反映了人们之间的心理距离，也受到一个人心理健康状况的影响。心理学研究表明，在集体中受欢迎的"人缘儿"的个性品质，恰恰与心理健康的标准相一致，而集体中受人排斥的"嫌弃儿"的个性品质，恰恰与心理健康的标准相悖。研究还证实，有心理障碍的中小学生，无论与父母、老师的关系，还是与兄妹、同学的关系，都远不如心理健康的学生。

第三节　心理不健康的机理与影响因素

一、心理不健康的机理

究竟是什么原因导致人的心理疾病？怎样认识心理因素在人类健康中的作用和机理？目前，心理学中有许多理论观点，都企图从各自的哲学观点、行为学观点、社会学观点去观察和解释影响心理健康的机理。其中，最有影响、最重要的理论观点是：精神分析理论、行为主义理论、人本主义理论和认知主义理论。

(一)精神分析关于心理健康的机理

精神分析理论的创始人弗洛伊德在医学实践中发现精神创伤是引起精神疾病的主要原

因。他主张用精神分析方法来挖掘心理不健康的人被压抑到潜意识的心理矛盾，以此来治疗人的心理疾病，改善人的心理健康状况。

1. 潜意识决定论

潜意识决定论把人的心理比喻成漂浮在大海上的一座冰山，认为人们所能觉察到的意识活动只不过是露出海面的一小部分，潜藏在海平面下的那一大部分则是人的潜意识。发生在很久以前曾引起过情感强烈波动的一些生活事件，表面上似乎被遗忘了，实际上并未从记忆中消失，只不过被压抑到潜意识中。与这些事件相伴随被压抑的情感并未善罢甘休，而是蠢蠢欲动，造成各种心理冲动，影响人的行为和心理健康，成为心理疾病的原因。

弗洛伊德认为，潜意识不仅是人的正常活动的内驱力，而且也是人的一切心理问题、心理疾病产生的深层原因。正是病人意识不到的潜在的心理动力影响着他的外部行为，所以强迫症、恐惧症等神经症患者的表面荒谬不可理解的行为，实际上都有其"隐意"，只是自己觉察不到而已。通过心理医生与患者的自由交谈，找出他们潜意识中的"症结"使之意识化。这就像一个久猜不中的谜语，经心理医生的点化，患者得到领悟，症状随之消除，心理疾病也就好了。

2. 幼年情结决定论

弗洛伊德认为，心理不健康者是被压抑在潜意识中的幼年精神创伤、痛苦体验造成的。在弗洛伊德看来，幼儿也有某些非理性的生物冲动、本能欲望。这种非理性的念头、行为不为大人所允许，于是就把这种欲望压抑到潜意识中去形成情结。情结是指潜意识层中挟有情感力量的一组观念。例如，弗洛伊德提出的"恋母情结""恋父情结"。

弗洛伊德采用自由联想、释梦等方法来改善和治疗由于心理因素致病的人，使其苦闷的情感通过发泄而获得改善。弗洛伊德强调心理因素在个体和环境相互关系中的作用，认为心理因素是导致人躯体失调和心理疾病的原因。但是，由于精神分析学派在解释人的心理健康和疾病机制上拿不出有力的科学证据，仅仅依靠逻辑推断，缺乏科学的实验数据，因而，精神分析理论的思辨和经验观点常成为科学实验者攻击的把柄。

3. 人格内在冲突论

弗洛伊德认为，人格由本我、自我、超我三部分构成。

本我信奉快乐原则，像一个任性的孩子，是人格中最原始、最模糊、最不容易把握的部分，由一些与生俱有的冲动、欲望或能量构成。本我不知善恶、好坏，不管应该不应该，合适不合适，只求立即得到满足。可以想象，如果人人按本我行事，这个世界就很难延续下去。事实上，社会不会容忍、放任"本我"的人，于是，在人格中就产生了一个懂得约束自己的另一个我——自我。

自我是人格中理智又现实的部分，产生于本我，按现实原则行事，像一个成熟的中年人。它应付外界现实、感受本我需要、接受超我监督。弗洛伊德曾用骑马人和马的关系来比喻自我和本我的关系：马提供运动能量，马的方向却是由骑马人来决定的。自我对想进入意识领域的本我拥有检查权，是一位心灵的检察官。

超我是人格中的良知部分，它超越生存需要，渴望追求完美。超我按道德原则行事，像一个铁面无私的老法官。

由于人格中的三部分分别代表着三种不同的力量，本我追求快乐，自我面对现实，超我追求完美，因此冲突是不可避免的。如果人能够经常使它们保持相对的平衡与和谐，人格就是健康的；如果不能使三者保持相对的平衡与和谐，如一味地放任本我，或超我过分严厉或完美，都可能导致适应困难，甚至心理失常。

(二)行为主义关于心理健康的机理

行为主义者从行为主义理论出发，对心理健康的机理提出了自己的观点。

1. 条件反射作用

行为主义者认为，一个人的异常行为或病态人格是个体在其过去的生活中，通过条件反射作用经学习强化过程而固定下来的。例如，华生很早就利用应答性条件作用做过一个实验。他曾使一个本来喜欢动物的 11 个月的男孩对白鼠产生恐惧的反应。其做法是每当这个男孩伸手去玩弄白鼠时，实验者就在他背后猛击铁棒。经过几次这样的结合之后，每当白鼠出现，这个男孩就会哭闹，出现惧怕的条件反射行为。此后进一步发现，这个男孩的恐惧反应又泛化到其他白色有毛的动物上去了。例如，原来他并不害怕白兔子、白狗、带有白毛的玩具等，现在看到后也发生了恐惧或消极的反应。另外，巴甫洛夫也曾观察到，如果使狗学会看见椭圆时流唾液，而看到圆时不流唾液，以后把椭圆逐渐变圆，使椭圆越来越接近正圆形，狗就发生辨认困难，此时狗就会精神紊乱，出现狂吠、哀鸣、撕咬仪器等行为。巴甫洛夫认为，这是狗发生了"神经症"症状。

由于早期的行为主义过分强调了人的行为习得以及行为异常的原因是条件反射，是被动学习的结果，因此，新行为主义学者斯金纳提出了操作条件反射的原理。斯金纳认为，一些心理异常者及病态行为、精神疾病都是通过操作性条件作用获得的，都是强化的结果。在心理不健康者中，包括强迫症、疑病症和癔症等许多补偿性症状都是通过想象(即某种心理上的满足)来获得的例子。在斯金纳看来，不良的强化作用往往是各种不良行为、异常行为发生的根源。因此，积极的良好的强化作用就可以成为改变各种不良行为的有效的心理治疗技术。

2. 社会模仿

20 世纪 60 年代，美国心理学家班杜拉通过大量的实验研究指出，人们大量的行为都是通过模仿而习得的，因此提出了社会学习的理论。他认为，人的不良行为、心理疾病也常常是通过这一方式形成的。例如，儿童看到成人或电视中的攻击行为，自己就会变得富有攻击性；疑病症的儿童多来自特别关注疾病的家庭等。即模仿能够有助于人们学会很多重要的行为，但也可能会在习得变态行为中起作用。例如，反社会行为(杀人、吸毒、盗窃、酗酒、吸烟等)往往是大脑高级神经的自觉或不自觉地学习的结果。

总之，行为主义关于心理不健康的机理认为，行为是通过后天的学习获得的，是通过各种强化过程固定下来的。不健康的心理行为是在不良的环境条件影响下某种不适当的学习的结果。通过发现和改变不利的环境条件，采取一定的教育、强化、训练等心理辅导和咨询的措施，即经过有目的、有系统的训练和学习，就可以改变、矫正或治疗人的不良行为。与此理论有关的改变不健康心理的技术有系统脱敏法、行为塑造法、示范疗法、厌恶疗法、生物反馈法、松弛疗法等。

(三)人本主义关于心理健康的机理

人本主义的代表人物罗杰斯认为，一个人出生后就具有许多发展的潜能，只要环境适宜，这些潜能就会发挥出来；反之，这些自我实现的趋势、潜能得不到发展或向歪曲的方面发展，就会产生心理障碍、人格异常等。心理失去平衡的人，往往是由于自我实现和自我完善的趋势受到冲击和压制，使自我发展受到阻碍，从而产生一种心理上的危机感。

例如，一位男性大学生，22岁，情绪低落、自卑，对生活失去信心。一年前，该患者因不适应大学紧张的学习和生活，逐渐产生抑郁情绪，伴有失眠、头痛和记忆力下降等问题。后因学习成绩下降而产生明显的自卑感。平时易心烦、焦虑，人际关系紧张，对学习缺乏信心、产生绝望，曾有强烈的自杀念头……通过详细询问了解到，患者从小生活在农村，但自小学到高中一直是学校中的尖子生，这样便产生了矛盾心理，一方面很高傲，觉得自己能力超群，没有什么事情做不到；而另一方面，又因为出身于农民家庭有一种自卑感。自从考上重点大学后，发现实际情况并非像自己所想象的那样，自己在全班的学习成绩很一般，没有人羡慕他，反而因为他的出身和农村口音受到别人的歧视。这些状况导致该学生产生了心理疾病，显然是自我实现的趋势受到环境的影响的抑制，导致适应上的不良，最终产生了心理健康上的严重问题。此例可使用人本主义的以来访者为中心的治疗方法，使该学生改变自我认识，主动去适应环境。

人本主义心理学还认为，人的最高理想的实现倾向就是自我实现，这是自我与自我概念完全一致的情况。自我概念乃是一个人对自己的认识和知觉。这个自我概念是通过与环境，特别是与其他人对自己的评价相互作用后逐步建立起来的。自我概念特别刻板的人，在适应新环境方面容易遇到困难。以来访者为中心的治疗过程是通过建立良好的咨询关系，减轻来访者的内心压力，使其不至于歪曲或拒绝与自我概念不一致的体验。

(四)认知理论关于心理健康的机理

认知理论流派对心理健康问题卓有研究的心理学家，首推贝克和艾利斯。贝克认为，心理问题不一定都是由神秘的、不可抗拒的力量所产生，相反，它可以从平常的事件中产生，例如错误的学习，依据片面的或不正确的信息做出错误的推论，以及不能妥善地区分现实与理想之间的差别等。他提出，每个人的情感和行为在很大程度上是由其自身认识世界、处事的方法决定的。

认知理论认为，心理不健康的关键在于人的非理性观念，非理性观念是指会导致情绪和行为问题的不合理认知。不合理的认知往往是个体产生抑郁、自卑、焦虑、恐惧、痛苦等不良情绪的原因，甚至会导致神经症。贝克论证说，抑郁症病人往往由于做出逻辑判断上的错误而变得抑郁；歪曲事情缘由含义而自我谴责；一件在通常情况下很小的事情(比如，饮料溅出)会被他看成生活完全绝望的表现。

认知理论认为，导致心理问题产生的非理性观念有下列三个特征。

① 要求的绝对化。这是非理性观念中最常见的一个特征，是指从自己的主观愿望出发，认为某一件事必定会发生或不会发生，常常使用"必须"或"应该"等字眼，然而客观事物的发生往往不以个人的主观意志为转移，常出乎个人的意料。因此，怀有这种看法或观念的人极易陷入心理上的困惑。

② 过分概括化。即对事件的评价以偏概全，常凭一件事的结果好坏来评价自己的价值，其结果常导致自暴自弃、自责自罪，认为自己一无是处、一钱不值而产生焦虑抑郁情绪。对别人也是非理性评价，别人稍有差错，就认为他很坏，一无是处，其结果导致一味地责备他人，并产生敌意和愤怒情绪。

③ 糟糕透顶。认为事件的发生会导致非常可怕或灾难性的后果。这种非理性观念常使个体陷入羞愧、焦虑、抑郁、悲观、绝望、不安、极端痛苦的情绪体验中而不能自拔。这种糟糕透顶的想法常常是与个体对己、对人、对周围环境事物的要求绝对化相联系的。

上述三个非理性观念的特征造成了人的心理问题、心理疾病的产生。因此，认知理论的心理治疗技术重点是以理性治疗非理性，帮助患者改变其认知；用理性思维的方式来替代非理性思维方式，最大限度地减少由非理性观念带来的心理问题、心理障碍及心理疾病。认知理论的主要咨询方法有贝克的认知指导法和艾利斯的合理情绪疗法。

艾利斯认为，人类天生就有很强的倾向，趋于非理性地思考、看待事物。因此，非理性观念在日常生活中是很普遍的，它影响人的行为，常常会给人带来情绪困扰，引发心理障碍。特别是对自我的非理性观念、对人际交往的非理性观念使人难以适应社会生活。辅导就是为来访者提供一个深入了解他人和自己的机会，通过找出非理性观念并与之辩论，放弃不合理观念和行为，建立新的自我认同模式和对他人的接纳态度，纠正过去不良的认知，建立合理的观念。

二、影响心理健康的因素

心理健康在某种程度上受很多因素的影响，归纳起来可以包括生物因素、环境因素、主观因素。

(一)生物因素

生物因素包括人体素质、内分泌腺体活动、生理病变等；母体怀孕期间的情绪、药物、营养等因素；分娩过程中出现的早产、难产窒息等异常情况。

对心理健康影响最大的生物因素是一个人的神经系统类型特点。人的高级神经活动过程具有强度、平衡性和灵活性三个基本特征。强度是指神经系统所能承担的工作能力，强的神经系统能承受较繁重的较长时间的负荷，而弱的神经系统却不能，在同样的负荷下，易发生心理障碍。平衡性是指神经活动过程的兴奋与抑制的力量对比，若力量相当，就是平衡的；若一方占优势，则是不平衡的。不平衡的易发生过度兴奋或抑制方面的障碍。灵活性是指兴奋与抑制的变换速度。变换快为灵活的，反之为不灵活的。不灵活的易发生刻板、固执等心理障碍。比如，胆汁质的人易发生冲动性、激惹性方面的心理障碍，而抑郁质的人易发生孤独、自卑的心理障碍。

对心理健康影响较大的另一个生物因素是内分泌活动。青春期是内分泌腺体活动加剧、激素分泌旺盛的阶段，某一种腺体活动失调会影响人的心理活动。如甲状腺体功能亢进者，神经系统兴奋性增高，易激动、紧张、烦躁、多语、失眠等；又如，肾上腺功能发达的人，易兴奋、激动；而功能不足的人，则易抑郁、疲劳、缺乏工作兴趣；而脑垂体功能过剩的人，会表现出淡漠无情、注意力易分散、语言迟缓、健忘；脑垂体功能不足的人，则会延缓身心发展。

青春期的性发育也是影响人心理健康的一个不可忽视的因素。性发育给青少年带来最初的性生理和性心理的冲击。如女子的月经和男子的遗精，往往使一些缺乏性知识的青少年产生羞耻感、罪恶感、焦虑、烦恼甚至恐慌，如不正确处理则会造成将来的性心理障碍。

近来研究还发现，母亲怀孕时的情绪、分娩状况也会对小孩后天的心理健康产生影响。当母体产生情绪活动时，自主神经系统激活了内分泌腺，使其分泌的激素直接注入血液，这些激素通过脐带传递给胎儿，使胎儿身上也产生相应的情绪特征。追踪研究发现，因母亲怀孕期间长期高度情绪扰乱，而导致自主活动水平高的胎儿，出生后适应环境比其他儿童困难。他们一般多动、贪吃、哭闹和不安，并且这种影响是长期的。另有研究表明，早产儿和分娩时缺氧的婴儿，更可能有情绪和智能上的问题。

此外，身体疾病和营养状况也会产生不同的影响。例如，身体不适会引起焦虑，某些疾病会导致神经系统紊乱，产生心理障碍。高碳水化合物、高糖分食物的大量饮用，易引起疲劳、抑郁等。如果每天饮用较多的咖啡，则易神经过敏、失眠、易激惹、心悸等。

(二)环境因素

环境因素对人的心理健康起决定作用。环境因素主要指家庭、学校、社会生产方式等方面对人的心理健康的影响。

1. 家庭因素

对人心理健康影响最大的环境因素是家庭。其中，父母对待子女的态度是最关键的。埃利克森指出，如果个体没有得到父母的细心关怀，而遭受忽视、抛弃、敌视，他们长大后不信任别人，不信任周围环境，尤其是不信任自己的能力，感受到持续不断的焦虑并产生神经官能症的精神防御症状，他们将用这种方式去应付他们所看到的世界。弗洛姆也指出，如果个体被父母多年错误地对待，他们将变得虚弱；长大成人后将变得焦虑和脾气变化无常，其结果就形成神经官能症的性格结构。另外，家庭正常结构的破坏如父母不和及离异、继父(母)虐待以及亲人死亡等，往往使一个人失去良好的家庭教育和家庭温暖，备受精神磨难，而造成心理创伤，形成心理异常。

2. 学校因素

对人心理健康影响较大的另一个环境因素是学校。当前学校教育中最突出的问题是片面追求升学率，增加学生负担，加剧竞争气氛，造成学生的紧张、压抑乃至厌学和对抗情绪，影响了他们的心理健康。其次，一些不正确的教育措施也严重影响学生的身心健康，如某些经济制裁手段(一切违规行为均以罚款为解决手段)扭曲了学生的心灵。另外，教师的教育方法，对学生的影响也是十分显著的。有的教师不了解学生心理而采用简单化、一般化的甚至惩罚性的教育方法来处理学生问题，使他们感到极大的委屈、沮丧、愤恨，由此导致学生心理失调、精神失常甚至自杀的情况，也时有所闻。

3. 社会因素

社会的变化、生活节奏、社会风气等也是影响人心理健康的不可忽视的因素。随着社会竞争意识的增加，生活节奏加快，人们的心理压力也逐渐加大。根据统计，心理障碍发生率，发达国家比第三世界高，先进地区比落后地区高，城市比农村高。美国未来学家威廉斯曾说，今后30年的变化在规模上可能等于过去2至3个世纪的变化，一部分人感到难以适应未来世界的变化而产生心理危机和心理不适应。

4. 其他因素

一些重大的生活事件也是个体心理障碍产生的诱发因素。这些重大事件包括升学、转学、考试、职业选择、工作调动、恋爱以及亲人的生死离别等。它们都要求人消耗相当的精力去适应由此引起的生活环境的变化和某种情感上的冲击，无论它们是成功的还是受挫的，作为一种刺激都可能诱发心理障碍，影响人的心理健康。

(三)主观因素

人的理想、观念、世界观以及人的主观努力等因素，对人的心理健康也有不可低估的作用。人的主观因素对心理健康的影响，主要是指个人所具有的一定的个性品质。具有正确人生观、价值观的人，能够正确地看待社会、人生、金钱、地位等问题。在千变万化、日新月异的现代社会生活中始终头脑清晰，具有明确的生活目标。即使在生活过程中遇到挫折和打击，也能在正确的世界观、价值观的指导下，克服障碍，化解烦恼，保持健康的心理状态。因此，树立高尚的生活目标，培养远大的理想，树立坚定的信念，形成正确的人生观、价值观，是保持心理健康不容忽视的重要因素。

本 章 小 结

健康是人生首要的财富。个体自诞生伊始，便祈求健康。然而，对什么是健康，健康的概念应包括哪些内涵，人们一直有不同的见解。人们对健康概念的认识经历了一个比较漫长的过程。1948年，世界卫生组织在成立宪章中指出："健康乃是一种在身体上、精神上和社会适应上的完好状态，而不仅仅是没有疾病和虚弱的现象。"这是对健康较为全面、科学、完整、系统的定义。这种对健康的理解意味着，衡量一个人是否健康必须从生理、心理、社会、行为等因素分析，不仅看他/她有没有器质性或功能性异常，还要看他/她有没有主观不适感，有没有社会公认的不健康行为。

导致人的心理疾病的原因是什么？怎样认识心理因素在人类健康中的作用和机理？目前，心理学中有许多理论观点，都企图从各自的哲学观点、行为学观点、社会学观点去观察和解释影响心理健康的机理。其中，最有影响、最重要的理论观点是精神分析理论、行为主义理论、认知主义理论和人本主义理论。

心理健康在某种程度上受很多因素的影响，归纳起来可以包括生物因素、环境因素和主观因素。

拓展阅读

世界精神卫生日

1991年，尼泊尔提交了第一份关于"世界精神卫生日"活动的报告。活动的目的在于提高公众对精神疾病的认识，分享科学有效的疾病知识，消除公众的偏见。世界卫生组织确定每年的 10 月 10 日为"世界精神卫生日"。2000 年是我国首次组织"世界精神卫生日"活动。每年活动主题如下。

2000 年"世界精神卫生日"主题为"健康体魄＋健康心理＝美好人生"。

2001 年"世界精神卫生日"主题为"精神卫生：消除偏见，勇于关爱"。

2002 年"世界精神卫生日"主题为"创伤和暴力对儿童、青少年的影响"。

2003 年"世界精神卫生日"主题为"抑郁影响每个人"。

2004 年"世界精神卫生日"主题为"快乐心情、健康行为——关注儿童、青少年精神健康"。

2005 年"世界精神卫生日"主题为"心身健康，幸福一生"。

2006 年"世界精神卫生日"主题为"健身健心，你我同行"。

2007 年"世界精神卫生日"主题为"提倡心理咨询，促进精神健康"。

2008 年"世界精神卫生日"主题为"共享奥运精神，促进身心健康"。

2009 年"世界精神卫生日"主题为"行动起来，促进精神健康"。

2010 年"世界精神卫生日"主题为"沟通理解关爱，心理和谐健康"。

2011 年"世界精神卫生日"主题为"承担共同责任，促进精神健康"。

2012 年"世界精神卫生日"主题为"精神健康伴老龄，安乐幸福享晚年"。

2013 年"世界精神卫生日"主题为"发展事业，规范服务，维护权益"。

2014 年"世界精神卫生日"主题为"健康从心理出发，心理健康，社会和谐"。

2015 年"世界精神卫生日"主题为"心理健康，社会和谐"。

2016 年"世界精神卫生日"主题为"心理健康，社会和谐"。

2017 年"世界精神卫生日"主题是"共享健康资源，共建和谐家庭"。

2018 年"世界精神卫生日"主题是"健康心理，快乐人生"。

2019 年"世界精神卫生日"主题是"心理健康社会和谐·我行动——进校园，进家庭，进社区"。

2020 年"世界精神卫生日"主题是"弘扬抗疫精神，护佑心理健康"。

2021 年 10 月 10 日是第 30 个"世界精神卫生日"，主题为"青春之心灵，青春之少年"。

(资料来源：百度百科整理.)

思考与练习

1. 健康与心理健康的概念是什么？
2. 心理健康的标准有哪些？你是如何理解这些标准的？
3. 心理不健康的机理是什么？
4. 影响心理健康的因素有哪些？
5. 请思考如何让自己获得以下三张通行证。

在"面向 21 世纪教育国际研讨会"上，澳大利亚未来委员会主席埃利雅博士提出"三张通行证"。一是学术性通行证。它体现教育的传统作用，强调读写和运算能力，强调要获得能使自己在社会上起有意义的、满足自我作用的知识。二是职业性通行证。它指的是集中进行的、在一个技术快速变化的世界上从事某种劳动所需要的教育。三是事业心和开拓能力的通行证。其特征是：积极灵活地适应变化，有事业心和开拓技能，能从容自如地处理危险、冒险、难题和未知，能提出创造性思维并坚定不移地付诸实施，善于交流、谈判、规划和组织，是积极、有信心、有主见，而不是消极、朝三暮四、依赖他人。

实 践 课 堂

凯利魔术方程式

凯利空调的创始人——凯利先生发明了一套"凯利魔术方程式"来面对压力。凯利先生的魔术方程式，可以帮我们用理性战胜负面的影响。方程式步骤如下。

第一，问你自己可能发生的最坏状况是什么；

第二，准备接受最坏的状况；

第三，设法改善最坏的状况。

请尝试应用"凯利魔术方程式"来面对学习、生活中的不如意事件。

【附录】心理测试1：你的心理是否健康自测题，扫描下方二维码。

健康的人不会折磨他人,往往是那些曾受折磨的人转而成为折磨他人者。

——瑞士心理学家 荣格

第二章 大学生与心理健康

本章学习目标

➢ 了解大学生生理、心理的特点。
➢ 明确大学生心理健康的标准、大学生常见的心理问题。
➢ 掌握中外各国大学生心理健康教育的概况。

大学生(university student)　心理健康(mental health)

复旦投毒案

2013年4月,上海复旦大学上海医学院研究生黄洋遭他人投毒后死亡,犯罪嫌疑人林森浩是受害人黄洋的室友,投毒药品为剧毒化学品N-二甲基亚硝胺。

2014年2月18日,上海市第二中级人民法院一审宣判,被告人林森浩犯故意杀人罪,判处死刑,剥夺政治权利终身。2015年1月8日,上海市高级人民法院终审维持原判。

2015年12月11日,林森浩因故意杀人罪被依法执行死刑。

(资料来源:百度百科整理.)

复旦大学投毒案嫌疑人一审被判死刑,引发热议。专业知识丰富的名校生守不住基本的道德和人性底线,让人警醒:过于功利的社会环境让我们忽视最基本的健康人格的培养,灌输仇恨的不良风气,让心浮气躁的青年人心胸狭隘,缺乏容人之量。从亲密室友到下毒伤人,该反思的不仅是教育。(新华视点)

学习指导

本章的重点是对大学生心理健康的标准、大学生常见的心理问题的分析。在学习的过程中首先要仔细阅读教材，掌握相关的概念、理论；其次，要结合自己的学习，认识到大学生心理健康的重要意义。

第一节 大学生心理健康概述

一、大学生心理发展的特点

在生理学和心理学中，人们将人体生长发育的一般模式划分为"快—慢"与再"快—慢"两个阶段。第一个阶段是从出生到 10 岁。第二个阶段是从 11～25 岁。每个阶段分为前、后两期，前期是快速发育的生长期，后期则是缓慢的生长期。我国大学生的年龄一般在 18～23 岁，其身体发育正处于经历了人生第二次快速生长期之后的第二个缓慢生长期。这一生长期的特点是身体形态日趋定型，生理机能日益完善，生理素质趋于成熟。概括地说，大学生的生理发育表现在以下四个方面。

(一)身体形态的变化

身体形态的发育和变化，是人们生理发育的外在表现。我国科学工作者于 1979 年进行了全国性的抽样调查，系统而全面地揭示了我国大学生的身高、体重、胸围、坐高 4 项身体形态指标所达到的水平。调查结果表明，我国 18～23 岁的大学男生，身体形态各项指标的平均值分别为：身高 170.3 厘米，体重 58.5 千克，胸围 85.7 厘米，坐高 92.1 厘米。在 18～23 岁期间，身高增长 1.7 厘米，体重增长 3.7 千克，胸围增大 3.4 厘米，坐高增长 1.5 厘米。18～23 岁的大学女生，平均身高为 159 厘米，平均体重为 51.5 千克，平均胸围为 78.5 厘米，平均坐高为 86.3 厘米。在 18～23 岁期间，身高增长 0.9 厘米，体重增长 2.3 千克，胸围扩大 1.3 厘米，坐高增长 0.6 厘米。我国大学生身体形态各项指标变化的趋势是，18～23 岁期间随年龄的增长缓慢地增长，然后逐渐趋向稳定，并停止增长。

(二)身体机能的发展

青少年时期是人体生长发育的第二个高峰期，在此期间，由于神经系统和内分泌的影响，人体在外部身体形态发育的同时，内部心脏、血管和肺的机能也发生了明显的变化。生理学上通常以脉搏、血压、肺活量作为测试身体机能发育程度的生理指标。大学生身体机能各项指标的发育情况是，脉搏频率：男生平均为 75.2 次/分，女生平均为 77.5 次/分。血压：男生收缩压平均值为 118.3 毫米汞柱，上下限为 140～100 毫米汞柱；女生收缩压平均值为 107.8 毫米汞柱，上下限为 130～90 毫米汞柱。肺活量：男生平均值为 4124 毫升，上下限为 5780～2468 毫升；女生平均值为 2871 毫升，上下限为 4042～1700 毫升。就身体机能的性别差异来看，脉搏频率的平均值，女生高于男生；血压的平均值，男生高于女生；肺活量的上下限与平均值都是男生大于女生。

(三)生理素质的发展

生理素质是指人的各种生理器官系统通过肌肉活动所表现出来的基本活动能力,主要包括速度素质、爆发力素质、力量素质、柔韧性素质和耐力素质。生理素质既有先天遗传的相对稳定性,又具有后天的可塑性。

1991 年,我国科学工作者在全国进行抽样调查,以全面了解我国青年生理素质的基本状况。详细结果见表 2-1。

表 2-1 生理素质 5 项测试指标的最高平均成绩和年龄

生理素质(测试指标)		最高的平均成绩		达到最高平均成绩的年龄/岁	
		男性	女性	男性	女性
速度素质(50 m 跑)		7.41 s	9.14 s	20~21	19
爆发力素质(立定跳远)		232.48 cm	171.63 cm	20~21	19
力量素质	(男:引体向上)	9.58 次/分	32.96 次/分	21	19
	(女:仰卧起坐)				
柔韧性素质(立位体前屈)		14.05 cm	12.72 cm	22	20
耐力素质	(男:1000 m)	231.63 s	231.78 s	19	19
	(女:800 m)				

从表 2-1 中可以看出,在 19~21 岁期间,青年男女的各项生理素质均达到了最高的发展水平。生理素质的增强与身体形态的变化和身体机能的发展密切相关。身体素质的增强以形态、机能的发展为基础,同时,身体素质的提高又促进了人体形态和机能的发育,三者之间相互联系、相互影响、相互制约,体现了人体发育的统一性。

(四)神经系统的发育

神经系统使有机体各种器官联系起来,成为一个统一的整体,并实现了机体与外界环境的联系。神经系统的生长发育优先于其他系统。从脑的容量来看,到 7 岁时,平均脑量达到 1280 克,已接近成人脑重。少年期,脑的兴奋过程比抑制过程强,兴奋与抑制过程的转化也比较快。到青年的中、晚期,大脑皮层的兴奋、抑制过程逐渐平稳,到 20 岁左右,神经系统的生长发育几乎达到完全成熟的水平。神经系统的迅速发育和成熟,为大学生从事复杂的学习活动提供了物质基础。

二、大学生生理发展对心理发展的影响

如前所述,大学生的身体发育正处于走向成熟的时期。这一时期的生理发育对个体的心理发展具有全面的影响。

(一)体型对自我观念的影响

身体发育趋于定型后,促进了人的自我观念的发展。自我观念属于自我意识的范畴,包括两个方面:一是对自己的体型、仪表、体力方面的综合看法;二是对自己的智力、情

操以及人格等方面的评价。沃伦(1948)的研究表明,儿童出生 6 个月左右,开始对自己镜中的形象感兴趣,叫作"第一镜像期"。从青年期开始,在自我意识中形成的身体、仪表的观念,称为"第二镜像期"。青年期,无论是出于自我欣赏还是自我反感,不少人会在镜子面前耗去大量的时光。青年人在镜子里发现了自己身体形态的变化,同时也产生了与自我评价有关的心理体验。例如,高个子是男子汉的象征,令人羡慕,而矮个子的男性则经常为身材矮小而焦虑,身体超重同样会产生不愉快的情绪。亨多里和几内斯的研究表明,身体太重或过轻的青年,对自己的身体缺乏自信,自卑感较重。

(二)生理成熟对心理发展的影响

生理成熟是指身体各器官发展到完成状态后,身体的生长发育趋于稳定。大学生正处在身体迅速走向成熟的时期。这个时期的生理发育对大学生心理的快速发展产生了巨大的影响。这种影响具体表现在以下三个方面。

1. 智力水平达到高峰阶段

心理学的研究表明,智力发育的高峰期与有机体形态、机能发育的高峰期有着极为密切的关系。美国心理学家琼斯和康拉德斯对 10~60 岁的人的智力发展状况进行了研究,结果表明,智力发育的定点在 19 岁。韦克斯勒的智力测验结果表明,智力发展的定点在 20~25 岁。贝利用三种不同的智力量表,对同一组被试追踪研究达 36 年之久,该项研究结果表明,13 岁以前智力直线上升,以后开始减慢,到 25 岁达到最高峰。可见,大学生的智力发展已经达到了最高水平。

2. 情绪稳定而细腻

十七八岁青年人的情绪体验非常强烈,对生活充满了热情与激情,高兴时欢快愉悦,恼怒时激情满怀,对符合自己观念的事件或行为迅速地发生热烈的行为,对不符合自己观念的事件或行为则迅速产生否定的情绪。总而言之,欢乐与悲哀、得意与失意、满足与不满等各种相反的情绪和情感体验始终处于起伏之中。进入大学以后,随着年龄、地位的变化,知识素养的提高和神经系统的发育,大学生的情绪体验出现了稳定性和细腻性的特点。例如,他们对理想、事业和学习的追求不再仅仅是出于兴趣,而是由社会责任感而引发的持久的追求。对追求理想过程中出现的情绪干扰表现出细腻、理智的特点,能够认真对待,冷静处理。当然,大学生情绪情感的稳定与细腻是相对的。相对于中学阶段,他们的情绪情感日趋稳定和细腻,但与成人相比,这种稳定性与细腻性仍处于初级阶段。

3. 人格的塑造与完善

青年期身体发育的成熟及环境教育的作用,给人格的塑造与成熟带来了巨大的影响。奥苏贝尔甚至把青年期称为"人格的再造期"。

德国精神病学家克瑞奇米尔等学者从生物学的观点出发,认为人的体型与人格相关。克瑞奇米尔把人的体型划分为肥胖型、细长型和筋骨型三种。肥胖型的人,情绪变化不定,时而兴奋时而抑郁,兴奋时情绪激动,豪言壮语,领悟敏捷;抑郁时,悲观失望,沉默寡言,思维迟钝。细长型的人,胆小退缩,害羞沉静,寡言多思。筋骨型的人性格适中,一丝不苟,理解缓慢,情绪有爆发性。体型之所以能影响人格特征,是因为身体形态直接影响着人的动作和能力，间接地引起一定的社会评价，由此而影响人格特征的形成。

　　大学生对身体的急剧变化非常敏感，担心自己的体态会影响他人对自己的感觉、评价和期望。当个人的体格发育和能力表现符合社会赞许的标准时，就会形成自我的充实感和满足感，产生积极乐观的情绪；反之，当发现自己的体格发育有某些缺陷时，就会因为体格、外貌上的不称心而产生消极的情绪，甚至感到烦恼与困惑。这种与同龄人进行比较而产生的情绪体验对人格形成有一定的影响。例如，把参加实验的大学生分为两组，一组为"外貌相称"的女生组，另一组为"外貌不相称"的女生组，比较其心理和行为表现。结果发现，"外貌不相称"的女生对自己和他人持有更多的否定态度，她们对外部环境经常产生消极的反应，不喜欢参加同龄人组织的群体活动，更不愿在群体中突出自己或做领导工作。

　　身体发育对人格发展的影响还表现在大学生通过自我意识来调整和控制自己，以达到人格的成熟。这种影响具体表现在以下三个方面：一是大学生把自己与他人做比较，从而认识自己的优势与不足；二是把现实的自己与过去的自己做比较，从而认识自己的进步与发展，并为今后人格成熟确立了目标；三是把现实与理想做比较，从而找到实现理想的差距与不足，为人格的完善指明方向。由此可见，大学生的身体发育和机能成熟为他们人格的塑造与成熟提供了条件和基础。

三、大学生心理的发展

(一)大学生心理发展的特点

1. 认识心理有了飞速发展

　　在中学阶段，学校主要培养学生的一般能力(智力)。进入大学后，专业知识(特殊能力)成了学习的主要内容。学生经过四年学习，使自己对所学专业的认识水平达到了一定高度。具体来说，大学生在认识心理方面的优点如下。

(1) 形成了抽象的逻辑思维。
(2) 思维的独立性大有提高，对事物有独特见解。
(3) 开始用批评的眼光看待周围事物。
(4) 喜欢怀疑、争论和辩论，不盲从。
(5) 能初步使用辩证唯物主义和历史唯物主义观点分析一些问题。
(6) 思想活跃，敢于提出问题。
(7) 初步掌握本专业完整的知识结构。

　　然而，在认识心理方面，大学生也有弱点，主要表现如下。

(1) 对较复杂的事物常难辨真伪；有时注意表面现象，忽略了本质；有时注意了局部，忘掉了整体；有时只考察事物本身，忘却了研究此事物与其他事物的相互关系。
(2) 观察问题易掺杂感情色彩。
(3) 缺少深思熟虑。

2. 感情丰富而欠稳定

　　在情感心理方面，大学生的特点是情感特别丰富，但情感的稳定性不足，主要表现如下。

(1) 爱国主义、集体主义、道德感、正义感、美感、同情感、友谊感等高级情感有了很大发展。

(2) 容易兴奋、激动且富有热情，也容易发怒、怄气。

(3) 情感与大学生的需要、愿望和动机联系密切。一旦需要、愿望得到满足，动机得以实现，常引发大学生高兴的情绪和表情；反之，则明显地表露出挫折感。

(4) 情感的隐蔽性较强。大学生虽然热情奔放，但与其他青年人相比还是较含蓄和隐蔽的。同样，消极心境也会延续很长时间。

(5) 情感是在人际交往中形成和发展起来的，有着良好交往的大学生，其情操往往也较高尚。

3. 意志的目的性和持久性突出

在意志心理方面，大学生的特点如下所述。

(1) 有明确的学习目的和动机。

(2) 有个人的理想。

(3) 为完成学习任务，能长期勤奋学习，努力克服困难。

(4) 对实现自己的目标充满信心，具有顽强的毅力。

4. 自我意识得到进一步发展

大学生的自我意识比中学阶段有了飞速的发展，主要表现如下。

(1) 能较好地进行自我认识(包括自我感觉、自我观察、自我分析和自我评价)。

(2) 谦虚、自尊、自信。

(3) 能较好地进行自我调节、自我控制。

(4) 注意力开始从对外部世界的认识转变为对自己内心世界的认识。

5. 个性基本形成

大学生的个性基本形成，主要表现如下。

(1) 懂得如何发挥自己气质的长处，避开其短处。

(2) 能力发展到相当高度。

(3) 有良好的性格。

(4) 情趣广泛，志趣高尚。

(二)大学生的心理冲突

从大学生的心理特点可以看出，大学生心理发展正在迅速走向成熟，而又未达到真正的成熟，既存在积极面，又存在消极面。因而，在心理发展过程中，矛盾和冲突是在所难免的。正是在解决这些矛盾、冲突的过程中，大学生的心理才进一步成熟起来。

大学生所面临的心理冲突主要有以下几种类型。

1. 心理闭锁与寻求理解的冲突

大学时代，是一个既渴望友情又追求孤独的时代。一方面，由于自我意识的发展，大学生常常对自己的内心世界进行细致而全面的探索、反省，希望有一个完全属于自己的自由角落，这是青年期最显著的心理特征之一，这种心理闭锁与真正的自我确立有着一定的关系。另一方面，大学生又害怕孤独，希望自己的情感有一个宣泄的对象，希望自己有一个可以共鸣的知己。虽然在刚走出家门的大学新生身上，可以更容易看到这种需求，但实际上，整个大学时代都存在着与他人建立起亲密关系以满足感情上的互助的需要。这种心理特征上的二重性，使大学生的情感生活更为复杂。

2. 理想与现实的冲突

每一个成长着的年轻人都会有自己的理想。大学生由于文化层次较高，其悟性和智能都是同龄人中的佼佼者，较之一般年轻人，更富有理想。然而，理想与现实是有距离的，当理想受挫，不能化为现实时，必然产生强烈的心理冲突。大学生们以往都是各地的学习尖子，成长过程比较顺利，容易为自己树立较高的理想。而进入大学后，可能会发现现实并非如此，对大学生而言，常困扰他们的是理想我与现实我、理想社会与现实社会之间所产生的矛盾。由于社会经验的缺乏，自我评价能力的不足，他们往往会发现现实远非自己所想象的、所追求的那样完善，自己也远非想象的那样出色，由此而可能引发许多心理上、情感上的苦恼。具体而言，理想与现实的冲突主要表现在以下三个方面。

(1) 在学习上，对自己成绩的期望与自己实际情况的冲突，这种冲突在大学生中是相当普遍的。

(2) 在职业选择方面，理想与现实的冲突可能更严峻、更突出。如果这种冲突得不到妥善解决，对个体的影响将是长期的。不仅对心理健康有害，对其社会适应能力和事业都会产生不良影响。

(3) 理想与现实的冲突还表现为对自己的行为过分苛求，即个体所追求的"理想"是常人难以达到的，个体常常会因为自己的行为达不到要求而感到内疚。这种过分苛求的理想与现实之间的尖锐冲突，往往会使个体陷入极大的困境中。

应该看到，大学生感受到一定程度的现实与理想之间的差距，这种现象是健康的、正常的。现实与理想的差距虽然能给大学生带来苦恼和冲突，但也正是这种差距，才能唤起他们自我奋进的精神。

3. 独立性与依赖性的冲突

随着自我意识的增强，特别是离开家庭、进入拥有一定社会气氛的大学校园之后，大学生的成人感迅速增强。他们渴望走向独立生活，强烈要求社会承认他们的成人资格，自信心、自尊心、独立意识都有很大提高。同时，大学校园环境也比以往自己的生活环境赋予个人更多的独立与自由空间。然而，由于各种主客观因素的限制，大学生往往有独立的想法而没有独立的行动。他们尚无法完全依靠自己的力量来处理好一系列复杂的实际问题，仍处于一靠家庭、二靠学校的状况。这种状况的产生主要是由他们经济上的非独立性造成的。同时，我国的家庭文化传统也习惯于给尚未工作的大学生以周全的呵护。因此，在大学生身上，一方面有着强烈的独立意识，另一方面又有着显著的依赖行为。这种依赖性与迅速发展的独立性之间，产生了一种现实的矛盾冲突。

4. 性成熟与性心理的冲突

大学生就其生理和心理发展过程而言，已进入性生理成熟和性心理趋向成熟的阶段。

但是，由于大学生是一个十分特殊的群体，他们在校学习时间的延长导致了他们社会化过程的后延。他们在经济上尚未独立，还生活在半社会的校园中，还有比较艰巨的专业学习与专业训练的任务，未来还有许多不确定因素，这一切导致了他们的性心理的成熟落后于性生理的成熟，使他们处于早熟与迟自立的峡谷之中，由此而产生种种与性心理有关的心理冲突。大学生对这类冲突往往敏感而多虑，这对其心理发展与成熟产生了重要的影响。

5. 情绪冲突

情绪冲突是大学生心理冲突最主要的表现形式，上述几种冲突都可表现为情绪冲突。①从生理角度看，青春期高级神经系统的兴奋与抑制活动尚不平衡，往往兴奋活动占有优势。②从心理角度看，进入大学后，社会角色的变换引起了诸多的心理矛盾，而大学生的社会经验及认识水平尚未达到真正能独立、正确地调节自身行为的程度，这就使他们独立支配自己行为的强烈要求与其行为的结果相悖，从而产生内心痛苦和不安。③从社会角度看，当前社会的变革也对大学生情绪有很大影响。在各种社会价值取向面前，大学生可能会对自己以往的价值观产生怀疑，从而导致迷茫和消沉。同时，青年期的情绪又是极为丰富而不稳定的，因而各种矛盾冲突都可能在情绪冲突中得到多种多样的反映。

除了上述几种心理冲突之外，大学生求知欲强而鉴别力相对弱，也构成了一种心理冲突，并且主要反映在学习心理上。

总之，大学时代是心理断乳的关键期。心理断乳，意味着个人离开父母家庭的监护，彻底切断个人与父母家庭在心理上联系的"脐带"，摆脱对成人的依赖，成为独立的个体，建立自己独立的心理世界。在这一过程中，种种矛盾冲突交织在一起，成为大学生应认真对待的重要课题。如果处理不当，加剧了心理的矛盾与冲突，就可能产生心理障碍。

第二节　大学生心理健康的标准及意义

大学生心理健康的标准

一、大学生心理健康的标准

如前所述，人的心理是复杂的，心理健康的界定也应当是多维的，一个人的心理是否健康，不仅要看个体心理的客观表现，也要注意个体心理的主观感受，即应该用主观与客观标准相结合的原则来判断。同时应该指出，任何评价标准都是相对的，不同时代、不同社会、不同地区、不同场合、不同对象，都可以有不同的标准。心理健康的标准也不例外，它随时代的变迁而变化，因文化背景区别而有异，随性别、年龄、情境的不同有不同的表现。我国大学生心理健康的标准大体有以下几条。

(一) 身心感觉良好

自我感觉是否良好，是判断个体心理健康与否的基本条件。身心是一个整体，自感精力旺盛，神清气爽，身心愉悦，自我健康的心理需要基本上能得到满足，是心理健康的表现。很难想象，一个自我感觉极差、百般难受的人会是心理健康的人。

(二) 心理行为符合年龄特征

大学生正处在人生中精力最充沛、思维最敏捷、情感最活跃的阶段，与之相适应，行为上应该表现为朝气蓬勃、热情洋溢、生龙活虎、反应敏捷、勇于探索、勤学好问。如果缺乏朝气、萎靡不振，或者喜怒无常，好吵好闹，过于幼稚、过于依赖，那么，这些都是心理不健康的表现。

(三) 情绪积极，稳定协调

情绪积极的大学生，对客体有正确的认知和合理的态度，绝大多数情况下，都能产生正常适度的情感体验和积极的情绪反应，愉快、乐观、开朗、满意等积极情绪状态总是占优势的，虽然也会有悲、忧、愁、怒等消极情绪体验，但一般不会长久；同时能适度地表达和控制自己的情绪，喜不狂，忧不绝，胜不骄，败不馁，谦而不卑，自尊自重，在社会交往中，既不妄自尊大，也不退缩畏惧；对于无法得到的东西不过于贪求，争取在社会允许范围内满足自己的各种需要；对于自己能得到的一切感到满意，情绪相对稳定，不会动辄失去平衡，反复无常。

(四) 健康的自我意识

自我意识健康的大学生，能正确认识自己，包括自己的机体状态、认知水平、行为表现，了解自己的气质、性格和能力；能实事求是地看待自己的学业和成就，有切合自己实际的志向水平；能悦纳自己、关心自己、尊重自己，大胆、恰当地表现自己；能恰如其分地评价自己，正确对待自己的长处和不足，对自己的优点感到欣慰，但又不至于狂妄自大、自满自足，对自己的弱点和缺点、缺陷不回避，泰然处之，不过于自责、自暴自弃。

(五) 人格和谐健全

人格健全的大学生，在思维模式、行为方式和情感反应等方面表现得积极、协调，凡事能从积极乐观的方面去考虑。具体来说，表现为：理智不冷漠；多情而不滥情；活泼而不轻浮；豪放而不粗鲁；坚定而不固执；勇敢而不鲁莽；稳重而不寡断；谨慎而不胆怯；忠厚而不愚蠢；老练而不世故；自信而不自负；自谦而不自卑；自尊而不自骄；自爱而不自恋。在行动的自觉性、果断性、顽强性和自制力等方面都表现出较高的水平；在困难和挫折面前能采取合理的应对方式，具备面对失败的不屈性、面对厄运的刚毅性、面对困难的勇敢性。

(六) 人际关系良好

具有和谐的人际关系的大学生，乐于与人交往，有稳定而广泛的人际关系；在交往中不卑不亢，保持独立完整，对他人尊重、诚挚、热情，富于同情心和友爱心；在群体中，一方面，具有合作与竞争的协调意识，既不强迫别人的意志，又能向他人提出自己的看法；另一方面，具有独立自主的意识和能力，既不随意附和他人，又能适当地听取他人的意见；与异性同学能保持热情而又理智的交往。

(七) 热爱生活和学习，与现实保持良好接触

人处于复杂、多变的社会中，心理波动，甚至短时期不适和异常是难免的。心理不健康的人遇到这样的情况，往往不知所措，一味地希望别人替自己解决问题。心理健康的人

则能够控制自己的言行，并进行有效的自我心理调整，与社会保持良好的接触。现实生活是复杂多样的，不能看到社会的阴暗面，其心理是幼稚的；只看到阴暗面，心理必然是灰暗和痛苦的。

心理健康的大学生，能够勇敢地面对和接受现实，积极地适应和改造现实，对周围事物和环境有客观的认识和评价。珍惜和热爱生活，积极投身于生活，善于在生活中感受到乐趣。既有高于现实的理想，又不会沉湎于不切实际的幻想与奢望。对自己的能力有充分的信心，对生活、学习中的各种困难和挑战都能妥善处理，把学习看作是乐趣而不是负担。当发现自己的需要、愿望同社会发生矛盾时，能迅速地进行自我调节，以求与社会协调一致，而不是逃避现实；能摆脱不利因素对自己的影响，体验到自己在现实环境中生存的价值；对自己在学习、日常生活中遇到的各种困难和问题，能用有效的方法去妥善地解决；能较好地适应外部环境的变化，不论变化会给自己带来直接或间接的某种影响，不论环境和个人遭遇的优劣，都能面对现实，较好地调节自己的心态，以积极的态度适应环境。

二、大学生心理健康的意义

心理学家荣格曾提醒人们，要防止远比自然灾害更危险的人类心灵疾病的蔓延。他认为，随着人们对外部空间的拓展，人对心灵的提升却停滞了；人们在智力方面收获过剩，心灵方面却沦丧殆尽。精神生活中的深度不安折磨着现代社会中最敏感的人：苦闷、焦灼、孤独、冷漠……几十年过去了，荣格的担心已成为现实。随着社会的发展，竞争加剧，许多人不堪重负，精神濒临崩溃的边缘，杀人、自杀等恶性事件频频发生，抑郁症被世界卫生组织称为"世纪病"。还有更多的人，虽然表面看来一切正常，但内心也在默默忍受着越来越大的心理压力。正如联合国一位专家曾断言的，"从现在到21世纪中叶，没有任何一种灾难能像心理危机那样带给人们持续而深刻的痛苦"。因此，时代呼唤心理健康，人才呼唤心理健康，可以说，心理健康是21世纪生存和发展的通行证。

大学生，作为思想最活跃、感受最灵敏、对自己期望很高、对挫折的承受力不强的一个特殊人群，心理健康更受着极大的威胁和考验。然而，由于长期以来对心理健康的误解，许多人对心理健康缺乏正确的认识，对自己的心理状态缺乏了解，对自己的发展更缺乏明确规划，因此，大学几年，知识也许收获甚丰，但自我并没有太多成长，对大学生进行心理健康教育已成为当务之急。

(一)心理健康是大学生实现人生理想和成才目标的前提

有的人说，当今社会的竞争，就是人才的竞争。可是，什么样的人才最有竞争力呢？要比文凭、比学识能力，但最终是比心理素质。大学生的心理健康与德、智、体、美诸方面的发展有着密切的关系。在大学生完成个体社会化的过程中，树立正确的人生观和崇高的理想是十分重要的，只有这样，才能保证人才成长的方向，这也是心理健康的一个重要方面。因为人生观的形成必然包含了许多心理成分，如对社会的认识、价值观念、理想、意志、感情等。有了对社会和自身的正确认识，有了对人的价值和生活意义的正确评价，有了正确远大的理想追求和为实现理想百折不挠的信念和意志，才能正视现实，对周围事物有客观的认识和清醒的判断，建立起正确的价值观和高尚的道德观，从而积极向上，既有高于现实的理想，又有合乎实际的考虑，眼界开阔、头脑敏锐、积极开拓、朝气蓬勃地学习和生活，向成才目标迈进。所以，树立正确的人生观和理想，首先必须具备健康的心理。

早在 20 世纪 20 年代，美国心理学家特尔曼就开始研究天才儿童的成长规律。他用智力测验的方法挑出 3～19 岁的儿童和青少年共 1528 人(其中，男 857 人，女 671 人)。这些人智商平均为 151 分，堪称天才儿童。根据一般想象，他们在未来一定能取得较为突出的成就，但实际结果如何呢？特尔曼和其同事们进行了长达 40 年的追踪研究，到 20 世纪 60 年代，这 1500 多名当年都受过优越教育的神童，学习成绩比一般人要好得多，从事专业性工作的人员比正常人多数倍，但只有 20%的人取得了令人瞩目的成就，60%的人业绩平平，更有 20%的人处于中等以下的地位。为什么会出现这样差异显著的结果呢？特尔曼的研究揭示，主要原因不在于智力差异，而在于各人的情感、意志、爱好、性格的差异。

(二)心理健康是大学生培养健康人格的基础

人格是人的素质的主要组成部分，是人的心理面貌的集中反映。心理健康的人，其人格特征表现为：在人与人的交往中，能够保持心理活动的平衡，所想、所言、所做是有机统一的、稳定的。大学生健康人格的培养过程，就是心理健康和心理成熟的过程。

心理健康的大学生，能够根据周围环境的变化随时调节自己的心理活动，避免出现适应不良的情况，减少心理机能的紊乱，保证身心健康，他们胸怀坦荡，言行一致，表里如一，因而人格是统一的、完整的。心理不健康的大学生，其行为和思想充满了矛盾和冲突、焦虑与困惑，他们很难适时调节自己的心理与行为。因此，重视人格的培养既是人的健康和完善的需要，也是大学生适应社会发展的需要。

(三)心理健康是大学生掌握文化科学知识的必备条件

心理健康不仅是大学生开展有效学习和智力活动的基本条件，而且能促进有效的学习和智力活动的正常进行。

首先，人的心理健康与生理健康是紧密联系的。一方面，健康的心理寓于健康的身体之中，人的躯体疾病、生理缺陷都能够影响人的心理，使人产生焦虑、忧愁、烦恼、抑郁等不良情绪，影响人的情感、意志、性格和良好人际关系的建立，形成不健康的心理；另一方面，心理上的长期不健康状态，如过度焦虑、忧愁、烦恼、抑郁、不安和愤怒，会导致生理上的异常或病变。生理学和心理学的研究表明，很多疾病如冠心病、原发性高血压、偏头痛、消化性溃疡、支气管哮喘等都与心理素质有关。大学生的学习和智力发展虽然主要靠智力活动来完成，但也依赖大脑的机能；如果心理长期不健康，致使大脑机能发生紊乱，脑功能不能正常发挥，势必会影响智力活动的正常进行，阻碍个体的智力发展。

其次，心理健康能强化智力活动，促进智力的发展。情绪、情感是伴随着人的智力活动产生的；反之，健康的情绪、情感又能调节人的智力活动，推动人的智力活动的积极进行，使之获得一种新的动力。科学研究表明，在进行智力活动的过程中，如果伴随学习和思考的是兴奋、激动和对发现真理的诧异和惊讶产生愉快的心理体验，那么，这种健康的情感就能丰富人的智力活动，促进智力的发展；反之，不良的情绪(如压抑、不安、紧张、烦恼、恼怒、反感等)则抑制人的智力活动，阻碍智力的发展。由此可见，克服不良情绪，保持愉快的精神状态，维护良好的心境，是进行创造性思维、提高学习效率的重要条件。

(四) 心理健康是大学生快乐生活的基本条件

"一个人要能快乐地生活,最起码的要求是什么?"当向同学们问及这个问题时,答案是多元的。有的回答是有钱,理由是金钱虽非万能,没钱可万万不能;有的回答是有一个真正的知己,理由是格言"人生得一知己足矣";有的回答是有事业,事业有成,人生才能辉煌,钱也不在话下;有的回答是有理想的家庭,那是可靠的后方,是歇息的港湾……各种回答都有一定的道理,但应该看到,只有保持健康的心态,才能在困苦中感受到快乐,只有具备健全的人格,才能在平凡中创造出辉煌。有的人有钱、有事业、有比较美满的家庭,但人格特质决定了他不能很好地面对社会生活中的风风雨雨,心理压抑或扭曲,使其生活质量、自我感觉都较差,甚至自杀。同样是贫困生,但是因为心理承受能力不同,会导致完全不同的结局:有的自强自立,贫困成为他奋斗的动力、人生的财富;有的怨天尤人,精神萎靡,不思学业,最终退学。

(五) 当前大学生的心理健康状况亟待要求加强心理健康教育

近几年的学生心理素质调查的结果表明,学生心理健康状况令人担忧,存在心理障碍学生的比例逐年上升。据江苏、江西、山东、上海等省市一些高校对大学生心理素质状况的跟踪调查,大学生中有抑郁、焦虑、社会恐惧、自卑、过分依赖、神经衰弱等心理疾病的人数要高于一般的社会青年。王登峰博士的研究认为,在校大学生中出现心理障碍倾向者占全校学生的30%~40%,其中,有较严重心理障碍的约占10%。2000年对北京6000名大学生的调查表明,有16.5%的学生患有中度以上的心理疾病。调查结果还显示,大学生"认为自己心理素质很高或较高的"占45.1%,"认为自己心理素质很差或较差的"占10.7%;而大学生对其他大学生进行评价时,他们"认为目前大学生总体上心理素质很高或较高的"仅占11.5%,"认为目前大学生总体上心理素质很差或较差的"比例高达23.1%。

2004年8月,在北京召开了第28届国际心理学大会,在本届大会80个专题报告和162场专题讨论会上,近一半的话题都是围绕青少年心理问题展开讨论。一位匈牙利心理学家的调查结果尤其令人担忧:许多国家青少年对人生和世界的看法趋向消极,存在不同程度的"心理沙化"现象,表现为生活态度散漫、精力不集中、待人接物老气横秋、对他人和社会缺乏基本的信任和尊重等。

这些调查统计说明,大学生的心理健康问题已成为影响大学生健康成才以及高校稳定的突出因素,大学生心理素质教育和心理健康教育工作亟待引起社会各界的高度重视。正如中国心理学会理事长张侃教授呼吁的那样:在社会如此文明、科技如此发达的今天,不能再让"灰色的青春"蒙住孩子的笑脸。

三、大学生心理异常类型及常见的心理问题

(一) 心理异常的类型

1. 心理问题

心理问题是指那些近期发生的、内容比较局限尚未泛化、反应强度不甚强烈并未严重影响思维逻辑性的暂时心理紊乱。其突出表现为心理压力较大、人际关系不协调、家庭成

员关系不和、情绪困扰及失恋等生活矛盾而带来的心理不平衡与精神压抑。对此类心理异常，一般应通过心理咨询人员帮助其全面、深刻地认识影响他正常生活的内、外矛盾，积极地加以适应与解决，从而获得内心的和谐，增强自信心和自主能力，更好地适应生活。

2. 心理障碍

心理障碍是指反应强烈、持续时间长久、内容充分泛化和自身难以克服的精神负担。由于长期的精神折磨，有时伴有人格缺陷。其突出表现是患有种种异常人格和精神症，如强迫症、恐惧症、焦虑症、癔症、抑郁症、疑病症等症状。对于此类心理异常，心理咨询人员应根据医学心理学原理，帮助患者改变影响其正常生活的行为与思维方式，以消除或减轻患者心理上的痛苦与压抑。

3. 心理疾病边缘

这种类型的心理紊乱比较严重，已接近精神疾病的边缘，或者已处于某种精神疾病的早期阶段。其主要表现是：注意力涣散、思维偏执、意志薄弱、有幻觉或不系统的妄想，但自知力仍部分保留或基本完整，在精神紊乱的基础上产生某些怪异行为。对于此类心理异常，临床心理学家无权处理这类病例，更无权使用各类药物，只能在鉴别之后，推荐给精神病学家治疗。

(二)大学生常见的心理问题

1. 适应不良

这类问题主要是由于进入大学后，很多方面发生了较大的变化，有相当一部分学生不能很快、很好地适应，主要表现在以下方面。

(1) 环境的变化。对于大部分新生来说，面临的是陌生的地区、陌生的校园、生疏的班集体，多数学生又是第一次远离家门，所有这些情况都可能带来不同程度的环境适应问题，表现为食欲不振、失眠、神经衰弱、烦躁不安、严重焦虑，甚至想退学等。

(2) 学习方面的变化。由于大学的教育内容、特点、方法及进度等都与中学的教学有比较大的差异，有相当一部分学生不能很快适应，从而感到学习压力很大。表现为：对自己的学习失去信心，形成强烈的自卑感；方法不当，紧张、焦虑情绪反应增多；不再有以往的优越感，而产生失落、自卑及自责等心理问题。

(3) 理想与现实之间的差别。绝大多数学生能够比较好地把理想与现实结合起来，挖掘和发挥自己的潜力。但也有部分学生由于录取的专业与原来的愿望不符，对现学专业不了解，产生不满情绪，甚至想转系、转专业、退学等，造成的情绪波动很大，较长时间不能很好地调整过来。

2. 学业问题

(1) 学习压力大。学生认识到知识对未来人生的重要性，感到新知识的匮乏和创新能力的缺少，对未来的前景十分不利。他们在学习本专业知识的基础上，还积极参加普通话培训、计算机过级、英语过级等考试。有些同学为了保住高中时代"佼佼者"的地位，废寝忘食地学习，负荷突然加大，长期处于紧张的学习气氛之中，导致学习压力增大。

(2) 学习动力不足。主要表现为目光短浅，胸无大志，缺乏社会责任感，求知欲不强，毅力缺乏，视学习为苦差事。有些同学因为没有考上理想的学校，对目前所学专业缺乏兴趣，认为所学专业不是自己原来的选择，从而使学习缺乏热情和动力。

(3) 学习目的不明确。有些同学由于学习目的不明确，有厌学情绪，即使跟班学习，也是敷衍应付日常学习任务，抱着"混文凭"的态度学习。

(4) 学习注意力不集中。进入大学后，大学生面临的生活空间、生活节奏、生活内容、生活形式都发生了较大变化。有些同学明显感到学习注意力不像中学时代那样集中，上课时不专心听课，课后沉迷于上网打游戏。有的同学抱怨没人引导，不知自己喜欢什么、该怎样打发业余时间。

(5) 学习动机功利化。市场经济的利益杠杆直接影响着学生的学习，对于学习，学生表现出空前的功利意识。对还没有学的课，学生问的第一个问题是"我学习这门课有什么用？"因而出现了专业课、基础课门前冷落车马稀，而技能类课程如计算机、外语、股票各种各样的证书班摩肩接踵、门庭若市的明显对比。"考证热"正是学习功利化的直接表现。学生充分了解到市场对各种证书的青睐，因而放弃了专业课的学习，去追逐各种有用的证书。

3. 人际交往障碍

社会心理学的调查研究表明，良好的人际关系是一个人心理正常发展、个性保持健康和生活具有幸福感的重要条件之一。大学生渴望友谊，渴望增强人际交往能力，这是普遍的共识，但在实际交往中，易出现不同程度的问题。

(1) 对交往的重要性认识不清，很少交往和与人沟通；

(2) 由于缺乏交往技巧和能力而不敢去交往，产生较强烈的孤独感；

(3) 不良个性导致不能被人理解、经常与人拌嘴怄气、自负等；

(4) 表现出社交焦虑与恐惧。在别人面前表现得不自在，由于别人的审视或评价，或者仅仅因为别人在场，而引起的心烦意乱和不安，并且担心受到攻击和惩罚。

4. 情绪问题

(1) 抑郁。主要表现为对任何事都悲观失望、消沉愁闷、郁郁寡欢、意志消沉、自卑内疚、失眠等。出现抑郁的原因有高考失意、情场失败、亲人病故、奖学金未评上等。这种抑郁情绪经过一段时间后，轻度的会逐渐减弱甚至消失；严重的则往往影响正常的学习和生活，如果得不到及时的咨询及治疗，就会形成严重的心理疾病，个别的甚至会出现自杀的念头和行为，造成严重后果。

(2) 焦虑。通常包括自信心、自尊心的丧失；失败感、罪恶感的增加等。这是几种情绪混合而成的情绪体验。大学生入校后，有些同学发现大学并不是自己理想中的"伊甸园"，现实并非他们憧憬的那么美好，于是便感到失望，怀疑自己，担心将来。另外，大学生还表现出对自我的焦虑。青年时期比任何年龄更关注自己在他人尤其是异性心目中的形象，学生受很多因素的影响，如长相、胖瘦、高矮、能力、魄力、魅力，会产生各种各样的焦虑，有的学生担心自己长得不够漂亮，不能获得异性的好感，甚至部分女生因没有男生追求而苦恼；有的学生总感到自己的先天条件不够理想，因而非常自卑，不能建立自己的社交形象与公众形象。

(3) 自卑。自卑的人大多性格内向，觉得自己处处不如人，感到别人瞧不起自己；做事瞻前顾后，畏首畏尾；不敢与人交往，因而抑制了自己才华的发挥和进取时机的获取。

(4) 冷漠。一般表现为对外界的任何刺激都无动于衷、漠不关心，既不与人交流思想感情，也不多管闲事，一副冷若冰霜的样子；对学习成绩的好坏也满不在乎，一学期考试三四门不及格也不着急；对集体漠不关心，对环境卫生无动于衷。

5. 与性有关的问题

青年大学生，生理发育基本成熟，但由于种种原因，部分学生的性知识掌握还没有达到与其年龄相适应的程度，因此，常常会出现一些问题。

(1) 性意识的困扰。被异性吸引、性幻想、性梦、遇到异性就脸红等，以及与之对抗的性压抑，这种困扰通常会带来不同程度的不安和躁动，严重者会产生心理障碍。

(2) 性行为问题。对于绝大多数未婚大学生来说，这种性行为多停留在自慰性行为水平，如手淫。但由于部分学生对性知识的缺乏，甚或有不正确的认识，造成了众多心理压力，严重者导致心理障碍。

(3) 早年性经历带来的影响。幼年的性游戏，异性间的相互观察及触摸、手淫等给现在已经上大学的学生仍然遗留一些较严重的心理阴影，由此影响了心理的安宁、与他人的交往，甚至会影响交往异性朋友及婚后的性生活。

(4) 恋爱带来的问题。目前大学生谈恋爱呈现低龄化、公开化、高比例、轻率等特征。有部分学生不能正确地对待恋爱，把恋爱看成人生最大的幸福，一旦失恋就不能自拔，甚至有极少数人走上了为爱情而自杀的道路。

(5) 极少数学生的性变态。表现为恋物癖、窥阴癖、裸露癖、同性恋等。

6. 心身疾病

大量事实证明，心理社会因素对健康和疾病都起着极为重要的作用。心身疾病是一种躯体疾病，其发病、发展、转归和防治都与心理因素密切相关。大学生中有一部分人患有心身疾病，诸如消化性溃疡、支气管哮喘、偏头痛、紧张性头痛、口吃等，这些疾病会给他们的学习、生活、人际交往、自我评价等带来不同程度的损害，心理的平衡受到影响。

7. 人格缺陷与人格障碍

据统计，有近10%的大学生存在人格缺陷与人格障碍，其中人格缺陷更为多见。人格障碍是指明显偏离正常人格并与他人和社会相悖的一种持久和牢固的适应不良的情绪和行为的反应方式。人格障碍一般始于儿童或青少年，持续到成年或终生，这些不良人格会严重影响他们的学习、人际关系及自我的进一步完善。人格缺陷是介于正常人与人格障碍之间的一种人格状态，也可以说是一种人格发展的不良倾向。常见的症状有自卑、抑郁、怯懦、孤僻、敏感、多疑、焦虑、对人敌视及暴躁冲动等，这些不健康的心理因素会给他们的发展带来很大的障碍，应得到及时、更多的帮助，否则很有可能发展成为人格障碍。

8. 神经症

神经症是一种由于心理因素造成的常见病，一般没有任何可以查明的器质性病变，但又确实有心理异常表现，甚至可能表现得非常严重。不过，病人对自己的病态有充分的自知力，并能主动求医，生活自理能力、社会适应能力和工作能力基本没有缺损。所以，神经症被确定为一种非器质性的、大脑神经机能轻度失调的心理疾病。神经症在大学生中也是较多见的一类心理疾病,主要包括神经衰弱、焦虑症、强迫症、恐惧症、疑病症、抑郁症、癔症等。值得注意的是,有的学生不了解神经症的诊断有严格的标准,而盲目"对号入座",由此导致的心理问题屡见不鲜。

9. 精神疾病

精神疾病指的是精神功能受损程度已达到自制力严重缺失,不能满足日常生活要求或保持对现实恰当的接触。精神病分为器质性和功能性两种类型。器质性精神病是有明显器质性病因的一类精神病,包括脑部疾患或外伤引起的器质性精神病,以及躯体症状性和中毒性精神病。功能性精神病是目前尚未发现组织结构病变性改变,病因尚不明了的精神病,包括精神分裂病、情感性精神病、偏执性精神病及反应性精神病等。精神病常表现为病情严重,不能保持正常的人际关系,常出现幻觉、妄想、思维障碍、神经衰退、自知力丧失等现象。这类病人在大学生中虽不多见,但也是存在的,而且造成的影响很大,值得高度重视。

事实上,大学生中有心理障碍或精神病的学生极少,多数学生遇到的都是一般性心理困扰。但是,即使一般性心理困扰也会在很大程度上影响学生发展,而且对一般性心理困扰若不及时调节和疏导,持续发展下去就可能导致心理障碍或精神疾病。

(三)心理问题的鉴别办法

判断一个人是否有心理问题,特别是判断是否有某种心理障碍或精神病,实质上是一个心理评估与诊断问题,需要专业人员,如临床心理学家、心理咨询师等,运用心理学和精神病学的理论、技术、方法和手段,根据严格的诊断标准,按照严格的程序去实施的一项专业性很强的工作。通常所使用的评估和诊断方法主要包括观察法、会谈法和测验法。因此,是否有心理障碍或精神疾病,不能仅根据一些情绪或躯体现象就轻易做出判断,更不能简单地"对号入座"。人在遇到挫折时,出现一些情绪反应和躯体症状,本来属于正常现象,但是有些学生盲目给自己"诊断"为某种心理障碍,如焦虑症、抑郁症、强迫症等,这对降低紧张情绪和缓解心理痛苦是很不利的,这种消极的暗示作用有时还会使情绪和躯体反应进一步加重,反而给身心健康带来障碍。

第三节　中外大学生心理健康教育概况

世界各国都十分重视大学生心理健康工作,早在 1910 年,美国普林斯顿大学就把心理健康问题列入大学法案。日本自 1931 年以来就已多次召开全国性的大学生心理健康会议。1956 年 9 月 5 日,在美国普林斯顿大学召开了第一次国际学生心理卫生会议,从而使学生心理健康工作开始在世界范围内得到重视。

一、欧美、日本的高校心理健康教育工作

在欧美、日本以及我国的香港、台湾地区的许多大学都设有心理健康教育服务机构,为解决大学生的心理困扰、预防心理疾病以及从事心理行为发展指导等做了大量有效的工作,这些机构已成为高等教育不可缺少的一个组成部分。

(一)欧美大学生心理健康教育工作

美国绝大部分大学都设有心理健康教育、心理咨询类机构，都配备有专职人员。美国的大学生心理健康工作，除了开展日常的心理咨询和心理教育外，还十分重视开展各种形式的团体心理训练活动，如交朋友小组、敏感性训练小组、心理治疗法等，诞生了一大批研究成果和著名的学者。

美国加州大学伊文分校(简称UCI)的怀特利教授等开展了促进大学生心理发展、人格健全的研究和实践。他们选取了一批自愿参加实验的新生住进塞拉楼，实施"塞拉计划"(Sierra Project)，通过一系列精心设计的心理教育课程、活动以及环境的塑造等，来对大学生的人格发展施加有意识的影响，取得了有价值的成果。

美国康奈尔大学十分重视情感对于新生适应大学生活的必要性，为此，他们以"暑假课程"的形式在新生中开展"情感适应"训练，包括：①增强个人责任感，培养专业兴趣，学会客观地评估自己的能力；②促进学生和大学融为一体。暑假课程通过教学、讨论、各类活动等形式来促进学生的发展，使他们能成功地适应大学生活。

美国每个州都有一所大学开设"高等教育学生行政专业"，为高校学生工作培养专门人才。专业所学的主要课程中有很大一部分与大学生心理健康教育工作密切相关，如《精神卫生》《咨询工作技术》《指导和咨询中的问题和倾向》《大学咨询工作实习》《咨询工作中的测验使用》《咨询工作中的案例研究》《后少年期心理学》《家庭关系心理学》《职业调整中的动力学》等。哥伦比亚大学该专业每年约有300名学生毕业，目前已发展到以培养硕士、博士研究生为主。

加拿大的大学普遍设有咨询服务机构，作为学生工作部门的主要工作之一。以麦克麻斯特大学为例，该校的学生事务所(相当于中国高校的学工部、学生处)下设学生咨询服务处，主要为学生提供个人问题、学习问题及择业问题三方面的帮助。该机构的设置基于这样的认识，即大学生在学校的日常生活中，可能会遇到许多问题和压力，比如学生在校期间感到方向不明，对学校不满，价值观混乱，人际关系不协调，专业选择、职业介绍遇到问题，与父母、家庭存在意见分歧，婚姻恋爱问题，感到能力不足，孤独感，精神紧张，冷漠或消沉，等等。这些问题可能会干扰学习，影响社会及家庭关系，影响学生的成长及明智地规划自己的未来，需要对他们提供帮助，促进学生更好地成长。学生咨询服务处有专职咨询员6人，秘书2人。活动方式包括个别辅导和集体指导两种。

(二)日本大学生心理健康教育工作

以心理咨询为例，1953年东京大学建立了日本高校第一家心理咨询机构，之后不断得到发展。到1992年上半年，日本已有78%的大学设立了心理咨询机构。咨询内容包括性格问题、情绪问题、学习问题、就业问题以及其他问题(包括异性问题、友人关系、家庭、人生等)。日本于1955年成立大学生咨询学会。日本大学生心理健康教育工作包括开展大学生心理普查、建立心理档案、进行个别及团体咨询、开设心理健康教育课程或系列讲座、参与学生工作的研究、教育对策制定等。

二、我国大学生心理健康教育工作

我国大学生心理健康教育工作起步较晚，但发展迅速，在短短的几年时间里，就已取得了较大的进展。

第一，国际心理卫生运动尤其是中国心理卫生运动的开展对高校心理健康教育工作产生了很大的影响；第二，心理卫生学科的逐渐确立与心理健康教育知识的宣传、普及、培训，造就了一批有志于心理健康教育工作的优秀人才，逐渐形成了一支从事大学生心理健康教育工作的队伍；第三，大学生心理卫生问题逐渐增多，并越来越为人们所清醒地认识到；第四，随着社会的发展，提高大学生的心理素质和社会适应能力，开发潜能，塑造大学生的健康人格已越来越成为学校教育的重要内容；第五，健康观念和心理健康教育工作模式的转变，使高校医务人员开始重视心理社会因素在健康、疾病中的作用；第六，思想教育界在工作实践中已经感到不少看似思想意识、道德品质的问题，其实是心理障碍问题或由心理障碍所引起的，若从心理咨询的角度做工作，往往收效良好；第七，德育理论界的研究认为，德育应包括四个方面，即政治教育、思想教育、品德教育和个性心理健康培育，从而使一些从事大学德育工作的教师参与了大学生心理健康教育工作。以上诸因素的共同作用，掀起了大学生心理健康教育工作的浪潮，这一浪潮的意义是深远的。

在上述背景下，从20世纪80年代起，一些院校开设了心理学健康教育讲座或选修课，开展了大学生心理健康的调查、咨询等工作。这可以说是高校心理健康教育工作的萌芽。一直到80年代中期，高校心理健康教育工作才开始发展起来，其中有两个显著的标志。

第一个显著的标志是1984年、1985年前后，上海、北京、浙江、湖北、陕西、四川等地的一些高校自发地尝试开展了大学生心理咨询服务，一些院校建立了心理咨询机构。1988年6月，在上海交通大学召开了"首届咨询教育理论与实践研讨会"，标志着高校心理咨询工作的兴起。此次会议对推动大学生心理咨询工作的开展，建立全国大学生心理咨询研究机构产生了重要的影响。

第二个显著的标志是从1987年起，浙江大学、贵州师范大学等院校开设了心理健康教育类课程，这标志着心理健康正规化教育的开始和心理卫生作为一门独立课程在高校的诞生。目前，越来越多的院校已经开设大学生心理卫生课程。上海市教委在1999年出台的《上海学校心理健康教育三年规划(1999—2001)》中要求，各高校应配备2~5名专职心理辅导教师；到2005年，高校本科争取达到每1000名学生配备1~2名专职心理辅导教师。

在推进大学生心理健康教育工作的过程中，诸多学术团体发挥了积极的作用。中国心理卫生协会青少年心理卫生专业委员会先后召开的四届全国青少年心理卫生学术研讨会，对推动大学生心理健康教育工作发挥了至关重要的作用；中国高校卫生心理健康教育研究会于1989年4月在浙江大学召开的"全国第二届高校卫生心理健康教育学术研讨会"，推动了高校医务界的同志积极参与心理健康教育工作，该届研讨会的主题是"高校学生的心理卫生和精神疾病的防治"；1990年11月，在北京师范大学召开了"中国心理卫生协会大学生心理咨询专业委员会成立大会暨学术研讨会"，使高校心理咨询、心理健康教育工作得以有组织地开展起来。此外，中国心理学会大学生心理学专业委员会和教育心理专业委员会、中国高等教育管理研究会大学心理学专业委员会等通过多种渠道推动了大学生心理健康教育工作。

2004年10月颁布了《中共中央国务院关于进一步加强和改进大学生思想政治教育的意见》(以下简称《意见》)的决定，决定指出，思想政治教育工作也面临严峻的挑战：国际敌对势力与我们争夺下一代的斗争更加尖锐复杂，大学生面临大量西方文化思潮和价值观念的冲击；经济成分、组织形式、就业方式、利益关系和分配方式日益多样化，人们思想活动的独立性、选择性、多变性和差异性日益增强；社会生活方式和人们价值取向多元化，给大学生的心理发展和思想观念带来一些不容忽视的负面影响。一些大学生不同程度地存在政治信仰迷茫、理想信念模糊、价值取向扭曲、诚信意识淡薄、社会责任感缺乏、艰苦奋斗精神淡化、团结协作观念较差、心理素质欠佳等问题。在落实《意见》的实践中，各地高校都充分看到了心理健康教育的重要性，进一步推动了心理健康教育的开展。

本 章 小 结

走过了幼时的天真、少年的激荡、青春的浪漫，来到大学的大学生们，一方面反叛传统，欢呼改革，渴望开放，向往独立，努力形成与市场经济相适应的现代观念，并凭借不断创新、不断探索的勇气重塑自我、完善自我；另一方面，他们又难以完全挣脱传统的羁绊，超越陈腐观念的束缚，形成现代、独立、健全的自我。他们在传统与现代、理想与现实的夹缝中艰难地生存着，随着新旧观念的双重挤压和碰撞，处于超越与禁锢、自强与自卑、创新与守旧的矛盾状态，表现为主观我与客观我共生，理想我与现实我并存，独立意识与依附心理相伴，交往需要与自我封闭同行。这种双重性的自我在某种程度上导致了大学生身与心的分离，知与行的脱节，理想与现实的错位，自我与社会的背离。因此，大学生在完成学业深造的同时，还要经历一次次心灵的成长，处理各种复杂的心理与行为适应的课题。

本章主要介绍了大学生生理、心理的特点，大学生心理健康的标准、大学生常见的心理问题，并且介绍了中外各国进行心理健康教育的概况。

拓展阅读

全国大学生心理健康日

为引导大学生关注自身的心理健康，2000年，"5·25全国大学生心理健康节"在北京师范大学拉开帷幕，此后(2004年)，教育部、团中央、全国学联办公室向全国大学生发出倡议，把每年的5月25日确定为全国大学生心理健康日。

"5·25"是"我爱我"的谐音，对此，发起人的解释是：爱自己才能更好地爱他人。心理健康的一个重要标准就是认识自我，接纳自我，能体验到自己存在的价值，乐观自信，这样的人才能用尊重、信任、友爱、宽容的态度与人相处，能分享、接受、给予爱和友谊，能与他人同心协力。选择"5·25"是为了让大学生便于记忆，关注自己的心理健康。随后，"5·25——大学生心理健康日"在全国的高校得到认同，全国高校都利用这一天开展多种形式的心理健康教育活动，甚至认为这一天就是"大学生的心理健康节"。北京师范大学心理学院院长车宏生教授说："大学生心理健康活动周的举行，说明心理学受到老百姓的重视。社会的发展需要心理学,希望这个活动能推广到全国各地。"如今,"5·25大学生心理健康活动周"已遍及全国各地,成为全国大学生活动的一个著名品牌,其影响力将会越来越大。

(资料来源：百度百科整理.)

思考与练习

1. 大学生心理健康的标准是什么？
2. 大学生常见的心理问题有哪些？
3. 请论述大学生心理健康教育的意义。
4. 有人说："只有优异的成绩,却不懂得与人交往,是个寂寞的人；只有过人的智商,却不懂得控制情绪,是个危险的人；只有超人的推理,却不了解自己,是个迷茫的人。"对此段话,你是怎么理解的？
5. 有人说："要适应环境,就要变通,有时甚至要放弃自己原有的东西,才能适应环境转变的需求,才能获得更大的发展。因此,新生至少应该有'四变'。'心变'：转变对人对事主观的、天真的心态；'脸变'：担任多种角色,少点娃娃脸,多点成人颜色；'向变'：调整或改变原来的奋斗目标；'法变'：转变自己的学习、生活、交往的方式方法。"

请谈谈你对这句话的理解,并请补充,你认为大学新生要更好地适应大学生活还有哪些需要"变"。

实 践 课 堂

从毕淑敏女士的《心轻者上天堂》的美文中,得到了什么启迪？

埃及国家博物馆有一件奇怪的展品。一只用精美白玉雕刻的匣子,大小约和常用的抽屉差不多,匣内被十字形玉栅栏隔成四个小格子,洁净通透。玉匣是在法老的木乃伊旁发现的,当时匣内空无一物。从所放位置看,匣子必是十分重要,可它是盛放什么东西用的？为什么要放在那里？寓意何在？谁都猜不出。这个谜,在很长一段时间内让考古学家们百思不得其解。后来,在埃及中部卢克索的帝王谷,在卡尔维斯女王的墓室中,发现了一幅壁画,才破解了玉匣的秘密。

壁画上有一位威严的男子,正在操纵一架巨大的天平。天平的一端是砝码,另一端是一颗完整的心。这颗心是从一旁的玉匣子中取出的。埃及古老的文化传说中,有一位至高无上的美丽女性,名叫快乐女神。快乐女神的丈夫,是明察秋毫的法官。每个人死后,心脏都要被快乐女神的丈夫拿去称量。如果一个人是欢快的,心的分量就很轻,女神的丈夫就引导那有着羽毛般轻盈的心的灵魂飞往天堂。如果那颗心很重,被诸多罪恶和烦恼填满皱褶,快乐女神的丈夫就判他下地狱,永远不得见天日。

原来,白玉匣子是用来盛放人的心灵的。原来,心轻者可以上天堂。

自从知道了这个传说,我常常想,自己的心是轻还是重,恐怕等不及快乐女神的丈夫用一架天平来称量,那实在太晚了。呼吸已经停止,一生盖棺定论,任何修改都已没有空白处。我喜欢未雨绸缪,在我还能微笑和努力的时候,就把心上的赘累一一摘掉。

我不希图来世的天堂,只期待今生今世此时此刻朝着愉悦和幸福的方向前进。天堂不是目的地,只是一个让我们感到快乐自信的地方。

心灵如果披挂着旧日尘埃,好像浸满了深秋夜雨的蓑衣,湿冷沉暗。如何把水珠抖落,在朗空清风中晾干哀伤的往事?如何修复心理的划痕,让它重新熠熠闪亮,一如海豚的皮肤在前进中使阻力减到最小?如何在阳光下让心灵变得剔透晶莹,仿佛古时贤臣比干的七窍玲珑心,忠诚正直,诚恳聪慧,却不会招致悲剧的命运?

(资料来源:毕淑敏.心灵上游戏,2014年1月北京十月文艺出版社.)

【附录】心理测试2:SCL——90问卷,扫描下方二维码。

在一切快乐中，人的健康胜过其他任何快乐，可以说一个身体健康的乞丐要比疾病缠身的国王快乐得多。

——德国哲学家 叔本华

第三章 大学生常见的心理障碍

本章学习目标

- 了解大学生常见的情绪障碍。
- 明确大学生神经症的表现及调适。
- 掌握人格障碍及调适的方法。

 核心概念

大学生(university student)　心理障碍(psychological problem)

 引导案例

莺莺的烦恼

莺莺是来自南方沿海大城市的独生女，高考的成功让她来到了北京。时光荏苒，初来时的新鲜和热情渐渐退却，莺莺渐渐烦闷起来。"我觉得这完全是一个突如其来的世界！我像是被暴露于一个无涯的荒野之中，只有自己，无助、寂寞、苦涩。"生活中，她总是拿不定主意，做一个决定，问了家长问同学，还是犹豫再三。做事情没有老乡、同学在一起就畏手畏脚，战战兢兢。当她被选中独自参加一次培训时，面对着全新的面孔，她不禁大喊："受不了了！"

(资料来源：百度百科整理.)

 案例分析

这个案例中莺莺的苦恼源于对新环境的适应不良，原因有莺莺的成长经历：莺莺从小在大城市中长大，衣食无忧，从来都是家中的父母帮她安排好一切。在父母的过分宠爱中，

她养成了越来越依赖别人的习惯。还有性格上的问题：莺莺缺乏自信心和独立意识，事事要别人帮助。更有认识上的问题：我是独生子女，大家就应该迁就我。我是女孩子，我还小，我应该被爱护、被帮助。

 学习指导

本章主要介绍了大学生常见的心理障碍及调适的方法。在学习的过程中要仔细阅读教材，通过学习，能够了解大学生常见的情绪障碍，明确大学生神经症的表现及调适，掌握人格障碍及调适的方法。

第一节 大学生常见的情绪障碍

一个人长期处于消极的情绪状态或激烈的不良情绪状态下，就会造成情绪障碍。情绪障碍是人的主要心理障碍之一。按照对人的危害的严重程度，情绪障碍可分为轻度情绪障碍和重度情绪障碍两大类。对大学生来说，轻度情绪障碍主要有心境恶劣、情绪易激怒、情绪不稳定、寂寞等。重度情绪障碍主要指神经症，包括焦虑症、抑郁症、恐惧症等。对不同的情绪障碍，调适的方法也不同。

一、轻度情绪障碍及其调适

(一)案例介绍

杨杨是一位来自农村的姑娘，她以全县第一的成绩考入大学，是几年来全村唯一考上大学的人。入校前，十里八乡的人前来祝贺，她多次被邀请为别人介绍学习经验。前些天，老师的来信还提到大家以她为榜样，为她能到大学学习而感到自豪。可是，上大学后，她再也找不到以前的感觉。与其他同学相比，她说话带方言，知识面狭窄，许多同学都知道的事情她不知道。尤其是那次上英语课，她以前一直认为自己英语不错，可英语老师用英语讲课她听着很吃力，那天老师让同学们用英语做自我介绍，她的心怦怦直跳，头垂得很低，不敢主动站起来介绍自己，而其他同学都能够用流利的英语介绍自己。事后，她怨恨自己，为什么不敢站起来，我的英语为什么没有他们那么好。她陷入了极度自卑、焦虑的状态，什么课也听不进去，并且出现睡眠障碍。

杨杨的情况是大学生入学后常见的"新生适应不良综合征"，即面对新的环境，面对不再有的优势，心理难以承受，从而产生的情绪障碍。

(二)调适方法

大学生处于各种生活压力之中，加之初入大学，对学习的不适应，对人际关系的不熟悉，竞争的激烈，以及以往优势的失去，产生消极情绪甚至情绪障碍是难免的。当自己陷入消极情绪时，可从以下几个方面进行调适。

1. 了解自己并肯定自己

了解自己必须有清醒的自我意识，公正地评价自己，既要看到自己的不足，又要看到自己的优点，对自己充满信心。如案例中的杨杨，首先要改变认知方法，即不再把与同学相比作为衡量自信心的唯一标准，而是学会多与自己进行比较，看到自己的进步，获取自信心。

2. 维持自我价值感和自尊心

要学会对事尽力，对人尽心，在不矫揉造作的自然表现中，体会自我价值感。不刻意取悦他人，不刻意掩饰自我，以其无愧之心保持适度自尊。

3. 能与他人建立亲密的关系

要有几个知心朋友，与朋友相处时，既能敞开心扉接纳别人的感情，也能无条件地付出自己的感情。

4. 培养独立谋生的意愿与能力

要有独立谋生的意愿，并肯为此而努力，不依靠、不等待，磨炼性格意志，自己解决问题，体现自我能力。

5. 追求理想不能脱离现实

要以现实的自我条件为基础去追求理想。一旦在追求理想的道路上遇到障碍，要勇于面对现实，不曲解现实，不逃避现实，排除前进道路上的障碍，理想才会实现。

二、重度情绪障碍及其防治

重度情绪障碍包括焦虑症、抑郁症、恐惧症等。

(一)焦虑症及其防治

1. 焦虑症及致病原因

焦虑症是以突如其来和反复出现的莫名恐惧和焦虑不安为特点的一种神经症，是没有明确对象和具体内容的恐惧。焦虑症有两种表现形式：一种表现为反复出现惊恐发作；另一种表现为慢性、持续性的焦虑状态，一般伴有植物神经功能障碍。

国外报导，该病占综合医院心理门诊病人的12.2%，发病年龄多在18～40岁。除遗传、生理因素外，焦虑症主要与心理、社会因素有关。焦虑症在我国也比较常见。

(1) 心理因素。

① 焦虑症主要是过度的内心冲突对自我威胁的结果，患者常主观感觉紧张或有不愉快的预感。

② 患者童年期的心理体验被压抑，一旦遇到应激便易焦虑。

③ 焦虑素质在焦虑症的发生中起重要作用。焦虑素质即易焦虑、易激惹、有不安全感、自信心不足，常苛求自己，依赖性强，而且过分关心身体健康。这类患者大都胆小怕事、谨小慎微、情绪不稳，对轻微的挫折或身体不适就容易焦虑和紧张。

(2) 社会因素。
① 亲人死亡、事业失败或流行性疾病是直接原因。
② 患者家庭社会环境较好，经济条件宽裕，从小任性，被过分迁就溺爱。

2. 焦虑症的症状表现

(1) 躯体症状。
① 急性焦虑症多在精神创伤后突然发病，会出现大难临头感或死亡来临感，他们尖叫、逃离或躲藏起来，但说不出究竟怕什么。发作时间长短不等，一般反复发作，少数可自行缓解。
② 慢性焦虑症一般躯体症状和心理症状同在，并和长期紧张、家庭不和以及工作学习压力过大等因素有直接关系。

(2) 心理特征。
① 急性焦虑症患者经常感到内心有一种说不出的紧张、焦虑，感到恐惧和难以忍受的不适感；预感到某种不幸；感到"心脏要跳出来"，胸痛或不适，有"喉头堵塞"或"透不过气"，马上就要死亡、窒息之感。
② 慢性焦虑症患者常有恐惧性预感，终日紧张，心烦意乱，坐卧不宁，老要变换姿势，多汗、恶心，预感到自己或他人的不幸；对自己的健康忧虑重重，对躯体的微小不适都过分敏感，因而产生疑病观念，注意力难以集中，以致学习、工作困难。对以上症状，患者有充分的自制力，且迫切要求治疗。

3. 焦虑症的防治

焦虑症主要用心理治疗法，最好找心理咨询医师或精神科大夫协助，在医生的指导下有步骤、有计划地调适，一般都会收到较理想的效果。

(1) 正视现实，分析引起焦虑的因素，认识自己，宽容自己。

过度的忧虑常常隐藏在潜意识中，它往往是由于对某事耿耿于怀或过分自责。认真分析引起焦虑的原因，正确评价自己，可以逐渐摆脱焦虑的困扰。

(2) 强化自我调节作用，排除情绪障碍。

每个人在生活中都难免会遇到一些挫折和冲击，因而在内心深处产生一些心理冲突或不良情绪是常有的事。关键在于要善于发挥自我调节能力，排除情绪障碍，控制焦虑的增加。同时，掌握人际交往技能，提高社会适应能力，减轻社会应激压力，也可以减少焦虑、恐惧等负面情绪。

(3) 积极参加集体活动，交流思想感情。

一个过度焦虑的人总是神经过敏地对待他周围环境中的刺激，经常处于比较紧张、慌乱、惧怕、孤独的心理状态。因此，有此感觉的同学要多参加一些集体活动，与老师、同学多交流，从而有利于恢复心理平衡，缓解心理压力。

(4) 默想法。

默想自己置身于某个安静的环境，那里空气清新、色调淡雅。或依据个人生活体验，默想那些易让人平静和愉悦的情景，默想越具体越有效。

(5) 注意力转移法。

注意力转移法即把引起焦虑情绪反应的注意力从相关刺激转移到其他事物上。有的大学生在特定的时间、地点、人物、事物面前易产生焦虑，此时就应让注意力尽可能离开这类刺激物，尽可能从事一些转换心境的事，避免旧的想法总在大脑中回旋。注意力转移的幅度越大，焦虑情绪转变的可能性也就越大。

另外，可采用松弛疗法、行为疗法、音乐疗法、精神分析疗法、催眠疗法等。

(二)抑郁症及其防治

1. 抑郁症及致病原因

抑郁症又称神经性抑郁症，是对所经历的事件的抑郁反应，其抑郁程度与经历不相符，但无精神病象征。绝大多数患者得病是由一定的心理应激引起的，常涉及以下几个因素。

(1) 生活中的挫折引起心境的改变，如悲伤、失望、无助等强烈而持久的负面情绪，破坏了感情生活的平衡。

(2) 自尊心受到伤害，动摇了能力和品格的自信心，有较强烈的自卑感、劣等感，总感到不如人。

(3) 病前性格特点为依赖性、被动性强，不开朗，胆小怕事，多思虑和易倾向厌世悲观。上述性格特点多被视为该病的温床。

2. 抑郁症的症状表现

(1) 躯体方面的主诉多且易变，给人的印象是过分关注，常有头痛、头昏、耳鸣、口干、心悸、胸闷、腹胀、便秘、多汗等症状。

(2) 持久的情绪低落，对日常活动包括业余爱好和娱乐的兴趣显著减退，感到生活无意义，对前途悲观。常沉思不愉快的往事，或遇到事情往坏处想。自我评价下降，夸大自己的缺点。常唉声叹气，易伤感流泪或愁容满面。

(3) 自觉活动降低，懒散乏力。体重下降，睡眠失常，精神不振，脑力迟钝，反应缓慢，对工作、学习缺乏信心。

(4) 社交活动减少，不愿主动与别人交往，心境恶劣、烦躁、易激惹。

3. 抑郁症的防治

大学生中患抑郁症的人数极少，一旦发现有抑郁症的学生应积极进行心理咨询或去医院就医。贝克的认知疗法认为，抑郁症部分是由对客观经验的一种过分、消极性歪曲而导致的结果。治疗时要求患者通过记录自己的认知，取得反驳自己以往不正确认知的依据，以此获得正确的认知而治好此病。

(1) 改变生活习惯，早晨早点起床，进行稍稍出汗的慢跑锻炼。减少工作目标和次数，制订计划要留有余地，以保持对完成工作的满足感。尽量多参加讨论会、演讲会，多与充满活力的人接触，养成积极主动的习惯。

(2) 可能的话，暂时地脱离现在正在做的事情，休养一段时间，恢复元气，调节好运动和修养的平衡，看些有益的图书。

(3) 保持满足感，想想境遇不如自己的人，这样能使心情舒畅。精神上要充实，物质上要简朴，怀着感激的心情生活。面临困难、烦恼、难题时，要积极处理自己能办到的事情，不要耽搁拖延下去。要有效地利用笔记本，把所有要办的事情记下来，再一个个地解决。

(三)恐惧症及其防治

1. 恐惧症及其致病原因

恐惧症是对某一特定的物体、活动或处境产生持续的和不必要的恐惧,而不得不采取回避行为的一种特定的神经症。该症与正常人对真实的威胁产生的恐惧是不同的。患者认识到这种恐惧是过分的和不必要的,但不可克制。心理因素是重要的病因。车祸、意外事故、性伤害等突发的社会事件,人际关系紧张、家庭不和、工作学习压力大等社会因素也是致病的原因。此外,该症状与患者的个性特点也有关,如神经质、依赖性、缺乏自信、高度内向、胆小怕事、羞怯。

2. 恐惧症的症状表现

(1) 社交恐惧。常见的症状有以下几种。

赤面恐惧:患者在公众场合,因担心自己面红成为众人注目的中心而惊恐。

注目恐惧:怕他人注视自己或不敢正视他人而产生的恐惧。

(2) 处境恐惧。恐惧对象是特定的处境,患者感到孤独无援或羞辱,如怕人群聚集、怕通过广场、怕登高临渊、怕过桥、怕越马路、怕一个人待在关着门的房子里等。

(3) 物体恐惧。

动物恐惧:恐惧小动物;

尖锋恐惧:恐惧尖锐物体;

见血恐惧:恐惧流血;

不洁恐惧:对不洁物感到恐惧;

不祥恐惧:对棺材和坟墓等不祥物感到恐惧。

3. 恐惧症的防治

(1) 自我脱敏法。

首先,回忆致病最初的原因,向好友倾诉引起恐惧的情绪体验,弄清是非观念,而后症状就有明显的减轻。其次,做一些自我松弛的活动,如闭目静坐、放松肌肉、转移注意力等。再次,不要过分谴责自己,不去留意别人对自己的表情,不回避恐惧的对象。这样,恐惧的情绪就能慢慢转化,心情逐渐轻松,病情也就会消失。

(2) 自我暗示法。

当面对恐惧处境时,通过自我暗示,使自己保持松弛,克服紧张、焦虑情绪。

(3) 系统脱敏法。

鼓励患者接触所恐惧的事物或情景,反复练习,直到完全适应。目前,此种方法治疗恐惧症效果最佳。

(4) 培养多方面的兴趣和爱好。

大胆参与有益的社会活动,改变过度内向、依赖、胆小怕事等不良性格特征,促使该疾患彻底痊愈。

(5) 合理情绪想象技术。

浑浊的情绪困扰有时是患者自己向自己传播的烦恼。患者经常给自己传播不合理的信念,在头脑中夸张地想象各种失败的情景,从而产生不适当的情绪和行为反应。合理情绪想象技术就是帮助患者停止这种传播的方法，其具体步骤可以分为以下三步。

首先，使患者在想象中进入其产生过的不适当的情绪反应或自己感到最受不了的情境之中，体验在这种情境下的强烈的情绪反应。然后，帮助患者改变这种不适当的情绪反应。这常常是通过改变患者对自己情绪体验的不正确认知来进行的。最后，停止想象，让患者讲述他是怎么想的，自己的情绪有哪些变化，是如何变化的，改变了哪些观念，学到了哪些观念。对患者情绪和观念的积极转变，在治疗时应及时给予强化，以巩固其在上次治疗中获得的新的情绪反应。

某女大学生，对将在一个会上发言感到恐惧，认为自己肯定不行，会出丑、砸锅，一切都会变得非常糟糕，治疗者帮助她做以下的想象练习。

治疗者：好，闭上你的眼睛，想办法使自己坐得舒服。现在请你想象，你到了会场，要想得像真的似的……

患者：……行……

治疗者：现在你感觉怎么样？是不是真正达到像你所说的那样恐惧、困窘了？

患者：我已经觉得要不行了，要讲不下去了……

治疗者：对，这正是你担心的情景，现在，我要求你把这个场景保持在脑海中，同时，请你把那种觉得要不行了的感觉变成只是有点紧张，想象你仍在会场上发言，只是有点紧张……

患者：……恐怕不行……

治疗者：要坚持这样做。

患者：……差不多了。

治疗者：很好，说说你是怎么想的？

患者：我要是逃走会更糟，反正我得在这儿坚持讲完。

治疗者：还想了些什么？

患者：我已经站在这儿开始讲了，虽然讲得不好，人家会笑话我，但我要是中间停下来不讲就跑掉了，人家更会看不起我。不管别人说我什么，我也得讲完该讲的话……

治疗者：说得对。你现在所做的事情正是在用合理的信念代替那些不合理的东西，这会使你的情绪不再那么坏。不管别人怎么想你，你现在要做的最关键的事，是要完成这次大会发言。而且，不管别人会怎么看你，你还是你，可能发言不如某些人讲得好，但并不是一个一无是处的人，是吗？

第二节　大学生神经症的表现与调适

神经症

神经症又称神经官能症，它是指病因尚未完全明确，其主要精神因素、个性特点不存在器质性病理基础的一组轻度精神障碍。大学生中常见的有神经衰弱、强迫症和疑病症等。

神经症的治疗、护理、预防应考虑三个方面，即消除或减轻心理压力，解决好遇到的问题，改善人际关系。药物治疗应短期、少剂量，配合心理咨询和心理治疗，一般可取得良好效果。

一、神经衰弱及其防治

(一)神经衰弱的定义及致病原因

神经衰弱表现为慢性疲劳、情绪不稳、神经功能紊乱，并突出易于兴奋和易于疲劳或衰竭的特点，还伴有许多躯体症状和睡眠障碍。

导致神经衰弱的原因表现为：①持久的精神紧张、精神压力。如工作杂乱无序，感到任务繁重时所产生的慌乱和紧迫情绪，长时间地学习却不注意休息和睡眠，同时伴有思想负担和对工作、学习不满，对完成任务所产生的抵触情绪等，往往较易导致神经衰弱的发生。②亲人亡故、家庭不和、学业失败、人际关系紧张及生活中各种挫折等精神紧张刺激。这种精神紧张刺激所引起的忧虑、愤怒、怨恨、委屈和悲哀等负面情绪体验，导致大脑皮层神经活动失调，从而发生神经衰弱。

(二)神经衰弱的症状表现

绝大多数为缓慢起病。症状复杂多样，心理症状和躯体症状常并行出现，但因人而异。

1. 容易兴奋和激惹

自我控制能力减弱，性格变得急躁和容易激动，情绪不稳，常因一些微不足道的事发怒或伤感、流泪，明知不对却无法克制。有时变得似乎很自私，只想自己，稍不如意就大为不满，大发雷霆。

2. 容易疲劳和衰竭

伴随兴奋和激惹而来的是疲惫不堪，用脑稍久就头痛、头昏以致难以坚持。有意注意能力削弱，时间越长就越差，因而影响近事记忆，对记数字和姓名尤为难。

3. 躯体症状

由于神经系统的兴奋性增高，患者常伴有头昏、头痛。触觉、痛觉和温觉也异常敏感，刺激稍强就忍受不住。病程较长，可出现自主神经功能紊乱。

(三)神经衰弱的自我调适

神经衰弱的治疗原则以心理治疗为主，配合必要的药物或物理治疗，同时合理安排作息制度，以及从事一定的体力劳动和体育锻炼。

1. 摆脱和消除心理冲突

通过自我探究引起心理冲突的原因来摆脱和消除心理冲突。在分析这些原因的过程中，可能会回忆起许多不愉快的往事和伤痕，但只有通过分析这些造成心理冲突的原因，才能说服自己摆脱冲突，使内心逐渐得到平衡。也可多与亲友、同学谈心，暴露其心理冲突与障碍，从而使紧张心理得到缓解。

2. 增加生活情趣

生活中酸甜苦辣都会有，有的甚至不可避免。设法增加生活情趣，可以尽快摆脱这些不愉快的事情，恢复心理平衡。

3. 克服有害的自我暗示

有些人过于敏感，心中老想着自己患了神经衰弱，陷入心理矛盾。这时应该转换注意力，树立乐观态度，放下包袱，发挥自我调节作用，逐渐减少有害的自我暗示，直到消除。

4. 坚持锻炼，积极休息，作息规律

体育运动不仅能增强体质，消除脑力疲劳，还能调节大脑机能，使之恢复平衡。同时，作息要有规律，适当地减轻工作和学习负担。

二、强迫症及其防治

(一)强迫症及其致病原因

强迫症以反复、顽固的强迫观念或强迫行为为主要症状。患者内心清楚这些强迫观念和行为是荒谬的、可笑的，但仍然无法控制这些观念和行为的出现。患者为此深感焦虑不安、十分痛苦，而这些内心痛苦和不安反过来又加剧了强迫症状。患者的一切抵抗、控制都不能成功，使其学习、工作和生活都受到影响。一般发病者智商都较高。

强迫性人格是很多人发病的内在原因。有人统计，约有 2/3 的强迫症患者病前有强迫个性特点，如拘谨、犹豫、深思熟虑，富有思想，爱钻牛角尖，做事认真仔细，力求准确，缺乏灵活性；有很高的道德水准，过分严格要求自己，事事要求十全十美；喜爱整齐、清洁；有条理和有秩序，但总有不完善、不安全、不确定的感觉。

(二)强迫症的症状表现

强迫症的症状表现多样，大体上分为强迫观念、强迫意向和强迫动作。

1. 强迫观念

(1) 强迫回忆。

患者对做过的事，甚至对无关紧要的事，进行反复回忆，或将过去的事急欲回忆起来，明知无任何意义，但非回忆不可。

(2) 强迫疑虑。

患者对自己的行动是否正确无误，产生不必要的疑虑。如出门后怀疑屋门未锁好；医生开处方后怀疑剂量有错，诸如此类。但有一个共同点是，疑虑伴有焦虑，驱使他们不断地反复去核查。

(3) 强迫性穷思竭虑。

患者大多对自然现象和日常生活事件发生的原因进行无效的反复思考。患者明知这种思考毫无意义和毫无必要，甚至感到荒谬，但却难以控制。例如，反复思考"为何天以 24 小时计算""人为何长两条腿"等。

(4) 强迫性对立思想。

患者摆脱不了和自己的认识相对立的思想的纠缠，感到苦恼。比如，看到或听到"和平""友好"的字词，脑子里立即出现"战争""敌对"等相反的概念。

2. 强迫意向和动作

(1) 强迫意向。

患者常被一种与当时意愿相反的意向所纠缠，明知不合理和不必要，却无法摆脱。例如：一个人站在车站站台候车，当火车到来时，就有朝轨道上跳的念头；一位母亲抱着小孩站在阳台上，有将小孩扔下楼去的想法。这种强迫意向不伴有相应的动作，但伴有焦虑和恐惧心理，驱使他们回避此场合或采取其他对策。

(2) 强迫洗涤。

当患者的手或身体接触陌生人或陌生人用过的东西时，不能控制地洗手、洗涤全身。

(3) 强迫计数。

患者不可克制地计数某些东西，如每当见到电线杆、台阶等，便不由自主地计数。不这样计数便心中不安，明知不必要，但无法克服。

(4) 强迫性仪式动作。

患者常重复一套刻板动作，较以上强迫性动作更为复杂。如有的患者进门一定要左足先跨，接着向前走两步向后退一步；或上床睡觉前，按规定的次序脱衣脱鞋，然后绕床转一圈。不这样做，会感到心中不安。

(三) 强迫症的防治

1. 认知领悟疗法

认知领悟疗法的具体做法：充分认识自己处理事情要求完美的性格特点，生活上采取乐观态度，对人对事不必过分认真，对自己也不必苛求，要提高随机应变的能力；转移注意力，从事各种有兴趣的活动，解除生活或学习中的单调乏味体验，在活动中发挥自己的才能，从而得到精神上的满足，减少精神压力和紧张情绪，在自感症状严重时，要努力寻找思想根源，关键是要想方设法尽快脱离现实症状，摆脱痛苦；了解那种盲目的、不合正常逻辑的认识与情感冲动是什么性质，它来自何处，真正认识到所采取的措施是可笑的、幼稚的，从而自觉放弃它。

2. 森田疗法

森田疗法即要求患者对症状"顺其自然，为所当为"，而不要压抑；采取不怕、不理和不对抗的态度，使症状逐渐从意识中淡化以至消失。该疗法对强迫（观念）症的治疗有较好的效果。

3. 做好预防

强迫症的预防很关键，其预防可以做到以下几点。

(1) 学会顺其自然。

强迫症的特点之一就是喜欢琢磨，一个芝麻大的事情往往会想出天大的事来，因此，在思考问题时不要钻牛角尖，学会适应环境而不要刻意改变环境。

(2) 不要过分在乎自我形象。

日常生活中不要过分在乎自我形象，不要过分追求完美。不要总是纠结于自己做得好不好，这样做行不行，别人会怎样看待我等问题。

(3) 学会享受过程。

在做事情的时候要抱着一种欣赏、感受、体险快乐的心情重视过程，而不要过分重视结果。

(4) 客观认识自己。

对自己的个性特点与所患疾病有正确客观的认识，对现实状况有正确客观的判断。不要拒绝医生辅助药物治疗的建议，辅助的药物治疗，可以较好地缓解强迫症状。

三、疑病症及其防治

(一)疑病症及其致病原因

疑病症是以过分关注自己的身体健康，不切实际地解释躯体症状或感觉异常等，并深信患有严重疾病，而以恐惧不安为特点。患者常四处求医，迫切要求治疗，虽然多种检查结果和患者的主诉不符，但是医生的解释和保证往往不能消除患者认为已患病的先占观念。

致病原因有以下几种。

(1) 家庭因素。

家庭长期不和、学习上种种困难等心理应激因素，使患者将注意力转向自身健康，提高了对自身感觉的敏感性和暗示性。

(2) 个性因素。

固执、谨慎小心、敏感多疑，对自己个体健康特别关注和追求完美的性格特征是疑病症的性格基础。他们还常带有强迫性质，好反复思索而不能摒弃不愉快的观念。

(3) 环境因素。

由于社会的急剧变革，大家庭的解体，个人生活的孤独、心境不良，就容易产生疑病症。

(4) 医源性因素。

不正确、不科学的卫生宣传，医生在检查时讲话不慎，或下的诊断不确切，或为满足患者的诉求而反复检查或乱开处方，也促使疑病症的形成。

(二)疑病症的症状表现

患者相信自己患有某种严重疾病，对自己的健康状况过分关注。表现为对身体任何轻微的变化都特别注意。他们注意自己的心跳、呼吸、大小便、性功能、血管搏动，甚至关注面色、肤色或指甲上的斑点。患者的思想和言语完全集中在症状上，而对与身体无关的社会活动和人际关系等从不谈及。

患者带有强烈的偏执观念，他们确信自己患有某种而实际上并不存在的疾病。为此四处求医，医生做出否定诊断后，他们则常担心医生误诊，要求进行无休止的检查。他们常自己看医药书，把书上的某些疾病的症状往自己身上套，并会反复地向医生诉说自己的"病情"。患者常以疾病作为让别人同情和关心的资格；在潜意识里以疾病来达到逃避责任和困难或支配别人、引人注意的目的。

(三)疑病症的防治

对疑病症可以心理治疗为主，使患者认识到清闲无事和长期休养对该病有害无益。要安排一定的学习、工作和文体活动，将注意力从关注个人的身体健康转向对外界的兴趣，对缓解症状有一定疗效。也可辅以抗焦虑药和抗抑郁药，对减轻焦虑和抑郁情绪有一定帮助。

第三节　大学生人格障碍及调适

人格又称个性，它表现为人的个别差异，人与其他人相区别的特质或个人特征，是一个人在与其环境相互作用过程中所表现出来的独特的行为模式、思维方式和情绪反应的特征。一个人的人格表现在知、情、意等心理活动的各个方面，因此，认知能力的特征、行为动机的特征、情绪反应的特征、人际关系协调的程度和态度以及信仰的体系、道德价值的特征等，就构成一个人的人格。

一般来说，人格是在一定的社会文化背景下形成的，是一定的社会文化的产物。因此，一个人的人格是他过去的整个生活历程的反映。但是，人格的形成也和人的生物遗传因素有关，因为人与人的个别差异并不是在成年以后才表现出来的，这种差异从婴儿诞生的第一天起就有所表现。作为区别人与人的不同特征的人格，正是在这种先天生物学差异的基础上，在某种社会文化环境的影响下，通过不断的社会性内化过程而逐渐形成的。

一、人格障碍的概念

人格障碍是一种人格发展的内在不协调，是在没有认知过程障碍或智力障碍的情况下出现的情绪反应、动机和行为活动的异常。所谓人格发展的内在不协调，可以表现在认识能力、情绪反应和意志行为三个方面的不协调，可以表现为理智活动和本能情绪反应活动发展的不协调，也可以表现为抽象思维和形象思维之间发展的不协调。这种人格发展的不协调若是有极端的表现，就是异常心理现象了。

如果一个人的抽象思维过分或畸形发展，就会变得过分理智化，缺乏"人情味"和应有的情感色彩。例如，两位朋友去给一位老人祝寿，一位说："老人家您多福，必定长寿。"另一位则说："老人家，您别多虑，人老了，总会死的。"两位说的都有道理，但主人听后的感受和态度可想而知。后者的祝词显然缺乏人情味，不合时宜，让人听起来不是滋味。如果一个人的形象思维过度或畸形发展，就会陷于幻想之中或感情用事，有较高的受暗示性，显得矫揉造作。而如果一个人的本能、情绪、意向活动过分或畸形发展，就会导致理智活动发展不足，以及高级情感活动发展缺陷。这种人缺乏调节情感情绪活动和行为活动的能力，从而成为一个放荡不羁的人，缺乏对情绪的自制力。例如，情感丰富是人性的表现，但如果丰富到四处留情的地步，就可能变成病态，让人难以接受。

二、人格障碍的类型及其特点

人格障碍的表现十分复杂，可以有许多不同的表现形式，目前尚无一致的分类方法。以临床常见的描述，可将人格障碍分为四大类群：以行为怪癖、奇异为特点的人格障碍，包括偏执型、分裂型和强迫型人格障碍；以情感强烈、不稳定为特点的人格障碍，包括癔症型、反社会型、冲动型人格障碍；以紧张、退缩为特点的人格障碍，主要是依赖型人格障碍；其他类型，如循环型、边缘型和自恋型人格障碍。

(一)偏执型(妄想型)人格障碍

这种人敏感多疑，心胸狭窄，对谁都不信任，无同情心，傲慢，嫉妒心强，看问题主观片面，同时又自我估计过高，对于工作上的不顺利、事业上的挫折和失败，从不反省自己有何缺点与过失，而总是归咎于别人有意与他作对所致。他们习惯于将功劳归于自己，将错误推给别人，听不进任何批评意见，总感到受人欺负，别人对他不忠实。为了个人利益，他们到处申诉，甚至写控告信，有不达到目的决不罢休的坚强意志。

例如，有位大学生，在学校人际关系紧张，生活得很郁闷。当他走进室内时，如果人们停止谈话，他会怀疑他们正在议论自己；如果有人离开房间外出时门关得很响，他会认为走出的人对自己有意见。他与别人相处很难和谐，总认为他人为难自己，表现出偏执型的人格特征。

这是一种以猜疑和偏执为主要特征的人格障碍。诊断偏执型人格障碍至少须符合下述项目中的三项。

① 普遍性的猜疑，常将他人无意的或友好的行为误解为敌意或轻蔑，或无足够根据而怀疑会被人利用或伤害，过分警惕与防卫。
② 有一种将周围发生的事件解释为"阴谋"的不符合现实的先占观念。
③ 容易产生病理性的嫉妒。
④ 过分自负，总以为自己正确而将挫折或失败的原因归咎于他人。
⑤ 记恨，对拒绝、侮辱和伤害不能宽容，耿耿于怀。
⑥ 脱离实际地好争辩与敌对，固执地追求个人的权利或利益。
⑦ 忽视或不相信反面证据，因而很难用说理或事实改变患者的想法或观念。

(二)分裂型人格障碍

分裂型人格障碍以社会隔绝、情感疏远、古怪行为和多疑为特征。这种人行为怪僻而偏执，为人孤独，不合群，对人缺乏起码的温和与爱心，没有知心朋友，没有社会往来，别人对他的评价毫无感触。他们沉默好静，与世无争，对任何事情均兴味索然，但一般尚能认知现实。他们有繁多的白日梦或幻想，但一般未脱离现实。他们在表达攻击或仇恨上显得无力，在面对紧张情况或灾难时显得漠不关心、无动于衷。

分裂型人格障碍表现出下列特征。

① 有特异的信念或与文化背景不相称的行为。
② 奇怪的、反常的或特殊的行为或外貌。
③ 言语怪异，并非文化程度或智力障碍所引起。
④ 不寻常的知觉体验，如暂时性错觉、幻觉。
⑤ 对人冷淡，对亲戚也不例外，缺少温暖体贴。
⑥ 表情淡漠，缺乏深刻或生动的情感体验。
⑦ 多单独活动，社交被动，缺少知心朋友。

某大学一位大三学生，终日脑子里充满着各种体验、感觉和想法，沉溺于奇异的幻想和自闭性思考，外界事物皆被他摒弃于脑外，因此，脾气古怪。他虽与同宿舍同学相处近三年，但从不和宿舍同学一起聊天、谈话，看到同学也不打招呼，也很少见有同学、老乡来找他。他终日离群独处，冥思苦想，偶尔与人交谈，也不能与人合拍，说的全是些"玄论"，令人莫名其妙。他学习成绩不错，但性格孤僻，对人冷漠，又很怕羞、敏感，从不肯在公共场合抛头露面，也没有什么知心朋友。在一段时期里，他突然着迷于气功，经常不上课，外出去找什么"气功大师"传授"功法"，回来早晚面壁练功，学业丢在一边。同学劝也不听，他一味我行我素，行为怪异。这位大学生的表现就是典型的分裂型人格障碍。

(三)强迫型人格障碍

强迫型人格障碍是一种较为常见的人格障碍。1998年，上海青少年研究所对青少年的调查发现，这种类型的人数占心理障碍总人数的5%。这种人格障碍的最大危害是发展成为强迫性神经症。

这是一种以要求严格和完美为主要特点的人格障碍，其表现如下。

① 做任何事情都要求完美无缺、按部就班。
② 不合理地要求别人也要严格地按照他的方式做事，否则心里就不痛快，对别人做事不放心。
③ 犹豫不决，常推迟或避免做出决定。
④ 常有不安全感，反复考虑计划是否得当，反复核对检查，唯恐有疏忽之处和差错。
⑤ 拘泥细节，甚至生活小节也要"程序化"，不遵照一定的规矩就感到不安或要重做。
⑥ 完成一项工作之后常缺乏愉快和满足的体验，相反，容易悔恨和内疚。
⑦ 对自己要求严格，过分沉溺于职责义务与道德规范，无业余爱好，拘谨吝啬，缺少友谊往来。

有一位重点中学的学生，学习成绩优秀。在初中时，他就显露出强迫型人格特征。有一次，家中突闻噩耗，一向疼爱他的爷爷因脑溢血突然去世，母亲拉起他就要往外赶，可他坚持要把桌上散乱的玩具、书籍一一收拾干净才肯起身。高中一年级时学习紧张，他的强迫型人格更为明显了，他变得循规蹈矩，行为非常死板，办事效率极低，凡事都要求十全十美，生怕出差错而遭人讥笑，对自己的生活硬性规定许多高要求和标准，哪怕做一件细小的事情都要按照自己规定的刻板方式去完成。如做作业时，课桌上的东西必须收拾得干干净净，要是课桌上放一支笔或一本多余的书，就要担心和分心，唯恐这件东西的存在会影响自己的注意力，使自己学习不专心，因此非要放好后再做功课；叠被子要非常平整，穿衣服一定要整齐无任何皱褶；写字时如果写得别扭(自己认为，实际上并非如此)，一定要涂掉后再写，否则会担心影响自己的思维效果，导致不必要的分心。强迫性观念使患者内心压力很大，不得不做出强迫性行为以消除内心冲突，这种强迫性行为又进一步强化其内在观念，形成一种恶性循环。由于强迫型人格障碍日趋严重，患者无法坚持正常的学习，使他失去了继续学习和深造的机会。

(四)情感型人格障碍

情感型人格障碍是指生活中所见的情绪高涨与忧郁低落极端波动的人格类型。

情感型人格的特点是，某种突出的情绪状态在患者一生中占有优势，可以是持续的情绪低落、抑郁，或者是持续的情绪高涨，也可以是两者交替出现，且其情绪变化与外界环境没有关系。

情绪兴奋时，表现兴奋高涨，活跃乐观，有发自内心的欣喜和满足感。此时雄心大志，精神振奋，非常自负，自我评价很高，社会活动能力很强，有夸大的认知倾向。同时还表现出性格急躁，不遂心时容易激动发怒。思想行为缺乏专一性和持久性，情感不深刻，容易感到疲惫，情绪不稳定。情绪低落时，则表现忧郁低沉，对任何事物缺乏兴趣，自感精力和体力不足，悲观沮丧，少言寡语，懒于做事，遇到困难就会悲观失望，知难而退。

情感型人格障碍在临床上可分为以下三种类型。

① 情绪兴奋与情绪低落交替型。

② 情绪低落型，仅以情绪忧郁为主要表现，无兴奋表现或兴奋期不明显，或为期短暂。

③ 情绪兴奋型，单纯以情绪兴奋高涨为主要表现，情绪忧郁不明显或持续期很短，在性格特征中不占主要地位。这类人群在青少年中并不少见。

(五)反社会型人格障碍

反社会型人格障碍表现为：情绪不稳定，常常被一时的冲动所左右；以自我为中心，不顾别人的痛苦与社会的损失，易发生违纪行为和不正当的意向活动。反社会人格者在童年、少年时期即有明显的越轨倾向，有品行问题(如偷窃、斗殴、吸毒、逃学、性罪错)的记录。世界卫生组织《国际疾病分类》第十版(ICD-10)所列的诊断标准认为，患者行为和现行的社会规范之间有显著的不一致，其特征如下。

① 对他人漠不关心。

② 显著而持久的不负责任态度，无视社会规范、条例和规定。

③ 不能保持持久的关系。

④ 对挫折的耐受性极低，对包括暴力在内的攻击发生阈值低。

⑤ 不能体验到有罪，不能从经验中获益，特别是不能从惩罚中吸取教训。

⑥ 易于责备他人，或为他与社会冲动的行为提供似乎适当的合理化解释。

⑦ 持续易激惹。

李某，中学毕业，出身于工人家庭。父亲性格暴躁且有饮酒的癖好，每天醉酒后就打骂妻子和孩子。上小学时，李某就不好好学习，常打架、欺侮小同学。10岁时，李某即有凶暴及恶作剧、虐待小动物的行为。一次课前，李某将一只被肢解的青蛙放在粉笔盒内，吓唬上课的女老师。上中学后，李某开始吸烟，常常偷家中的钱或编造谎言称学校要交学费，将钱骗走买烟抽。初中三年级时，李某因多次斗殴违反校规被开除后，李某去一家企业打工，干了不久就觉得活累、挣钱少，即开始旷工并到处游荡。后来，李某私自非法开了一个小"武馆"，纠集地痞流氓，随意殴打他看着不顺眼的人，致人重伤，被有关部门查封并进行调查。在调查中，李某大吵大闹反而要求赔偿其损失，并公开威胁，到处告状。李某是典型的反社会型人格，他这种人格的形成与父亲的不良教育方式有关，父亲的酗酒、撒酒疯、打人都对他起到了潜移默化的作用，使其长大后也以同样的方式对待家人、他人和社会。

(六)冲动型人格障碍

冲动型人格障碍,又称爆发型或攻击型人格障碍,是青少年期和中青年常见的一种人格障碍。其主要表现为情绪不稳定,常因微小的精神刺激,突然爆发非常强烈的愤怒情绪和冲动行为,且自己完全不能克制。事情过后,对发作时的所作所为感到懊悔,但不能防止再次发生。

冲动型人格障碍分为主动攻击型人格障碍和被动攻击型人格障碍。

主动攻击型人格障碍的表现如下。

① 情绪易躁易怒,存在无法自控的冲动和驱动力。
② 性格上常表现出向外攻击、鲁莽和盲动性。
③ 冲动的动机形成可以是有意识的,也可以是无意识的。
④ 行动反复无常,可以是有计划的,也可以是无计划的。行动之前有强烈的紧张感,行动之后体验到愉快、满足或放松感,无真正的悔恨、自责或罪恶感。
⑤ 容易产生不良行为和犯罪倾向。

被动攻击型人格障碍的表现如下。

① 以被动的方式表现其强烈的攻击倾向。
② 外表表现得被动和服从,内心却充满着敌意和攻击性。

主动攻击型人格障碍和前面的反社会型人格障碍颇为相似,但两者仍有所区别,主动攻击型人格障碍的行为以自控能力低下为特点,而反社会型人格障碍则以情感和意志行为诸方面的缺陷为特征。

(七)癔病型人格障碍

癔病型人格障碍又称为表演型、戏剧化人格障碍,这种类型的性格多见于女性,各种年龄层都可能发生,但是以青少年和中年女性多见。并且常在25岁以下。

这种人格障碍的主要特点是过分做作,通过戏剧性的行为而引人注意,暗示性和依赖性强,以自我为中心,情感易变化、易激动,对人情感肤浅,有高度的幻想性。性心理发育不成熟,表现为性冷淡或过分敏感。在应激状态下,易发生癔病症状。

癔病型人格障碍的表现如下。

① 表情夸张像演戏一样,装腔作势,情感体验肤浅。
② 暗示性高,很容易受他人的影响。
③ 自我中心,强求别人符合他的需要或意志,不如意就给别人难堪或强烈不满。
④ 经常渴望表扬和同情,感情易波动。
⑤ 寻求刺激,过多地参加各种社交活动。
⑥ 需要别人经常注意,为了引起注意,不惜哗众取宠,危言耸听,或者在外貌和行为方面表现得过分吸引他人。
⑦ 情感反应强烈易变,完全按个人的情感判断好坏。
⑧ 说话夸大其词,掺杂幻想情节,缺乏具体的真实细节,难以核对。

具有上述项目中的三项以上症状者即为癔病型人格障碍。

一般来讲,癔病型人格障碍会随着年龄的增长、心理的逐渐成熟而症状减轻。但这不能保证可以不治而愈,在应激状态下还有可能发生歇斯底里症状。

某高校有位教授的女儿,20岁,人长得秀美。她从小崇拜模特,喜欢唱歌跳舞。邻里喜欢她,父母对她也十分宠爱。可是长大了,她却变得让人无法忍受,什么事都得随她的意,否则就哭闹不止。平时她穿着招摇,在工作单位只顾干出风头的事,喜欢表扬,不能批评,领导和同事稍微表示不满,她就哭天抹泪甚至躺倒不上班。她待人处事都模仿影视剧中的角色,上班、上街走路时模仿T台上的"猫步",说话也真真假假,生活就像演戏一样。这是表演型人格障碍的典型例子。

(八)自恋型人格障碍

自恋型人格障碍是以妄自尊大地夸大观念和全神贯注于无限成功、权力和智慧光辉的幻想为特征的一种人格障碍类型。

对自恋型人格障碍的诊断,目前尚无完全一致的标准。一般认为其主要特征如下:
① 对批评的反应是愤怒、羞愧或感到耻辱(尽管不一定当即表露出来)。
② 喜欢指使他人,要他人为自己服务。
③ 过分自高自大,对自己的才能夸大其词,希望受人特别关注。
④ 坚信他关注的问题是世上独有的,不能被某些特殊的人物了解。
⑤ 对无限的成功、权力、荣誉、美丽或理想爱情有非分的幻想。
⑥ 认为自己应享有他人没有的特权。
⑦ 渴望持久的关注与赞美。
⑧ 缺乏同情心。
⑨ 有很强的嫉妒心。

只要出现其中的五项,即可诊断为自恋型人格。

自恋型人格在许多方面与癔病型人格的表现相似,如情感戏剧化,有时还喜欢性挑逗等。二者的不同之处在于,癔病型人格的人性格外向、热情,而自恋型人格的人性格内向、冷漠。

例如,有一女孩,19岁,高中毕业生。父母均为高级知识分子,整个家庭是奋斗型的,成员间彼此感情交流甚少。父亲道貌岸然,瞧不起女孩。母亲在顺从中求独立,但对女儿读书颇为关心,父亲则只讲究原则。她小学时当班长,初中时根本不和成绩差的同学往来,表现出自高自大。进入重点高中后,因考试成绩不理想,开始表现出不安感和与伙伴疏远的倾向。高中二年级出现闭经,期末考试因紧张而发生剧烈腹痛、头痛,精神上有些恍惚,拒服药物,对任何关心都持怀疑态度,但仍能自我坚持,不甘落后。从高二下学期开始出现贪食和缺课的情况,有空虚和孤独感。高三寒假中,服用大量感冒药中毒,经急救恢复意识,以后便间断上学,情绪极不稳定,常冲动地毁物扯衣和自伤,咬破皮肤和手指等;继而出现夜间偷食、呕吐现象,但在同学面前仍吹嘘:"考不上大学誓不为人!"贪食和自伤随情绪的恶劣而日趋频繁。患者的自恋型人格障碍发病原因在于"不比别人高出一等不行"的这种父母的价值观,在患者心理发展中不断地内在化,构成了自我性的性格核心。以高低贵贱作为人际交往的准则,致使与同伴、同学的感情缺乏真实性,这是人格障碍的关键所在。再加上升学及高考的压力,夸大的"自我"受到挫折,从而产生上述症状。

本 章 小 结

现代社会,挑战与机遇并存,希望与压力同在。面对高速发展的社会,现代人必须学会积极适应社会的变化,自主调适自我才能,发展自我。大学生处在人生发展的重要阶段,学校和社会为学生的成长、发展提供了比以往任何时代都更为优越的条件。但快节奏的现代生活,对人才素质要求的提高,竞争的加剧,使得生理上已经成熟、心理上尚未完全成熟的大学生在成长过程中,容易产生种种心理困扰和心理冲突。对此,如果不能获得及时的指导并进行自我调适,往往会影响学生的正常发展,引起心理障碍甚至引发心理疾病。

本章主要介绍了心理疾病与心理障碍的有关知识,使大学生学会自主调适,提高心理健康水平。

拓展阅读

森田正马的故事

森田正马是一位精神科专家,早年体弱多病,有明显的神经质倾向。12岁时还尿床,16岁以后时常头疼、心跳快、容易疲劳,还患有其他神经衰弱症状。中学时曾患上伤寒病,虽多方求医,坚持治疗,但收效甚微,深受其苦。至他上大学一年级时,被诊断为神经衰弱。因受其症状的折磨,学业都难以坚持,考试将至,感觉难以应付。此时家中一时疏忽忘记寄钱给他,抑郁气愤之下,想到了死。遂放弃一切治疗,彻夜不眠,拼命学习。结果却出乎意料:考试成绩很好,而且多年缠身的各种症状竟也不治自愈。由此,他悟到以前的病都是假想出来的,根本就没有病。

此事对森田正马创立森田疗法有很大影响。在专门从事精神科工作之后,森田正马致力于寻找治疗神经质症的有效方法的研究,经过20余年的努力,于20世纪20年代初创立了自己独特的带有浓厚东方色彩的疗法,用以治疗神经衰弱的诸多病症。

(资料来源:简书整理.)

思考与练习

1. 如何对轻度的情绪障碍进行调节?
2. 焦虑症的表现有哪些?如何进行有效的调节?
3. 抑郁症的表现有哪些?如何进行有效的调节?
4. 何谓人格障碍?其类型是什么?表现了怎样的特点?
5. 请你回顾自己曾经遭遇过的最严重的一次心理冲突,当时状态如何?你采取了怎样的应对措施?
6. 自我练习:下面是一张"认知与情绪的日常记录表",请按照表中的内容填写完整。每天花10~20分钟的时间记下你的随想和合理反应,坚持两周,然后看看这项练习对你的心情产生的影响。

你可能会惊奇地发现,你的人格成长已经开始,你的自我印象正朝着健康的方向变化。

情境	情绪	随思	认知失真	合理反应	结果
导致不快的情绪时间	情绪体验及程度1~10分	与情绪相伴的想法	不合理认知	合理认知	认知改变后的情绪反应程度1~10分

实 践 课 堂

案例一: 一学生考入大学后,情绪低落,他诉说自己现在生活得很辛苦,上课听不懂,老师提出的问题大家都知道,而他却在老师讲了两遍的情况下还是处于模糊状态。在寝室大家也不跟他说话,他一吱声室友们就会发笑。上课时老师也不正眼看他。有时刚要动一下,老师就会用严厉的目光瞟他一眼……他家在陕北一个农村,现在他却什么也学不会。他恨自己为什么会来这里受人嘲笑,甚至产生了退学的念头,想找个没有人的地方生活。

请根据上述案例,分析回答下列问题。

(1) 该生的表现属于什么类型的问题?
(2) 该生出现上述问题的原因有哪些?
(3) 请你提出帮助他解决问题的办法。

案例二: 我是做事情没有什么热情,都不怎么想去干,学的东西也是很模糊,结果就是让自己越来越不争气,有些放纵自己。到现在好像什么也没学到,碰到问题就只有退缩了,现在就要临近考试了,我还什么都不知道,铁定是挂了。还有就是自己做什么事情也没有一个明确的方向,很混沌……前途一片渺茫,找不到自己的方向。我很容易受周围环境的影响,所以很多的事情我想做也找不到地方,有很多的事情要做,却什么也不想做,这就是我们这些人的真实写照。

请分析:该生目前的心理健康现状存在哪些方面的问题?其根本原因是什么?如何帮助他(她)走出困境?

【附录】心理测试3:抑郁自评量表(SDS),扫描下方二维码。

因特网正逐渐成为明日地球村的市镇广场。

——美国企业家 比尔·盖茨

第四章 网络与心理健康

本章学习目标

➢ 了解互联网的概念及特点
➢ 明确网络对大学生心理的影响以及大学生上网的积极心理与消极心理
➢ 掌握大学生群体中网络心理障碍的表现及克服的方法

核心概念

网络(network)　心理健康(mental health)

不同的自我

大学生张某，现实生活中性格内向，成绩中下。他常有一定的自卑感，总认为自己将会一事无成。后经同学的介绍，他学会了上网。在网络中他体验到了与现实生活完全不同的另一种生活，性格并不像生活中那么内向，智力也不像想象那么低。他感到内心很困惑，到底现实生活中的自我和网络中的自我哪一个是真实的呢？

(资料来源：百度文库整理.)

今天的社会，每个人上网的时间有多有少，上网的目的和用途也各有不同，但不可否认的是，网络已经融入我们的生活，成为我们这个时代生活的标志。学会在网络中幸福地工作与生活，是e时代大学生必须面对的。

该大学生的心理困惑，是不了解个体人格结构所致。现实生活和网络生活的反差，其实就是个体现实人格和虚拟人格的不同表现。面对两个差异较大的人格，没有必要恐慌，也没有必要去消除这种差距，只要在今后的生活中能协调和缩小这种差距即可。如该大学生可以把网络中取得的各种成功经验运用到现实生活中，力图完善和提升现实人格，减少二者之间的反差。

学习指导

本章重点介绍网络与心理健康的相关知识。在学习的过程中要仔细阅读教材，通过学习能够了解互联网的概念及特点，明确网络对大学生心理的影响以及大学生上网的积极心理与消极心理，掌握大学生群体中网络心理障碍的表现及克服的方法。

第一节　互联网与大学生

一、互联网的形成与发展

1960年，利克里德尔发表了一篇文章，题目叫作"人一机共生"。在文章中，这位罗切斯特大学(University of Rochester)的行为心理学博士、麻省理工学院从事听说研究的学者写道："用不了多少年，人脑和电脑将非常紧密地联系在一起。"文章还预测，在不远的将来，"人通过机器的交流将比人与人面对面的交流更有效"。这样大胆和超前的预测，如果不是在60多年后的今天互联网已经风行全球，确实让人难以相信。实际上，就在利克里德尔发表这篇大胆的文章的同时，互联网的研究已经在美国悄悄地拉开了帷幕。

记忆三级加工系统

1969年，美国国防部出于战略考虑，资助建立了一个名为ARPANET的网络，把加利福尼亚大学、斯坦福大学，以及位于盐湖城的犹他州州立大学的计算机主机连接起来，这就是互联网的雏形。1971年，ARPANET上的网点数达到了17个。两年之后，ARPANET上的网点数又翻了一番，达到40个，各网点间可以发送文件。1972年，第一届国际计算机通信会议在美国华盛顿举行，会议决定成立互联网工作组，负责建立一种能保证计算机之间进行通信的标准规范，即"通信协议"。1974年，IP协议和TCP协议问世，合称TCP/IP协议。该协议的问世，最终导致了互联网的大发展。

1986年，美国国家科学基金会(NSF)投资，在普林斯顿大学、匹兹堡大学、加州大学圣地亚哥分校、伊利诺斯大学和康奈尔大学建立5个超级计算中心，并通过通信线路互相连接，形成了NSFNET的雏形。由于NSF的鼓励和资助，很多大学、政府机构甚至私营研究机构纷纷把自己的局域网并入NSFNET中，至1991年，NSFNET的子网增加到3000多个，成为互联网的基础。到1993年，WWW(World Wide Web)和浏览器的开发应用，为互联网赋予了新的魅力，网民在网上不仅可以看到文字，而且可以看到图片、动画等，从此，互联网日益变成一个丰富多彩的全新世界，以超出网民想象的速度获得了快速发展。

在计算机诞生后的几十年里，互联网一直都没有一个明确的定义。直到1995年10月24日，美国联邦互联网委员会一致通过决议，接受了"互联网"这个专用名词，并对它的含义做了界定，至此，互联网有了一个确切的定义。互联网作为一种崭新的信息技术，把网民带入了一个真正的信息时代。今天，网民不仅可以通过互联网了解世界、学习、购物，而且可以在网上交友、聊天、开会、玩游戏等，互联网正在改变网民的学习方式、工作方式和生活方式。

今天，互联网的发展速度大大超出了网民的预期。2022年8月31日发布的第50次《中国互联网络发展状况统计报告》显示，截至2022年6月，我国网民规模为10.51亿人，互联网普及率达74.4%。20～29岁、30～39岁、40～49岁网民占比分别为17.2%、20.3%和19.1%，高于其他年龄段群体；50岁及以上网民群体占比为25.8%。

二、网络的特点

网络作为一种工具之所以对人类生活，甚至对人的心理能产生如此之大的影响，其原因在于它具有其他大众媒体所不具备的特征。网络有许多特性，主要有以下几点。

(一)便捷、高效

网络中的信息是以数字的形态，用电磁波为载体传递的。因此，我们发布或获取任何信息，都是即时、互动的。虽然有时受带宽的限制，也会发生一点延迟，但比起写信、打电话不知道要快多少倍。尽管电话也具有及时、互动的特点，但是其信息容量太有限了。网络带给我们的是见面般的方便。我们可以像交谈一样，充分表达自己的意愿，又可以像写信一样挥洒自如地抒发内心的诗情画意，还可以附加上各种照片、图片、表格等，清晰完整地将意思表达得淋漓尽致。网络使信息的获取极为便利、快捷，信息共享成为可能。

(二)广泛、开放

网络拓展了人类的认识和实践空间，"老死不相往来"、终生难以相见的人们顷刻间变成了近在咫尺的网友，它打破了信息交流的时空限制。庞大的地球在不知不觉中变成了"地球村""电子社区"，人人都可以进入这个"地球村"，成为这个"电子社区"的一员；人人都可以在网络上使用最新的软件和资料库，不同的观念和行为的冲突、碰撞、融合就变得直接和现实；网络化还把异质的宗教信仰、价值观、风俗习惯、生活方式呈现在人们的面前，经过频繁洗礼和自主的选择，不同国家、不同民族、不同生活方式的人们通过学习、交往、借鉴，达成共识、沟通和理解。在网络世界，模糊了地区、国家的界限，不同种族、宗教、信仰的人，不同社会地位和文化背景的人都在这里自由、平等地进行交流。人们交际的范围大大拓宽，层次增多，内容丰富，限制减少。上网信息可以在全球范围内即时、保真地呈现在世人面前。

(三)经济实惠

互联网的使用费用很低，只需考虑使用的时间长短，而不需要考虑地域的远近，也就是说，我们与世界上任何地方的朋友联系，只需支付本地电话费和网络使用费，与昂贵的国际长途费比起来不可同日而语。

(四)功能多样

网络功能很多，可以适应人们的各种不同需要，使人们的生活丰富多彩，满足人们在物质与精神文化价值上的更高追求。在网上，我们可以利用许多方法与朋友联系，如E-mail、

QQ、聊天室、BBS、网上同学录等。不管对方是否在网上，也不管他或她远在何方，我们只需敲击键盘就可以与他们保持联系。而且，现在的联系方式也越来越多样化。我们可以用 E-mail 送去一封深情的问候信，也可以用 QQ 发去简短的祝福，可以在 BBS 上指点江山、激扬文字，还可以用网络 IP 可视电话与地球那端的朋友"促膝面谈"。网络可以算得上集各种媒体优点之大成，目前恐怕再没有其他任何媒介能够为我们提供这么全面、周到的服务。

(五)自主、互动

网络为人们自主选择网络生活方式、自主选择交流对象、自主选择获取的信息，提供了客观可能性。网络变传统媒体单向式交流为双向互动式交流，使人们不再是被动地接受外来的恩赐与强迫，而是可以根据自己的喜好和需要来自主地选择。

(六)虚拟与真实并存

虚拟性可以被认为是网络最重要的特征。"虚拟世界"已经成为"网络世界"的代名词。在网络世界里，一切都可以虚拟。比如虚拟学校、虚拟商场、虚拟会场、虚拟课堂、虚拟医院、虚拟社团、虚拟家庭、虚拟政治、虚拟经济、虚拟信息、虚拟感情等种种虚拟的东西，甚至有人把性别也虚拟了。许多关于网络的书籍给我们描述了一个近似伊甸园的"虚拟世界"。然而，网络既有其虚拟的一面，又有其真实的一面。网络本身是现实的。网络中承载的大部分事件与真实生活息息相关；网上的新闻，来源于现实生活；我们发出的 E-mail，总是发给现实生活中存在的人；随着网上支付的推广，我们可以通过网络为家里添置家具，购买年货，得到实实在在的商品。当然，我们银行户头里的余额，也会因此而减少。网络世界是虚拟的形式与真实的内容的统一。当然，这种真实是通过折射的真实。可以说，网络世界是虚拟的实在。

三、互联网对人类的影响

随着计算机技术的迅速发展，互联网为人们提供了海量的信息和全新的通信方式，这更增加了其使用的不确定性。互联网的迅速发展，正逐渐改变着人们的社会生活。

(一)互联网：一把双刃剑

1. 互联网对人的积极影响

(1) 互联网扩大了人际交往的范围。互联网的发展，使空间距离在很多时候已经毫无意义。地理位置相近曾经是建立友谊的基础，而网络时代的青年则完全不受空间距离的束缚，他们通过网络跨越国界，彼此互相了解。与此同时，网民也可以坐在家里，通过网络完成自己的工作，居家办公和移动办公成为现实。这在一定程度上促进了网民与他人的交往与沟通。通过互联网，网民的交往范围显著扩大，选择特性明显增多，生活习惯相互渗透、相互影响，世界各地区、各民族之间的生活习惯逐步趋于一致。

(2) 互联网不仅是网民工作的帮手，也是娱乐的工具。互联网的开放性、交互性、隐蔽性等特点，以及丰富的图文、声音、动画、软件等形式多样、取之不尽的海量信息，不仅可以帮助网民完成手头的工作、案头的文章，也成为网民闲暇之余的娱乐胜地。在互联网上，不同性别、年龄，不同兴趣爱好者都能够找到自己喜欢的内容，结识自己喜欢的朋友。

(3) 互联网增强了个体的归属感与自我接纳。一些网络中的虚拟群体允许网民以匿名的方式与其他网民交流，这样网民可以把原来受社会称许效应影响而不能说出来的情感表达出来，同时还可以找到很多和自己在行为和想法上相似的个体，使网民产生群体的归属感，增强了自我接纳。

2. 互联网对人的消极影响

在看到互联网给人类带来巨大好处的同时，我们也应当看到，其负面效应正在影响着人类的生活。当网民坐在网络终端之前，通过缺乏社会交往的媒体与匿名的陌生人交流时，他们会变得社会孤立，与真实的人际关系切断开来。网民用低质量的网络人际关系取代了高质量的现实人际关系，导致幸福感的降低和孤独感、抑郁感的增加。互联网带来的比较突出的问题还有以下几点。

(1) 网络犯罪。网络上时常会非法潜入一些"黑客"或者恶作剧的精灵，进行破坏。互联网成为犯罪分子开拓的犯罪新领域，网络犯罪由此产生并有愈演愈烈之势，成为网络社会的公害。

(2) 传播色情信息。信息内容具有地域性，而互联网的信息传播则是全球性的、超地域的，这使得这一问题变得突出起来。因为色情信息和色情服务在某些国家的道德上是允许的，但互联网是全球共享的，这就使得某些国家道德上允许存在的色情信息能够无障碍地在世界范围内传播，从而导致文化道德的冲突。据统计，目前世界上的色情电子信息服务达几十万家，且有相当高的访问量，甚至高于访问学术网点的人数。我国也发现许多通过互联网传来的色情信息。由于文化传统、社会价值观和社会制度不同，它对我国的危害更加严重。

(3) 网络文化侵略。国际互联网络信息环境的开放性，使多元文化、多元价值在网上交汇，特别是某些计算机网络应用发展得相当普及的西方国家凭借网上优势，倾销自己的文化，宣扬西方的民主、自由和人权观念，这就加剧了电子空间国家之间、地区间道德和文化的冲突。

(4) 破坏国家安全。世界上存在着对立的政治制度和意识形态，并不是到处充满祥和与善意，一些国家通过互联网发布恶意的反动政治信息，利用信息"炸弹"攻击他国，破坏其国家安全，甚至出于一定的政治目的，想出各种办法，突破层层保密网，直接进入核心的计算机系统的"神经中枢"，进行无声无息地破坏。

(二)互联网对大学生心理的影响

与其他媒体相比，互联网信息量大、传播速度快，人人可成为接收者和发送者，具有双向性和多向性。互联网的内容良莠不齐，难以监控和筛选，但其超出想象的刺激性和娱乐性，又极易使人上瘾，对大学生群体具有特殊的吸引力。研究表明，互联网已经成为许多大学生学习和生活的重要组成部分，对其身心发展产生了重大影响。

1. 互联网对大学生的心理诱惑

网络已日益走进人们的日常生活，席卷了人们的感官，侵入了人们的心灵。就大学生这个群体而言，网络作为新生事物，几乎没有经过任何艰难坎坷的中间途径就轻而易举地赢得了大学生的普遍接受，这是因为互联网的固有特性与大学生自身的特点和心理特征相契合。

(1) 互联网传播信息的高速性、即时性符合当代大学生追求时效化的个性。互联网被称为第四媒体，与传统媒体相比，它能使人们在第一时间获得所需的信息。目前，互联网以每秒45兆比特的速度传输文字、声音、图像，可以在瞬间将信息发送给用户。这样，生活在北京、哈尔滨、成都、乌鲁木齐、西宁、拉萨的人，跟纽约、东京、罗马、莫斯科的人能同时在网上目睹刚刚发生的突发性事件的新闻报道，这种报道是文字和音像的混合体，同时还有难以穷尽的事件背景、人物等方面的介绍，有关美伊战争的网上即时报道就是一个十分典型的例子。互联网传播媒介这一特征正好符合大学生作为年轻人对信息的敏感以及追求时效化的个性特征。这一代大学生由于处于世界多极化、经济全球化的时代，他们放眼世界，关注社会经济文化的发展，网络信息的快速传播，满足了他们及时了解世界的需求。而大学生活节奏的高速化迫使大学生们想方设法提高单位时间的利用率，互联网满足了他们提高效率的要求。

(2) 互联网信息的丰富性和开放性符合大学生对知识、信息的追求。互联网是一个宝库，其信息容量是任何传统媒体所无法比拟的，学术信息、经济信息及各种各样的新闻无奇不有、无所不包，几乎凡是人类活动涉及的各方面内容，上至天文地理，下至衣食住行，都可以在网上找到相关的内容，而且集文字、图片、音频和视频于一体。对于大学生而言，其所处的年龄阶段和知识层次，使他们渴求了解世界，了解一切他们未知的知识，而互联网丰富而新鲜的信息在很大程度上满足了大学生的学习需求。

(3) 网络的自由性正好符合大学生强烈追求个性的心理。互联网是连接全球的网络，使全世界各个角落的人能够跨越地域、时间、文化，甚至语言的障碍，相互自由交流。在互联网世界里，人们生活的社区，不是以你所在的地域划分的，而是以人们的兴趣所在划分，在这个社区里，地不分南北，人不分男女，大家为了一个共同的兴趣走到一起。这样一片自由、平等的土壤正好为大学生提供了展示自己思想和才华的新舞台。大学生最怕和别人不一样，但更怕和别人一样，他们强烈追求个性的特点在互联网上得以充分体现。大学生不仅可以在BBS中高谈阔论，而且可以自由设计自己的主页。

(4) 网络交往的隐蔽性、广泛性符合大学生渴望真情又怀疑真情的心理特点。网络给大学生提供了一个全新的交流平台，大学生可以在一个大范围的群体环境中直接交流，在茫茫人海中寻找自己的交往对象。而这一环境的突出特点是其隐蔽性，即隐去了相貌、表情、年龄、穿戴和身份等一系列外在特征。网络为大学生创建了恰到好处的黄金距离：既可以直接交流，又可以保留自己的隐私；既实现了交流需要，又克服了现实交流的种种障碍，表达出了许多在现实社会中无法表达或难以表达的真实情感与想法。网络的隐蔽性、广泛性正好符合大学生渴望真情又怀疑真情的情感心理，这种心理与整个社会转型期人们迷茫、渴望安定的心理是相吻合的。

(5) 快捷方便的网络经济符合大学生消费需求，网红经济的出现改变了大学生的消费行为。由于大学生的月生活费有限，想找到性价比相对高一点的商品，通过网络购买成为他们的首选。有些网红会以大学生为受众群体，主打一些"平价"、大牌"平替"商品，这些商品符合大学生的消费需求。同时，大学生通过网红在直播间中推荐和介绍的商品，可提供必要的参考，能省下了自己挑选商品的时间，免除了一定的试错时间和成本。调查发现，85%以上的在校大学生都下载了抖音、淘宝、小红书、拼多多等热门App。在数字经济影响下，大学生的消费行为正在发生着巨大的变化。

2. 大学生网络情境中的心理

大学生在娱乐、学习、社交活动等方面的需求通过互联网得到了满足，网上交往与虚拟的社会实践活动成为信息时代大学生发展能力、培育思想品德的一种新形式，网络的超时空感给大学生带来了任意驰骋的快意，网络的无限性为大学生缓解了精神压抑，填补了精神空虚，而这一切又引发了另外的一个结果：网络在更大的时空范围内造成了大学生更大的心理和精神的危机及道德失范。

(1) 角色的虚拟与角色的混乱。大学生从其年龄特征上看正处于青少年成长期。青少年期重要的是发展人格的自我同一性，即确信我就是我本身而非其他的一种心理过程，主要包括"我"的持续性和统一性两个方面，随着自我同一性的发展，逐步形成了忠诚的品质，以此为基础，进一步形成爱和关心他人等品质。互联网为网民提供了一个自由发表见解的园地，网民可以在隐匿身份、虚构身份的情况下发表言论，因此，"我是谁"这样一个简单问题，在网上却变得十分复杂，"我"所面对的"你"和"你"所面对的"我"都消失了，成为似曾相识的"他人"，相互进行虚拟的情感交流。大多数的网民都以部分甚至全部虚假信息来保护隐私、保护自己或美化自己去吸引网友。网络的匿名性给人一个展现自我的机会，但是也导致了许多人对自我认知的不协调。他们渐渐会感到不知道自己是一个什么样的人，从而陷于困惑和孤独中。而人格之中忽视别人的存在、打击贬损他人的侵犯行为，消极冷漠、冷眼旁观、偏激自夸等不良因素在网上、聊天室里表现得淋漓尽致，这都与自我认知的不清晰有关联。对于大学生而言，网络的匿名性与经常修饰自己、虚夸自己的行为，会潜移默化地影响他们对自我的认知，导致自我角色的迷失，从而对大学生世界观、价值观、人生观的形成产生影响。

(2) 情感的释放与情感的迷失。大学时期是大学生一生中情感剧烈运动，内心汹涌澎湃的高峰时期，是人的一生中最丰富、最复杂的时期。在现实生活中，大学生的情感交流不得不遵循现实的社会规范。而网络这个丰富多彩而又隐蔽虚拟的世界使大学生似乎终于找到了一个可以天马行空、任意驰骋的场所，大学生的情感和心理在网络上得到了自由与释放。

但是，网络这种隐蔽性也带来了隐患和问题。许多大学生是为了缓解现实交流的压力和痛苦才投身于网络交流的，网络交流确实满足了大学生的这种需求，但这却是暂时的。网络交流解决了大学生一时的心理问题，又造成了他们更大的心理落差和心理压力。因为网络交流只不过是用一种隐蔽方式进行交流而已，这种隐蔽方式的过度使用，必然会造成大学生对现实中面对面的交流主导方式的不适乃至恐惧，从而给大学生留下巨大心理隐患。心理学研究也表明，青年人如果沉迷于互联网，减少与外界口语交谈的人际接触，加之与家庭长期缺乏沟通，势必导致与现实社会相隔离，产生人际关系障碍。

(3) 网络沉溺带来的人格障碍。一种伴随着互联网发展而蔓延开来的症状正在引起人们的普遍关注，这种症状被称为网络成瘾综合征、网瘾、电脑依赖症等。心理学家认为，20～35 岁的男性尤其是"单身贵族"为网络成瘾综合征易患人群，由于无节制地"泡"在网上持续浏览聊天，会造成情绪低落、生物钟紊乱、思维迟缓，甚至出现自慰、自残的意念和行为，还常常表现出忧郁、失眠、精力难以集中等症状，表现出一系列的人格障碍。大学生网民中患有这种症状的人并不在少数，一些沉迷于网络游戏的大学生，平时无精打采，只有在网络游戏中才精神百倍。有的大学生甚至因为上网花钱太多交不起学费，发展到偷窃等犯罪行为。正是因为网络综合征吞噬着大学生网民的身心健康，其危害性已经引起大学校园中师生的普遍关注。

3. 大学生网络情境中的行为

正如人们所说的那样，网络时代伸向鼠标或者键盘的手指触摸到的，并非只是电脑，而是某种与过去全然不同的生活方式。随着网络越来越成为大学生活中的重要组成部分，它对大学生的工作方式、学习方式、交流手段和生活习惯等也产生了巨大的影响。

(1) 互联网正成为大学生获取信息的主要途径。2019 年，中国青年网校园通讯社围绕手机上网话题，对全国 1220 名大学生进行问卷调查。结果显示：超 4 成学生每天上网超过 5 小时，超 8 成学生上网主要是社交聊天，多数学生认为手机上网让移动支付、信息获取、社交方式更便捷，近 9 成学生担心网络安全问题，多数学生期待 5G 的网速能更快、更方便于学习生活。

当网络逐渐成为大学生获取信息的主要途径时，大学生对信息的获取呈现出一些新的值得注意的倾向：①大学生将大量时间用在网上遨游，相对来说，他们会摒弃或减少接触报刊、广播、电视等一些传统的媒体，而这些媒体正是我们宣传的主流、主渠道，大学生对主流渠道接触的减少，势必在一定程度上造成主流思想宣传影响力的降低，这是我们应该引起充分重视的倾向；②互联网的一个特点就是时空的变化只在点击的瞬间，大学生在网上可以快速地切换浏览信息，但这种铺天盖地而又瞬息万变的信息，往往使上网的大学生来不及对信息内容进行充分的辨别、消化，久而久之，大量未经消化分析的信息会干扰大学生对一些问题的思考和价值取向；③计算机网络信息的丰富性对开阔青少年的眼界，帮助他们了解新鲜事物具有正面作用，但是信息的丰富伴随着信息的爆炸，网络上流动的各种冗余信息成为干扰大学生选择有用信息的"噪声"，影响了有用信息的清晰度和效用度，不利于大学生对知识的正常吸收，而且网络挤占了大学生阅读书本、思考问题的时间；④网络是一个信息的宝库，同时也是一个信息的垃圾场，网络的负面信息对于思维模式、道德观念、行为准则尚未完全定型的大学生也造成了一定的影响。

(2) 互联网改变了传统教育环境下大学生以课堂和书籍为主体的学习渠道。网络是一个无穷无尽的文化信息源，它具有信息量大、传播速度快、交流互动性强和影响范围广的显著特点。网络作为信息传递媒介，必然不自觉地担负着教育功能。大学生可以直接从网络上获取自己需要的文化知识和社会信息，而且这种"网络获取"与传统的书籍、报刊、课堂的获取方式相比具有十分明显的快捷性、便利性和廉价性。

(3) 网络为大学生开辟了一个崭新的学习实践和受教育的领域。当代教育领域正日益与网络相结合，网络越来越多地被运用到教育方式、教育改革之中，成为应试教育体制向素质教育体制转轨的一个突破口。网络固有的隐蔽性，使大学生摆脱了课堂的群体压力和群体规范，消除了大学生惧怕提问、担心出丑的潜在心理压力，网络中的大学生可以在没有众目睽睽的宽松环境之中向老师了解自己的真实学习水平，从而获得教与学的真正互动，极大地提升大学生发展的潜力。

(4) 互联网正影响着大学生的人际交往方式。大学生处于一个渴求交往、渴求理解的心理发展时期，良好的人际关系，是他们心理正常发展、个性保持健康和寻求安全感、归属感、幸福感的必然要求。互联网极大地扩展了人们交往的范围，进而影响人们的交往方式。一方面，网络世界的人际关系富有与现实社会人际关系所不同的新内容、新特征。网络社会中的人际关系，大大突破了现实生活中人的社会阶层、地位、职业、性别等差异，意味着个体间的真正平等；增强了主体的道德选择、自我评价的行为能力，使道德个体的个性化和主体性得到提升和确证，从而拓展、延伸和强化人性中的品德结构和伦理气质，促进了人的完善和发展。另一方面，网络通过全方位、多层次的信息传输为社会成员提供了更方便的人际交往和群体关系媒介，拓展了人们交往的手段和空间，使人们根据自己的兴趣加入某一网上群体，而且每个人都是以平等的身份进入网络的，拥有平等的交流权利，从而会产生更加协调的人际关系。由于网络技术创造了一个个体可以任意选择同时共享又彼此分离的宽松环境，缓解了面对面交往方式给人们带来的心理压力，加上"交互性"的重要媒体特色，能"使人们以极高的效率进行交流"。

我们在看到网络带给人积极交往的同时，也应该关注网络给大学生交往行为带来的消极影响。网络带来了许多人与人之间道德情感日益淡漠、非理性行为激增、人格异化加剧等问题。一方面，在错综复杂、超时空的网络交往中，对交往主体来说，在现实中的是非感、正义感、责任感、义务感、荣辱感、尊严感等被抛入了一个无边无际的虚空地带，由于网络人际关系的虚拟性、不确定性、多维性，使得主体的道德认知、道德意识失去了稳定的地基；另一方面，多元文化、价值观念的充斥使得主体的价值选择趋向盲点，这些都使得网络中的人际关系以及形成的人群，缺乏基于道德、价值共识所具有的在情感、责任、信念和理想等心理机制上的内在张力。

(5) 互联网的快餐式浏览影响着大学生的人文追求。互联网上浩瀚的信息，便捷了人们的查询。要读书，点开一个网站便可以立刻拥有世界各国的经典小说、上下五千年的全部诗集，这种快餐式的浏览加快了知识下载到大脑的速度，却令人与情操陶冶、情趣熏陶相去甚远。今天的大学生正受到这种网络文化的影响，加之现实生活节奏的加快和市场经济的影响，大学生对人文精神的追求、对高雅作品的兴趣已大不如前；相反，快餐文化泛滥，网络文学等在大学生中有着很大一块市场，这大大削弱了大学生对深层次问题的思考和对人文精神的关照。

(6) 网络的虚拟性和隐蔽性也导致了一些大学生网民在网上的消极、不道德乃至犯罪的行为。中国首例涉嫌利用电子邮件侵权案就发生在大学校园中：1996 年，北京大学心理学系 93 级研究生薛燕戈收到美国密执安大学发来的电子邮件，得知自己将获得该校提供的 18 000 美元的奖学金。不久，她却发现有人以她的名义向密执安大学发过一份电子邮件，表示拒绝该校的奖学金。这所美国大学据此将奖学金转给了其他申请者。薛燕戈认为同宿舍的张男具有重大嫌疑，因为薛燕戈和张男共用一个电子邮件信箱。于是，薛燕戈便以侵犯姓名权为由向海淀区人民法院递交诉状。我们可以不必关心这起案件的最后审判结果，但其透露出来的大学生在网络中的行为信息却是值得我们关注的。

第二节 大学生网络心理

一、大学生网络心理特点与矛盾

长时记忆信息变化

根据有关的资料显示，目前我国网民的构成中，以青年人为主体，尤其以在校大、中学生和青年知识分子居多。大学生所特有的心理现象在网络上表现得淋漓尽致。大学生在网络环境下的心理特点与矛盾，既有与非网络环境下的相同之处，也有不同之处。

(一)网络情绪的稳定性与波动性并存、外显性与内隐性并存、丰富性与复杂性并存

1. 网络情绪的稳定性与波动性并存

大学生网络情绪在时间的保持上有一定的延续性，对自己的情绪变化，也有一定的控制能力。在多数情况下，多数大学生能保持理性的思考，有一定的情绪控制和自我调节能力。这种多数大学生网络情绪的稳定性，是网络世界能够保持一定程度稳定性的基础。但是，大学生网络情绪同时也存在波动性的一面。有些并不为他们重视的信息，当有人在网络上进行一番刻意的炒作之后，一些网民就会受网络气氛的感染，情绪发生波动。这种情绪的进一步蔓延，就会使网络世界引起反应，进而将这种情绪带到客观的真实世界之中，影响大学生在真实世界的学习、生活和工作。

2. 网络情绪的外显性与内隐性并存

大学生一般对外界刺激反应迅速而敏感。在通常情况下，情绪呈现外显性特点。但是，在表达某些问题时，由情绪引起的内心变化与在网上外显的情绪表现往往并不完全一致，有时表现得含蓄、内隐。这种不一致性其实是很正常的现象。这是人的生理机制中的第二信号系统对第一信号系统控制、支配的结果，也是意识对情绪进行调节的结果，表现出理智掩饰内心世界的真实感情的现象。

3. 网络情绪的丰富性与复杂性并存

网络功能的多样性，对人心理的刺激和影响也是多方面和多层次的。一方面，表现在情绪方面，体现了情绪的丰富性。人们通过网络可以尽情地抒发自己的感情，使自己的情绪调整到平衡状态。另一方面，就大学生群体而言，由于大家的心态、性别、性格、经历不同，个人的情绪表达方式差异也很大。饱受挫折者可能表现出成熟感、稳重感、沧桑感，而一帆风顺者则可能表现出新鲜感、激动感、憧憬感。网络上的情绪呈现出复杂性的特点。

(二)处理知识与信息的独立心态与从众心理并存、求知趋向与猎奇心态并存

1. 处理知识与信息的独立心态与从众心理并存

网络虽说有多种功能，目前最主要的功能还是信息传递功能。在如何对待信息的问题上，一种是独立心理。持此种心态的人，往往能冷静对待网络信息，以研究的态度决定对信息的取舍。在目前网络信息鱼龙混杂的现实情况下，这种心态是合理并可取的。但是，

物极必反。如果对网络信息持完全否定的态度也是不对的。绝对否定，实际是排斥了网络给我们带来的便利，使自己游离于信息时代之外。另一种是从众心理。从众心理是一种常见的人云亦云的社会心理。网上也时常发生这种心理现象。某高校一学生在校园网吧发表文章，声称"省电视台新闻报道，有一食品厂生产的不卫生的劣质食品已经进入我们学校的食堂，为了大家的身体健康，大家应该团结一致，用罢餐的行动来抵制伪劣食品"。消息一出，群情哗然，一些学生马上提出许多措辞激烈的要求。校方也非常重视，迅速组成专门调查小组。经查，该校食堂的食品卫生符合国家标准。所谓电视的消息实际是被误解了的。该生将"果菜市场"误听为"某某食堂"并予以发布。该生自知闯了大祸，赶快在网上发表声明，说自己在听新闻报道时，由于没在意，误将学校附近的"市场"听成了学校的"食堂"，特辟谣，并向食堂的师傅们深表歉意。一场风波总算平静了。但我们可以看到，从众心理使人们成了事件的推波助澜者。由此看来，从众心理有时不仅会影响个人的认知水平，而且也可能引发事端，干扰大家的正常生活。

2. 网上求知趋向与猎奇心态并存

求知与猎奇本身就是一对孪生兄弟。通过网络满足求知与猎奇的心理是再正常不过的。但是，猎奇须有尺度。看黄散黄、散布计算机病毒、侵犯他人隐私、造谣中伤，这些行为不能用猎奇心理来为自己开脱，因为这些行为已经触犯我国法律，是要受到法律制裁的。

(三)网络领域的理想自我与现实自我并存、自控与失控心理并存、自律与放任心理并存

1. 网络领域的理想自我与现实自我并存

理想自我与现实自我总是会有一定的差距。当这种差距超过一定限度时，就会发生心理的冲突。这种冲突在网络心理领域有时可能更为剧烈一些。因为有些大学生在现实世界不太突出，不被他人重视，希望通过网络世界表现自己的才能，摆脱世俗的偏见，恢复自信，找回失去的自我，实现理想自我。这些人往往期望值比较高，心理压力反而比较大，在网上如果表现不尽如人意的话，可能会进一步加深这种心理冲突。

2. 网络心理的自控与失控并存

自控与失控心理冲突在网络心理方面也表现突出。随着学习和生活阅历增长，大多数大学生在现实社会中在自我控制方面有了上佳的表现。但是，在上网时，可能发生自我失控的问题。这主要是由于"网络世界太精彩"，容易引发人的兴趣，使人的情绪调整到兴奋状态，而人的理智处于被抑制状态，人的心理被兴趣与情绪所左右。"互联网成瘾综合征"就是由于人的失控心理长期保持所造成的不良后果。

3. 网络心理的自律与放任并存

自律与放任心理冲突，表现在网络道德方面最为明显。道德心理一般分为三个层次：最低层次是担心自己因不道德行为而受到社会惩罚，自律的程度与被惩罚的可能程度成正比。如果被发现的可能性越大，被惩罚的可能性越大，对自己的约束也越大，自律程度越高。第二层次是担心自己的不道德行为遭社会舆论谴责。自律的程度与社会舆论的监督程度成正比。监督机制越健全，自律程度越高。最高层次是自觉。自己的道德行为完全出于

自觉自愿，出于对道德规范的发自内心的高度认可。不仅可以"吾日三省吾身""见贤思齐焉，见不贤而内自省也"，而且可以"君子慎其独也"。网络道德是社会道德的延伸。但网络的环境不同于一般社会，所以，在道德问题上的心态会发生一些变化。由于网络中人与人的交往是不直接的暗箱式操作，被发现的可能性降低，社会舆论监督的力度不够，人的自律性心理可能下降，而放任性心理容易膨胀。

(四)网络领域性心理的严肃性与随意性并存

大学生处于性心理走向成熟阶段，普遍产生了强烈的性意识，对异性产生好感甚至被异性吸引，常常想到性问题。由于网络环境下的主体身份的不确定性，使得大学生的性心理问题变得更为复杂化。在"真性状态"(即上网者的真实性别与网上表现出来的性别特征一致)下，性心理与该人在真实客观社会的心理状态是比较接近的。有人比较严肃，有人比较随意；有人比较坦诚，有人比较文饰。严肃者，有人可能通过网络结识异性朋友。随意者，可能酿成苦酒，卷入感情或是非的旋涡，难以抽身。在"伪性状态"(即上网者的真实性别与网上表现出来的性别特征不一致)下，性心理的情况就很复杂，随意性的成分更大一些。

二、大学生上网心理

从整体上了解大学生上网心理，是开展大学生网络心理健康教育的重要前提。我们从整体上将大学生上网心理分为积极的心理需求与消极的心理需求。

(一)积极的心理需求

1. 认知的需要

大学生常常希望获取最新、最全面的信息，而又不必花费太多时间和金钱。互联网以其信息快、内容新、手段先进等优势极大地吸引了大学生的好奇心，引起了他们的特别关注和兴趣，激发了他们学习和掌握网络知识和应用技能的欲望。据调查，上网者以随意浏览和阅读文章等信息的行为最多。在网络上可以方便、迅速地查到几乎所有想找的信息，而且社会生活的许多方面，甚至那些平日难以启齿或难见天日的内容都可以找到相关的信息。

2. 自由平等的参与意识与自我实现需要

网络平等自由的氛围适应了当代社会中对自由、平等呼声最高的大学生群体。在网络这个虚拟空间里，种种现实社会的限制都消失了，只要参与进来，任何人都是互联网的"主人"，都可以在网上按自己的意愿和口味，于虚拟社会中，做自己想做的事。网络中的电子网站、校园网的个人主页及个人网站等为大学生提供了一个展示自我、发展个性的角色实践的虚拟环境。在这样的环境中，人的主体性、创造性得到充分张扬，个体可以毫无顾忌地扮演自己喜欢的角色，自由地表达和展现自己的思想和情感，张扬其现实生活中隐蔽的个性。在互联网上，网络关系是非中心化的，这一特点使网民的意识进一步走向平等与双向沟通，思维方式更加多样化，促进大学生平等意识的形成。

3. 排解压力与情感宣泄的需要

随着社会竞争的日益激烈，社会对人才的质量要求越来越高，大学生越来越感受到日益增加的压力。学习的压力、寻找工作的压力与竞争使大学生需要有一个内心宣泄的对象与空间，上网恰恰满足了当代大学生的这种心理需求。网络由于具有隐匿性、开放性、便捷性和互动性的特点，给大学生适时宣泄不良情绪提供了机会和场所。通过这一方式，他们可以宣泄被压抑的不良情绪，获得一定的心理自疗效果，让他们从日益紧张的情绪中解脱出来。另外，由于在现实生活中社交面太窄，或者社交羞怯、缺乏社交技巧，许多大学生都热衷于上网聊天，甚至希望来个"邂逅""第N次亲密接触"，从而与"网上知音"进行观念上的沟通和情感上的交流，获得安慰、支持，宣泄平时的压抑情绪。

4. 自我肯定与自我表现的需要

网络是一个开放的信息源，各种文化、思想、观念都可以在这里争鸣。这就为大学生追求开放性和多元性的文化、观念提供了平台。在现实生活中，"人微言轻"，没有多少机会发表自己的意见，但网络之自由，为大学生创造了"海阔凭鱼跃，天高任鸟飞"的天地。在网络上人人平等，在匿名的保护下可以畅所欲言，而且观点越新颖、越独特，可能得到的反响越大，回应越多。透过文字，大学生找到了更多的自信，展现了自我。"文学青年"在网上更是如鱼得水，"网络作家"如雨后春笋般冒出来，大学生的"文学潜能"从未如此迅速、便捷而淋漓尽致地展现。

5. 沟通与交往的需要

随着网络的普及与发展，网络世界越来越成为大学生精神生活的一个重要方面。网络世界全新的人际互动模式以及全方位、多层次的信息传输，为大学生提供了更方便且范围更大的社会交往机会，使大学生的社会性得到空前的延伸与发展，导致了一种全新的人际关系的产生。这种全新的人际关系，突破了传统交往方式中的年龄、性别、地位、身份、外貌等人际交往影响因素的限制。通过网络，人们可以直接地交往，从而免去了彼此的客套、试探、戒备和情感道义责任，有利于大学生社会适应能力和人际交往能力的培养。

(二)消极的心理需求

1. 猎奇心理，追求感官刺激

互联网可以在全球范围内传播声像等图文并茂的多媒体信息，而且具有传输速度快、使用方便和难以控制的特点。因此，当它以独特的个性席卷全球时，它也成为色情、暴力等不良内容的重要传播工具。大学生的身心介于未成年人和成年人之间，人生观、世界观尚未定型，自控力相对有限，因此，他们往往会出于好奇或冲动的心理刻意去寻找一些色情、暴力信息。很大一部分大学生上网的目的是猎奇，即追寻一种在现实生活中难以了解、通过正当渠道难以获得的奇、艳事物或信息，并借以获得感官刺激。

2. 急功近利心理

网络信息的丰富与快捷使许多大学生把上网当作通往成功的捷径和有利条件。在他们眼里，网络就是商机，网络就是生财之道。同时，一定程度上的社会误导(包括网络上基于商业目的的信息误导)也使大学生对成功的理解产生了偏差。于是，电子商务、留学资讯、成才捷径、求职之路就备受一部分大学生的关注。他们渴望凭借这些信息省一些力气，走一步先棋，成为网络时代的成功人士。

3. 发泄欲求

在互联网上，大学生们可以比在学校里、家庭里更随便地发表自己的高见，抒发自己的爱与憎，表达自己的思想信仰，而不必担心会受到限制或承担责任。平时对学校不敢提、无处提的意见可以贴到 BBS 上去，平时对女同学不敢表达的感情则可以在聊天室里淋漓尽致地抒发。

4. 逃避现实的解脱心理

大部分学生在大学生活中都会遇到这样那样的挫折和危机，诸如学习上的、感情上的、人际关系上的。同时，复杂的社会生活也会使思想相对不成熟的青年学生感到难以应对。但遗憾的是，部分学生在现实中受挫时，往往愿意到虚幻的网络空间去倾诉，个体在一个虚拟空间中透过扮演形形色色的角色才能获得一定的满足和心理上的补偿，互联网成了他们逃避现实、寻求自我解脱的一个良好的渠道和环境。

5. 虚拟的自我实现心理

强烈的自我意识是大学生群体的一个显著特征，虚拟的网络可以成为大学生实现自我的一个理想王国。在网络上，大学生可以享受到网络特有的平等、自由、成功、刺激的感觉，学习与就业的压力、社会与家长的希望造成的心理上的压抑与孤独，在网络上一扫而光；他们可以突破社会及他人对自己行为的匡正与评价，轻松地实现从小梦想成为的侠客、富翁，可以在模拟战争中指挥千军万马搏杀疆场……

虚拟的自我实现心理还会导致一些不道德的行为甚至是犯罪行为。有些大学生不能很好地理解自我实现、自我价值的真实含义，往往意图在网络中"大展宏图"，他们为了能展示自己的能力，大胆地制造网络病毒，盗用他人电脑信息，窥探他人隐私，非法通过银行和信用卡盗窃和诈骗，给社会与他人带来严重的损失。

6. 焦虑心理

一方面，由于网络技术的迅速发展，大学生担心自己的知识更新赶不上网络的发展，被新技术淘汰，从而产生心理焦虑；另一方面，网络通道拥挤、传输速度缓慢、网上人际关系的不确定性与隐匿性、内容庞杂无序、良莠不齐的内容、访问速度太慢等缺陷，使大学生上网者无所适从，连连碰壁之下产生焦虑心理。

7. 自卑心理与抵触情绪

自卑是不信任自己的能力，因而用失败衡量自己及未来的一种心理体验，它来源于心理上消极的自我暗示。这种心理常见于那些初次尝试的大学生，他们怀着兴奋与好奇的心理来到网上，但由于缺乏系统的网络知识和检索技能，操作不熟练，英语水平有限，与身旁那些操作娴熟、进出自如的用户相比，差距甚远。在羡慕的同时会产生某种无形的心理压力，初始的兴奋、喜悦之情自然被自卑心理所代替。还有一些人，他们自己习惯于传统文献的检索、查阅程序，当他们面对上网查询这一全新的检索方式时，可能会产生一种以往的经验被抛弃，自己会落伍，被置于自动化系统之外的不安，因而产生一些抵触情绪。

需要强调的是，过多地依赖网络，将使亲自阅读书本、亲身实践、面对面交流弱化。因为网上提供的知识是有限的，它只给出"何时""何地""何事"等基本信息，这些都是结果，无法代替人们去思考和解决问题的方法，这必然造成知识匮乏、文化落后。而且，网上获得的知识是一种"快餐文化"模式，网络技术的高速发展使得网络知识更具有高度的综合性、声像多维一体化和高度图像化等特点，其结果造成人的思维能力、实践能力、表达能力、抽象能力和阅读能力下降。这对大学生的成长是不利的。

第三节 大学生网络心理障碍及其调适

一、网络环境下的心理问题扫描

人们享受网络生活带来的便利与多彩的时候，也开始感受到了网络心理问题的困扰。网络环境下究竟出现了哪些特有的心理问题，目前谁也无法说清楚。因为网络处在飞速发展过程中，心理问题的形成与暴露也与之共进。这里我们只是粗略地将一些心理现象进行扫描。

(一)动机冲突

动机冲突是指个体在有目的的行为活动中，常常会同时存在着一个或数个所欲求的目标，而又存在着两个以上相互排斥的动机。在现实社会中，所求目标不可能全部实现，于是就出现"鱼与熊掌不可兼得"的动机冲突的心理现象。这一心理现象在网络环境下常常得到强化。上网时，可能有几个目的：查找资料，做几个考题，困乏时打一打游戏，看一看网友在聊些什么，等等。上网后，又发现时间不够用，于是觉得无所适从，便会发生动机冲突的心理现象。

(二)自我封闭

大家都知道，网络环境下的交往具有虚拟性，真真假假，"游戏人生"。为了防止上当受骗，有些人草木皆兵，怀疑一切，不敢与人在网上交谈，更不敢利用网络的便利开展业务，自己把自己在另一个世界封闭起来，因噎废食，使自己丧失了许多机会。

(三)挫折耐受力差

生活中的挫折是在所难免的。但是怎样对待挫折情境以及对挫折的耐受力如何，却是因人而异。挫折耐受力是指个体遭受挫折情境时摆脱其困扰而避免心理与行为失常的能力。挫折耐受力既受遗传和生理条件影响，更受个体以往受挫折的经验以及个体对挫折的主观判断力的影响。一般来说，挫折耐受力差的人有两类：一类人是在生活中一路顺风，并且在童年时期受到过分保护和溺爱；另一类人是遭受"情感饥饿"且受到不断发生的挫折情境的困扰，心理压力太大，因而变得冷漠、自卑、孤独，并在现实生活中产生攻击性行为。在现实生活中，挫折耐受力差的人在进入网络世界伊始，这一缺陷并不明显。但是如果在网络世界依然经常遭受挫折，可能会重新出现现实世界中固有的缺陷。

(四)情感活动异常

情感是指人们对外界事物采取的某种态度并由此产生的诸如喜、怒、哀、乐、惧、愁等各种不同的内心体验。一般而言，外界环境和社会条件的急剧变化可能导致人的情感活动异常。一些在现实生活中"不得志者"(交际场失宠、官场失意、情场失恋、家庭失和等)在网络世界的过分张扬、过分攻击等表现，可能属于情感活动异常。

(五)认知与思维障碍

过度上网(IAD)会给人的生理和心理带来一系列影响。超过一定极限，可能会引起认知与思维障碍。

(六)性变态行为

性变态行为是指寻求性满足的对象与常人不同，用违反社会习俗的方法来获得性满足的行为。性变态行为在现实社会中主要有以下几种类型：同性恋、异性装扮癖、恋物癖、施虐癖、受虐癖。在网络世界，性别可以虚拟，可以异化，这就为一些本来有性变态行为者提供了土壤。某些采取异性身份上网的人，并不是出于好玩，而是异性装扮癖的网络化表现。

二、大学生网络心理障碍

(一)大学生网络心理障碍的类型

网络心理障碍是指因无节制地上网导致行为异常、人格障碍、交感神经功能失调。其表现症状为：开始是精神上的依赖，渴望上网；随后发展为身体上的依赖，不上网则情绪低落、疲乏无力、外表憔悴、茫然失措，只有上网后精神才能恢复正常。大学生网络心理障碍大多数表现为感情上迷失自我、角色上混淆自我、道德上失范自我、心理上自我脆弱、交往上自我失落。大学生网络心理障碍主要包括五类：网络恐惧、网络依恋、网络孤独、网络自我迷失与自我认同混乱、网络成瘾综合征。

1. 网络恐惧

大学新生特别是来自经济落后地区的农村学生，几乎没有接触过互联网或接触很少。当他们进入大学面对色彩斑斓的网络界面，看到层出不穷的各种网络书籍、电脑软件，瞧着周围的同学熟练地使用电脑，自由地浏览、聊天时，一部分学生感到害怕和迷茫。"怕"是怕自己学不会或学不好计算机操作，以至于不能有效利用网络来学习和生活，甚至可能成为"网盲"；怕自己学不好计算机而被他人嘲笑为无能或赶不上他人而落伍，"无能感"油然而生。"迷茫"则是因为五花八门的电脑书籍和软件使他们眼花缭乱，不知道学什么，由此产生对网络的畏惧感。大学新生常产生这种网络心理畏惧，另外，一些对网络比较熟悉的大学生也有这样的障碍，他们对网络的畏惧主要是害怕跟不上网络的快速发展，怕掌握不了新的网络技术而被淘汰。

2. 网络依恋

长时间地沉溺于网络游戏、上网聊天、网络技术(安装各种软件，下载使用文件，制作网页)，醉心于网上信息、网上猎奇，造成对网络的过度依赖和依恋，导致个人生理受损，正常学习、工作、生活及社会交往受到严重影响。网络迷恋心理障碍包括这样几种类型：网络色情迷恋——迷恋网上所有的色情音乐、图片以及影像；网络交际迷恋——利用各种聊天软件以及网站开设聊天室长时间聊天；网络游戏迷恋——沉迷于网络设计的各种游戏中，他们或与计算机对打，或通过互联网与网友联机进行游戏对抗；网络恋情迷恋——沉醉在网络所创造的虚幻的罗曼蒂克的网恋中；网络信息收集成瘾——强迫性从网上收集无关紧要的或者不迫切需要的信息，堆积和传播这些信息；网络制作迷恋——下载使用各种软件，追求网页制作的完美性和以编制多种程序为嗜好。在这 6 种类型中，网络交际迷恋者、网络游戏迷恋者、网络恋情迷恋者及网络信息收集成瘾者占大学生网络迷恋群体中的多数。

3. 网络孤独

网络孤独主要是指希望通过上网获取大量信息、网上娱乐、网上人际交往来提高或改变自己，但上网未能解除孤独(甚或加重了原有的孤独)，或反而因为触网而引发孤独感的这样一类不良心理状况。一些大学生(女生居多)由于性格内向、自卑，惯于自己承受心理负荷，心思敏锐，不愿意或不善于与他人交往，厌恶社会上那种虚情假意的人情来往。当互联网走进他(她)们的生活时，他们青睐于网上交往这种匿名、隐匿性别和身份的形式。他们常上网向网友发泄自己的不良情绪，排解忧虑，讲自己的"心情故事"，这时他们觉得心情得到一定的放松，从网友那里得到了一定的心理支持。可下网后，他们发现自己面对的依然是四壁空空的孤独，并且由于人与人之间的交往中 80%的信息是通过非语言的方式(身体语言)如眼神、姿势、手势等传达的，当那些善于通过这些身体语言来解读对方心理的性格内向者，试图借助网络来排泄自身的孤独时，网络所能给的只能是键盘、鼠标和显示器所造就的书面语言，这使得他们感到网络对孤独抑郁的排解只是"隔靴搔痒"。

4. 网络自我迷失与自我认同混乱

在以计算机为终端的网络中，由于匿名性而隐去了身份，许多现实社会中的规范、规则、道德在虚拟世界中冻结，大学生上网者在表现个人自我时，把社会自我抛得越来越远，甚至企图借助网络在现实社会中凸显自我，将自我凌驾于社会之上，网络黑客、网络犯罪就是这方面的典型例子。此外，某些大学生对一些社会现象愤懑不平，他们想通过上网发泄不满，逃避社会，希望在网上有一个"清洁"的交往环境，构建一个良好的自我。然而，网上充斥的色情图文、脏话、无聊的帖子、庸俗的话题，使他们在对社会产生失望之后又对网络产生了失望。

5. 网络成瘾综合征

匹兹堡大学的金伯利·杨最早对互联网成瘾现象进行了研究。她设计了下面一系列问题，通过调查对象对这些问题的回答来判断其是否患有"互联网依赖症"。

你是否着迷于互联网？

为了满足自己需要，你是否需要延长上网时间？

你是否经常不能控制自己上网、停止使用互联网？

停止使用互联网的时候，你是否感觉烦躁不安？

每次在网上的时间是否比自己打算的要长？

由于互联网，你的人际关系、工作、教育或者职业机会是否受到影响？

你是否对家庭成员、治疗医生或其他人隐瞒了你对互联网着迷的程度？

你是否把互联网当成了一种逃避问题或释放焦虑不安情绪的方式？

在上面8个问题中，如果被调查者对其中的5个问题的回答是肯定的，金伯利·扬就断定他已经患上了互联网依赖症。结果在600名调查对象中，2/3符合互联网依赖症标准。这些人平均每周花费在网上的时间为38.5小时，既不是为了参加网上的学术活动，也不是为了寻找一份满意的工作，与一周的工作时间基本一致，但只有8%的人是从事高新技术工作。

这项研究还表明，"依赖型"和"非依赖型"上网者的不同，并不是仅仅指网民每周上网的时间，更主要的是在网上利用时间的方式。在依赖型上网者中，35%的时间用于聊天室，28%的时间用于多用户互动游戏；而在非依赖型上网者中，55%的时间用于接发电子邮件和万维网，24%的时间用于查阅网上图书馆、下载软件等其他信息的收集。

(二)网络心理障碍的特点

1. 病症发现的隐蔽性

网络心理障碍是人类进入以互联网为标志的信息时代后高科技环境下的产物，是伴随着计算机科学的发展和网络的普及而出现的新疾病，是网络用户在现实环境和网络的虚拟环境的巨大反差下形成的特殊心理状态。因此，对于网络心理障碍的认定本身就存在诸多的困难。患者自身也很难意识到自己已经患有此种病症，其周围人员也无法在患者患病初期进行确认。一般网络心理疾病患者的发现都是在中后期，而网络心理障碍一旦发展到一定的程度，患者的心理会发生严重的扭曲，极易做出对自身健康和社会安全构成危害的行为。

2. 生理疾病的并发性

网络心理障碍是由于患者长期处于网络的虚拟环境中而形成的心理疾病，是以长时间上网为基础的。上网持续时间过长，就会使大脑神经中枢持续处于高度兴奋状态，引起肾上腺素水平异常增高，交感神经过度兴奋，血压升高。这些改变可引起一系列复杂的生理和生物化学变化，尤其是植物神经紊乱、体内激素水平失衡，会使免疫功能降低，诱发多种生理的并发疾患，如心血管疾患并胃肠神经官能症、紧张性头痛等。同时，由于眼睛长时间注视电脑显示屏，视网膜上的感光物质视紫红质消耗过多，若未能及时补充其合成物质维生素A和相关蛋白质，就会导致视力下降、眼痛、怕光、暗适应能力降低等。所以，网络心理障碍与以上因长时间上网而产生的生理现象又统称为网络成瘾综合征。

3. 治疗手段的模糊性

网络心理障碍产生的根源在于人脑的潜意识发生了病变，其特征业已突破了传统心理疾病的特点，因而现代医学的各种医疗手段和心理学的理论并不能彻底地治疗此种病症。

同时，网络心理障碍涉及计算机科学、医学、心理学和思想政治学的范畴，所以，很难单纯依靠医务人员或心理专家来对此类疾病进行治疗，而医学界和心理学界对此种疾病的认识也只处于起步阶段，尚需深入地研究和探讨。

4. 预防和治疗的紧迫性

许多心理障碍(包括网络心理障碍)都是文化抑制的结果，也就是说，一个人受教育程度越高，所受的文化禁忌越深，内心的冲突也就越强烈。因此，大学生上网过多，就很容易形成网络心理障碍。随着网络在高等院校的普及，网络心理障碍的患者将出现快速增长的趋势，如果采取的措施不及时、效果不理想，就会导致网络心理障碍的蔓延。

三、大学生网络心理障碍的克服

(一)教学生正确认识网络，保持网络心理健康

互联网的出现，宣告着人类信息时代的真正到来。它消除了人类跨地域沟通的"时滞"，拓展了人类的交往空间，深刻地改变着人与人、人与社会的关系，给人类带来了一个全新的时代，在家办公、网上学校、电子商场、电子银行等新生事物的出现，使人类的生活方式发生着深刻的变革。但是，互联网是一把双刃剑，网络世界既是一个充满自由、开放、平等的世界，也是一个充满诱惑与陷阱的危险之地。对于大学生而言，应该看到网络只是一个工具，网络资源是人类社会不可缺少的财富，对网络的破坏与滥用就是对社会正常秩序的极大破坏，会危及我们每一个人；应该认清网络社会并非真实的社会，网上暂时的成功并非真实的成功，虚拟的情感的宣泄与满足也并非能得到真正的快乐；应该认清网络带来的并非都是鲜花与美酒，也会给自己带来苦涩的恶果，那些迷恋上网而不能自拔的大学生，随着上网时间不断延长，他们的记忆力下降，对学习也逐渐产生厌烦感，并进而出现逃课上网、对各种活动漠不关心、进取意识减弱、与周围同学关系紧张等现象。

夸大网络的功能并进而认为网络是解决一切问题的灵丹妙药，否定网络的作用并进而认为网络仅仅带来人的自我迷失、人与人之间的相互欺骗、社会秩序紊乱的观点都是错误的。大学生只有对网络树立正确的认知，才有可能正确地面对网络，合理地使用网络资源，准确把握自我，认清自己的真实需要，处理好现实社会与虚拟社会的关系，避免网络心理问题的产生。

(二)加强对大学生的自律与自我管理意识，提升大学生的素质

一方面，在网络社会里，由于信息含量巨大，各种文化与价值理念交织纷纭，各种论断莫衷一是，各色诱惑比比皆是；另一方面，网络社会又是一个充满自由的社会，缺乏非常强大的外在约束。面对这一虚实难辨、是非难断却又无明确而强力约束的多彩世界，大学生会因认知偏差或侥幸心理而产生心理困惑与矛盾，以致产生各种各样的网络心理问题。但是，过多地沉迷于网络是对现实的一种逃避，一种退缩，也是一种社会责任感的淡化，它不仅不能真正地解决大学生正在面临的现实问题，反而会更多地产生自我迷失、生活重心丧失、人际沟通障碍，产生非理性的甚至是反社会的行为。如大学生中流行的"网恋"与"网婚"现象。由于网上情缘不需要任何承诺，也没有任何约束，大学生的风花雪月就

能通过网络实现。然而，大学生从网络世界的虚拟婚姻得到的快感又迫切希望回到现实中来，现实生活中这样的理想容易破灭，于是大学生又不得不回到网络世界，造成空虚的心理更加空虚，进而导致大学生在现实情感交往中出现冷漠与抑郁，在交往上自我失落，造成心理上自我脆弱。

在缺乏较强他律或几乎难以感受到较为直接的他律影响力的网络社会，自律的重要性与意义显得尤为突出。一个缺乏自律的人不可能是一个自尊自重的人，也不可能是一个能够获得自由与自我价值实现的人。大学生应合理安排自己的日常生活，保持正常的生活、工作、学习规律，控制上网时间。同时，要勇于直面现实、直面人生，应多参加有益的社会活动，从网络的迷恋中解脱出来。

(三)通过团体心理辅导技术，帮助学生走出困惑

团体心理辅导是由心理辅导者指导，借助团体的力量和各种个体心理辅导理论与技术，就团体成员面对的心理问题与他们共同商讨，提供行为训练的机会，为团体成员提供心理帮助与指导，使每一位团体成员学会自助，以此解决团体成员共同的发展或共有的心理障碍，最终实现改善行为和发展人格的目的。

团体心理辅导把求询者放入辅导与治疗团体中，建构一个群体环境。在团体中，网络心理障碍者发现自己的心理问题并不是独一无二的，团体中的其他人有着相似的忧虑，甚至比自己还要严重，有着许多相似的情绪体验，从而降低心理上的担忧与焦虑程度。由于"同病相怜"，他们的心理认同感很强，群体归属感增强，他们感受到社会和心理的支持，服从群体的从众行为增加，群体的稳定性提高。在团体中，网络心理障碍者在讨论交流等相互辅导活动中意识到他们不论是在交流解决问题、探索个人价值、人格形成，还是发现他们的共同的情绪体验上，同一团体的人都可以提供更多的观点，并分享团体中的共同资源。而且，在团体辅导的环境中，求询者之间潜在地存在着情绪、态度和行为意向的互动、相互感染的群体氛围和群体压力，存在着成员之间的模仿与监督，这些有利于网络心理障碍者健康心理的获得与稳固，有利于网络心理障碍者坚持行为的改善。更为重要的是，团体是社会的缩影或反射，是一个"微型社会"，因而它为网络心理障碍者提供了一个人际交往行为训练的练习场所。在团体相对安全的氛围里，网络心理障碍者共有的或相似的情感、人类行为以及一些态度(如对抗、恐惧、怀疑、孤立)都可以被辨别出来并加以讨论；辅导师所提供的行为训练的理论与操作技巧指导可以在这里得到检验、反复练习和强化，这样健康的态度和行为更加容易习得和稳定下来，并在日常生活中运用。

网络心理障碍的团体心理调适的内容至少要包括以下几个方面：一是缓解求询者的心理紧张和焦虑情绪，利用成员的相互介绍和成员共同参与度高的游戏活动转移他们对心理障碍的过度关注，放松心情，初步拉起一道心理安全网。二是在此基础上，让成员讲述各自的成长经历，并做自我评价，其他成员获得"和别人一样的体验"，产生情感与心灵的共鸣。三是开展网上信息认识的讨论交流，引导他们正确评价网上信息，共同为提高自身的信息素养出谋划策。四是展开网络与网络技术的研讨，使他们明了网络的两面性、技术中立性和网络技术的工具性。五是运用"头脑风暴法"让求询者把网上人际交往与网下即现实中的人际交往的异同、在二者交往中的困顿一一列举出来，并进行归因。之后，再让全体成员倾诉各自在人际关系上的困惑，成员间进行互相辅导，帮助对方寻根究源，寻找

人际关系改善的途径。六是设定基本的人际交往的情境，辅导者做交往行为示范，求询者模仿学习。七是小组讨论上网行为的自我管理，彼此订立互相监督上网的契约。

(四)改善网络环境，营造良好的学校教育氛围

随着计算机网络技术的不断发展更新，网络环境将会成为人们生存和发展环境的一个重要组成部分，人们将越来越难以离开网络。网络环境不仅造就人们崭新的学习和交流环境，而且会改变人，甚至改造人。良好的网络环境培育健全的人格，恶劣的网络环境造就有缺陷的人格。为了保障大学生网络心理的健康发展，还需要社会、学校等多方力量共同关注大学生的成长，优化网络环境，为大学生提供一个良好的发展平台。

1. 加大校园网建设力度，在内容和形式上不断创新，力求最大限度地吸引大学生

随着计算机网络技术的广泛应用，学生获取知识和信息的手段已从狭小的教室、图书馆迅速转移到无所不达的计算机网络上。因此，加大校园网建设的力度就显得尤为重要。要从学校的实际出发，制定措施，加大投入，充实校园网站的内容，充分发挥现代网络媒体的作用，把互联网的负面影响降到最低。此外，还要结合本校特色，大力倡导健康向上的网络文化，不断更新内容，最大限度地吸引学生。如学校可以通过校园网使学生了解学校的历史、办学理念，推荐知名的教师，介绍学校的优质课程等。校园网不仅是释疑、解惑的交流平台，还要有强烈的政治导向意识，要弘扬时代精神，唱响爱国主义的主旋律；同时又要有强烈的服务意识，能真正贴近学生的学习和生活，关注学生的全面发展，真正贯彻"以人为本"的办学理念。

2. 加强网络的监督、管理，设立网络"信息看门人"，增强学生上网的自警意识

高校要建立起网络信息管理的常设机构，制定网络行为准则，规范大学生的网络行为，对网上反动、黄色、不健康的内容进行清理，要建立校园网信息发布的审核程序，对有害信息和有害网站的进入最好用技术手段加以过滤或堵截，以营造一个良好的校园网络环境。此外，学校还要开设上网指导课，强化法制教育，加大有关网络规章制度和法律知识的宣传和教育力度，把有关网络管理规范性文件补充到学生守则中去，使学生认识网络不良行为危害的严重性，从而引导大学生树立健康的上网意识，提高其自身的抗干扰能力和免疫力。让他们学会正确看待网上世界和现实世界的差距；能正确处理网上与网下的人际关系；正确对待虚拟空间与现实空间的区别；能在网上进行有效的自我管理，学会控制，增强其自律性。

3. 积极开展健康有益的网络竞赛活动，不断展现学生的智力才华

环境的内容、状态和特性对学生的健康成才有着潜移默化的影响，系、级、个人都可以制作自己的网页，并加强相互之间的交流与沟通。同时，在校园网上，我们可以积极开展健康有益的网络竞赛活动，比如诗歌、散文、橱窗板报、书法绘画、网页设计等，让学生自觉地参与到良好校园网络氛围的建设中来。同时，让他们从不同的方面展示其才华和创新能力，增强其自信，丰富校园网络文化，从而扩大它的辐射面，增大其影响力，也有利于个体与群体之间彼此的和谐。

4. 充分利用网络资源，开展网络心理咨询

网络的发展打破了传统的权威观念和信息单向传播方式，体现着平等和交互性的特点。学校要充分利用网络媒介，"影响""选择""引导""服务"，而不是"说服""围剿""灌输""围堵"学生。网络的匿名性可以使学生不必担心自己的心理问题暴露在众目睽睽之下，因而可以直接而真实地表述自己，讲出自己的真心话，从而减少传统心理咨询中阻抗的发生，更有利于心理咨询的顺利进行。开展网络咨询可以从两方面入手：一是利用网络快捷、保密性好、传播面广的优势，开设网上心理咨询，如设立心理咨询网站，传播心理知识，进行网上行为训练的指导，开设在线心理咨询；二是抓好学生上网的心理、网络人际交往的心理特征、网络心理障碍、虚拟与现实的人际关系的比较等大学生网络心理问题的研究，确立一套可操作的、有效性强的网络心理障碍咨询方案。

本 章 小 结

21世纪是信息社会，这已成为人们描绘21世纪社会特征时达成的首要共识。信息革命和信息化社会在当今最突出的表现就是社会网络化，网络已成为人们日常生活和工作中越来越重要的交往手段和通信媒介。互联网以人们未曾预料的速度迅速渗透到人类生活的各个领域，延伸到世界各个角落，以从没有过的威力深刻地改变着人类的生活、影响着人们的行为。它从知识与信息的获取、自我实现与自我锻炼、电子商务与网上购物、人际交往、远程学习、休闲消遣等方面对人的生活方式产生着越来越举足轻重的影响。网络作为智慧的结晶，是一把双刃剑，在带给人们积极影响的同时，也不可避免地会给人们造成一些负面的影响，尤其是网络给大学生心理健康带来的负面影响更是不容乐观。

处于青春期、求知欲旺盛、好奇心强、追求时尚、趋于接受新事物的大学生，凭其聪颖的智慧、敏锐的思维，迅速而灵巧机智地进入网络世界，淋漓尽致地享受着网络带来的便利。但是，由于大学生生活经历及自控力的限制，这个虚幻与真实并存的网络世界，给大学生的生活方式、思想观念、心理状态带来了巨大的负面影响和冲击，使个别大学生变成了网络的奴隶：情绪低落、意志消沉、人格变异，结果导致学业无望、被迫辍学。在这一章节中着重探讨了大学生的网络心理现象、网络心理障碍的表现及成因和如何培养良好网络心理素质等几个方面的问题。

拓展阅读

个体处理网络与现实关系能力的自测题

e时代的幸福生活取决于你是否具有正确处理网络与现实关系的能力。以下是个体处理网络与现实关系能力的自测题，请你根据自己的实际情况进行选择。

****

	A. 是	B. 否
1. 网上的我与网下的我常常不是同一个人。	□	□
2. 最近上课时老想着上网或打游戏等事。	□	□

3. 相对于网络，现实生活太平淡乏味了。
4. 在网上待的时间经常超过自己上网前的打算。
5. 我内心的烦恼大多时候都是向网上的朋友倾诉。
6. 睡觉之前的最后一件事通常是从网上下来。
7. 经常向家人或者老师隐瞒自己上网的真实状况。
8. 我上网很少有确定的目的。
9. 上网已经严重影响自己的生活、学习和工作。
10. 经常因为上网而耽误自己吃饭的时间。
11. 我只有和网友交往才能达到一种心灵深处的沟通。
12. 除了在网上，其余时间我常感到自己疲倦无力。
13. 一天不上网，我就感到心烦意乱。
14. 对于上网与否，我曾多次出现难以抉择的情形。
15. 我认为网络把我和现实生活中的朋友隔开了。

****

结果与评价：

选 A 为 1 分，选 B 为 0 分。总分 10 分以上，说明你应暂时离开网络，调整好自己的心态再上网。总分 5～10 分，说明你的上网心态正常，但应注意控制上网的时间。总分 5 分以下，说明你能正确处理网络与现实的关系，在 e 时代，你是一个幸福的人。

思考与练习

1. 互联网及其特点是什么？
2. 如何看待互联网对大学生心理的影响？
3. 请分析大学生上网心理。
4. 网络心理障碍有哪些表现？如何克服？
5. 下列案例说明了什么？我们应该如何正确对待网络？

女大学生李某，长得挺漂亮。她有许多网友，大家都聊得很好。渐渐地，她发现和其中一个男生特别投机。一次不太在意的见面，却让女孩更加心仪，因为她发现该男孩比想象中好很多，从此网恋就变成了现实中的恋爱。长时间的相处，让女孩发现该男孩有许多像她这样从网上骗来的女朋友。男孩子一直在欺骗她，这真如晴天霹雳，李某心里接受不了这样的事实，没有心思做任何事，甚至要割腕自杀。

实 践 课 堂

以下网友公约，你都做到了吗？

网友公约

1. 理智地控制上网时间。
2. 对网上经常出现的色情图片信息，应洁身自好，千万别掉入色情陷阱。

3. 网上交际不能代替现实生活的社交活动，因此必须保持与周围人员的正常交往。

4. 有心理疾病的人最好不要上网去寻求安慰，应求助于心理医生为好。

5. 发现有网瘾症状的网民，一定要尽快借助周围亲友乃至社会力量来帮助矫治，切勿怠慢。

【附录】心理测试4：大学生网络成瘾自测表，扫描下方二维码。

> 我认为,在人类的一切知识中,最有用而又最不完备的,就是关于"人"的知识。
>
> ——法国哲学家 卢梭

第五章 自我意识与心理健康

本章学习目标

➢ 了解自我意识的概念、结构、意义。
➢ 明确自我意识与心理健康的关系。
➢ 掌握大学生自我意识发展的特点及完善健康自我的方法。

 核心概念

自我意识(self-consciousness) 心理健康(mental health)

焦虑的大一女生

李某,女,18 岁,某大学一年级学生。李某中学时在班上名列前茅,初中担任班级团支部书记,高中担任班长,深得老师的信任和同学的羡慕。进入大学,李某决心在大学学习中大显身手,保持在中学时的优越地位。但在入学近一个学期的学习中,她的学习成绩在班上属中等位置,宿舍人际关系也不太融洽,在班上担任宿舍室长。由于期中考试成绩一般,她情绪有些低沉,决心在期末考试中与班上同学一决高低,但期末考试科目较多,她在复习时情绪很不稳定,学习效果不佳,看书时注意力难以集中,读过的内容记不住。为了争一口气,她连连开夜车学习,造成心动过速和失眠。在期末考试前一周,李某来到了心理咨询室。

(资料来源:百度知识理论教育中的案例.)

这位同学的问题是自我认识的失调,昔日自命不凡的形象在众多佼佼者面前并未鹤立鸡群,从前的辉煌已成过眼烟云。大学新生进入大学后,要面临一个非常重要的问题,就

是改变从前的参照系，重新认识自己，重新给自己定位。如果还是按照以往在中学的标准要求自己，就很容易导致失望，丧失信心。重新认识自己并不是放任自己，而是更好地根据自己的实际情况，制定学习目标，规划学习进程。这样才能更好地把握自己。

本章的重点是以自我意识为主题，探讨它的内涵、它的发展过程以及如何针对相应的有关问题做出积极的自我调整。在学习的过程中要仔细阅读教材，通过学习，了解自我意识与心理健康的关系，明确自我意识的概念与发展，掌握大学生自我意识发展的特点以及如何形成健康自我。

第一节　自我意识概述

自我

一、自我意识的概念

自我意识是人对自身以及对自己同客观世界的关系的意识。

自我意识是人的意识活动的一种形式，也是人的心理区别于动物心理的一大特征。动物也能反映它周围的客观环境，当动物心理演化到人类意识的阶段时，就产生了一个全新的功能，即意识不仅能反映现实世界，而且能反映主体自身。人类个体能把自己和环境区分开来，把自己也作为反映活动的客体。这是心理演化过程中的一个重大的飞跃。自我意识能反映个体自身的意愿、态度和能力的倾向，能反映主体和客体之间的关系，这就大大发展了他的反映活动的能动性质，改善了他在同客观现实相互作用中的地位，增强了他改造客观世界的力量，从而使人类有可能成为现实世界的主人。

自我意识与人的注意状态密切相关。动物的注意只能指向其周围的环境，充其量只能指向自身躯体的某些有限的部位。而人的注意却有可能指向自己的心理和行为。杜瓦尔曾把人类注意分为环境聚焦和自我聚焦两类。虽然这种二分法不尽完善，但的确只有注意处于自我聚焦状态时，人才能产生自我意识。无论是个体的自我认识、自我体验还是自觉的自我调节，只有把注意指向自己时才能实现。在人群中，环境聚焦和自我聚焦这两者分别出现的相对频度和方式有着个体差异，因而个体的自我意识发展的程度的表现也各不同。

二、自我意识是心理健康的重要标志

个体具备良好心理素质的重要的标志是对自我的接受和认可，即有成熟的自我意识和健康的自我形象。自我意识是心理健康的重要标志，1997年理查德(Richard T. Kinnier)博士在总结归纳前人大量关于心理健康标准的研究之后，提出心理健康的九条标准，其中1/2以上都是关于自我意识的：自我接纳(但不是自我陶醉)；自我认识；自信心和具有自制能力；清晰洞察(带着积极乐观的态度)现实情况；勇敢，在挫败时不会一蹶不振，具有复原力；平衡和进退有度；关爱他人；热爱生命；人生有意义。

许多西方和东方的心理学家在界定心理健康标准时，不约而同地将自我认识作为主要的指标。可见，心理健康的人必然是对自己有客观认知，能够接纳自我，有很强的自尊，但不是自以为是或自我陶醉。人必须首先爱和尊重自己，才能真正地爱他人。心理健康的人能够清楚地认识自己，尤其是在自己的感觉和意图方面，自我觉察力特别强。大学生自我意识的发展状况既是以往心理发展和健康状况的集中反映，也是现阶段大学生心理健康、人格发展的新起点。对大学生自我意识的研究发现，大学生在不同阶段所表现出的各种心理障碍往往与其自我发展的特点存有某种联系。只有客观、准确地认识和了解自我，并对自己的经验持一种接受和开放的态度，才有可能保持心理健康，才有可能快乐幸福地生活，才有可能充分发掘自己的潜能以助成才。如果对自我认识不清，或对与自我不一致的经验持否认、回避、拒绝的态度，就会影响身心健康和个人发展。因此，探讨自我意识的发展，学会认识自我，树立自信心与独立性，不仅是大学生，也是所有人终生的课题、永恒的追求。

三、自我意识的结构

同对客体的意识一样，自我意识也可从知、情、意三个方面进行分析。知指自我认识，情指自我体验，意指自我调节，自我意识正是通过这三种形式表现出来的。

(一)自我认识

自我认识是自我意识的认知成分。它是人对自己的身体面貌、个性品质、自身社会价值与周围世界关系等方面所进行的自我感觉、自我观察、自我分析和自我评价等。人的自我评价尽管是发展变化的，但自我评价毕竟是个体在一定时刻对自身作自我感觉、自我观察和自我分析的结果，集中体现着自我认知的一般状况和发展水平，它是自我意识的核心部分，也是自我体验和自我调节的基础。目前，心理学关于自我意识的研究，大量地集中在自我评价方面。

(二)自我体验

自我体验是自我意识的情绪成分。它其实就是人对自己的情绪状态的体验。如果说，对客体的情绪体验是人对客体的认知同其主观需要之间关系的反映，那么自我体验就是他对自身的认知同其主观需要之间关系的反映。一个人若希望在某件事上取得成功，但他实际上失败了；他认识到行动的失败同他成功的需要相悖，他就会对自己产生不满的情绪体验。自我体验可表现为自尊、自豪、自爱、自卑、自怜等情绪状态。人的自尊程度直接维系于他的自我评价状况，通常同自我评价成正比关系。如果个体自我评价越积极、越肯定，他就越能接受自己、尊重自己，从而促使个体自我积极进取、不断更新。在自我体验中，自尊和自信是最重要的成分。自尊、自信的程度也会影响个体自我调节的方向和力度。

(三)自我调节

自我调节是自我意识的意志成分。这里的自我调节指的是个体自觉的过程。人的某些能力，尤其是某些简单行为可实现无意识的自动调节，不在此处讨论的自我调节之列。自觉的自我调节是对自己的主观世界，包括自己的行为、心理活动、个性品质及自身与他人、与社会的关系等方面的调节。正常的人都是凭着自我意识来调节自己的思想和行为，使之适宜恰当。如在课堂上教师不会讲与教授内容不相干的东西，学生不会随便大声喧哗、打闹、开玩笑。自我调节包括自我检查、自我监督、自我激励、自我控制、自我奋斗、自我暗示、自我教育等形式。其中，主要的调节方式是自我控制和自我教育。所谓自我控制是个体为达到自己的某种目标对自身和行为的主动掌握、约束和控制，体现了意志力量的"自制力"。所谓自我教育是指个人主动提出道德修养目标，并以实际行动努力完善或培养自己人格品质的过程。自我教育作为自我调节的最高级形式，集中体现了意志品质中的自我激励力量。

自我调节的实现受自我认识、自我体验的制约。在生活中可以看到，某些人自我评价甚高，而他心中理想自我的标准又甚低，于是这种人"自我感觉"良好、自得自傲，他们在自我调节方面往往不太在意，表现在行动上是纵容自己、我行我素，难以做到严格律己、审慎待人。当然，个体自我调节的状况也可以反转通过心理和行为的调节来影响自我认识和自我体验的过程。自我调节是自我意识中直接作用于个体行为的环节，它是一个人自我教育、自我发展的重要机制，自我调节的实现是自我意识的能动性质的集中表现。

综上所述，自我意识的结构包括自我认识、自我体验、自我调节，三者有机统一，构成了个性心理面貌的重要组成部分。通过自我认识，可以明确"我是一个怎样的人？"；通过自我体验，可以解决"我这个人怎样？""我是否接受自己？"；通过自我调节，特别是自我控制和自我教育，可以最终解决"我应当成为一个怎样的人？"。

四、自我意识的发生

自我意识不仅是种系发展的高级阶段，即到了人类阶段才形成的，而且在人类个体发展中，也不是与生俱来的。人类婴儿在与外在世界的相互作用过程中，特别是在同社会的人的相互作用过程中才逐渐形成自我意识的能力。人的自我意识是随着人生每一阶段的成长而逐渐发展的。个体的自我意识从发生、发展到相对稳定，经过了20多年的时间。它是在社会交往过程中，随着语言和思维的发展而发展，起始于婴幼儿时期，萌芽于少年儿童期，形成于青春期，发展于青年期，完善于成年期。而青少年阶段是自我意识发展最重要的时期。自我形象得到良好建立，人就会生活有信心、有动力，了解和接纳自己的优点和缺点，从而进一步迈向成熟的阶段。

(一)威廉·詹姆斯的自我发展三阶段说

美国实用主义心理学家威廉·詹姆斯认为自我的发展有三个阶段：躯体我、社会我、精神我。人最先从自己的身体知道自己存在(躯体我)，而后与人交往，从他人对自己的反应中以及自己的社会角色中，体验出自己的社会我，最后从生活的成败得失经验以及心理发展中，逐渐形成精神我，支配自己的一切意识行动。

1. 躯体我

躯体我指在人的躯体条件上形成的自我，是个体对自己身体的意识，包括支配感、爱护感，是自我最原始的形态，大概在3岁时开始成熟。

2. 社会我

社会我指被他人了解的个体，即个体对自己在社会关系中的角色意识，主要受他人的看法影响，从3岁到青年期逐步形成。

3. 精神我

精神我指个人内在的心理自我，是个人对自己心理特征的意识，如性格、气质、情绪、智能、行为、理想等。

(二)我国心理学界的理论

我国心理学家提出了自我意识发展的三阶段模式，即生理自我、社会自我和心理自我的发展模式。

1. 生理自我

人初生时，并不能区分自己和非自己的东西，生活在主客体未分化的状态；七八个月的婴儿开始出现自我意识的萌芽，即能意识到自己的身体，听到自己的名字会明确做出反应；两岁左右的儿童，掌握第一人称"我"的使用，在自我意识的形成中是一大飞跃；三岁左右的儿童，开始出现羞耻感、占有心，要求"我自己来"，要求自主性，其自我意识有新的发展。但是这一时期的幼儿，其行为是一种以自我为中心的行为，以自己的身体为中心，以自己的想法和情感来认识和投射外部世界。因此，这一时期的自我意识被认为是生理自我时期，也有人称之为自我中心期，它是自我意识最原始的形态。

2. 社会自我

从三岁到青春期(3～14岁)这段时期，是个体接受社会教化影响最深的时期，也是角色学习的重要时期。儿童在幼儿园、小学、中学接受正规教育，通过在游戏、学习、劳动等活动中不断地练习、模仿和认同，逐渐习得社会规范，形成各种角色观念，如性别角色、家庭角色、同伴角色、学校中的角色等，并能有意识地调节控制自己的行动。虽然青春期少年开始积极关注自己的内部世界，但他们主要从别人的观点去评价事物、认识他人，对自己的认识也服从于权威或同伴的评价。因此，这一时期个体自我意识的发展被称为"社会自我"发展阶段，也称之为"客观化"时期。

3. 心理自我

从青春发动期到青年后期，是自我意识发展的关键期。其间自我意识经过分化、矛盾、统一趋于成熟。此时，个体开始清晰地意识到自己的内心世界，关注自己的内在体验，喜欢用自己的眼光和观点去认识和评价外部世界，开始有明确的价值探索和追求，强烈要求独立，产生了自我塑造、自我教育的紧迫感和实现自我目标的内驱力。这一时期被称为"心理自我"发展时期，也被称为自我意识"主观化"时期。青年的世界观、人生观、价值观的形成是心理自我成熟的标志。

五、自我意识发展的一般规律

(一)自我意识发展的一般形式

自我意识发生之后,一直持续地发展着。但在整个儿童期,自我意识的发展是平缓的、渐进的。自我是一个笼统的整体,自我意识的内容是反映自我的外部行为特征以及外部周围世界,很少或没有触及自己的内心世界。进入少年期后,自我意识急剧发展,出现了分裂—矛盾—统一的基本形式。

1. 自我意识的分裂

进入少年期,个体的抽象思维能力发展起来,认识能力大大地提高。同时,生理方面出现了第二个发育高峰,促使少年增强了自我存在的意识。据调查研究,12~14岁是自我意识急剧发展的关键时期。这时的少年像哥伦布发现了新大陆一样,好像突然发现了自己,令其激动、兴奋,同时又紧张、焦虑。他们热衷于探索自己内心深处的心理奥秘,逐渐在头脑中窥视到自己的内部心理活动和个性品质,于是自我意识发生了裂变,打破了惯有的笼统和混沌,原有的整体的"我"一分为二,一个是主体的我,即观察者、认识者的我;另一个是客体的我,即被观察者、被认识者的我。自我意识的分裂,使少年的内心活动日益复杂,他们表现得好反思、内省,常常伴随着困惑和焦虑,喜欢以日记作为自己倾诉衷肠的"伴侣",他们在日记中表达的往往就是主体的我对客体的我的认识、观察和评价。自我意识的裂变,使自我意识的发展进入一个崭新的阶段,并使主体改造主观世界成为可能。

2. 自我意识的矛盾

自我意识未分裂前,整个自我是笼统的、一体化的,无所谓矛盾产生。儿童很少有激烈的内心冲突以及由此产生的苦闷和彷徨等深刻的情绪体验。一旦自我发生裂变,主体的我和客体的我就要发生矛盾斗争,这种矛盾突出地表现为"现实的我"和"理想的我"之间的矛盾。"理想的我"与主体的我相联系,反映了个体希望成为什么样的人,具有什么样的形象,它作为个体奋斗、成才的目标而存在。另外,与客体的我相联系的便是"现实的我",它反映个体实际上是什么样的人,具有什么样的品质,它作为个体的现实坐标而存在。正由于"理想的我"和"现实的我"不可能完全吻合、统一,那么它们之间的矛盾和冲突将永远存在。在青少年期,由于自我意识的矛盾,个体经常表现出激烈的思想斗争和冲突,内心动荡不安,常常伴随着强烈的情绪体验。

3. 自我意识的统一

任何事物的发展都是矛盾的双方相互依存、相互斗争而推动的。青少年自我意识矛盾的存在,使主体的内心产生冲突,主体就要设法寻找某些方法和途径使"现实的我"和"理想的我"在新的水平和方向上达到协调统一,从而清除冲突感、紧张感。自我意识的统一,是自我意识发展的关键环节。青少年的自我意识经过不断的分裂—矛盾—统一形成。当然,这是一个充满艰辛、曲折甚至痛苦的过程,需要有一个优良的外部教育环境的引导,更需要个体发挥主观积极性,形成自我教育机制。

(二)自我意识的发展过程

自我意识的发展表现为自我意识内容的发展以及自我意识各成分的发展。

1. 自我意识内容的发展

所谓自我意识的内容，即主体从哪些方面观察、认识客观的我，从而形成自我形象。在自我意识尚未分化前，儿童主要意识到自己与周围人的关系，自己在家庭、学校中的角色，自己的外部行为特征。自我意识的内容相对来说较贫乏和狭窄。在自我意识急剧发展分化的少年时期，由于身体的急剧变化和第二性征的出现，男女少年都会对自己的外貌和身体仪表表现出异乎寻常的关心。他们对自己的容貌仪表的评定非常苛刻，往往以所崇拜的偶像为标准。随着年龄的增长，个体对身体仪表的关心才渐渐降温，转而热衷于探索审视自己的内心世界。心理学家们曾多次在不同国家和不同的环境中让不同年龄的儿童续写尚未完成的故事或照图编故事，结果往往是一致的，儿童和少年初期常常是描写外貌、动作、事件，少年晚期和青年则主要描写人物的思想和情感。少年的年龄越大，他就越容易被故事的心理内容所打动，而"事件"的外部结构就逐渐对他失去意义。由此，可以说自我意识的内容有一个从外部到内部的发展过程。自我意识发展到比较成熟的阶段，个体尽管对自己的外貌仪表等还表现出一定的关注，但自我认识的侧重点逐渐转移，个体不再满足于对自己内心世界的片面的、零星的、肤浅的了解，而希望对自己的心理活动及个性品质有一个全方位的深入的认识和了解。他们非常注重自己的能力、特长、性格、气质等，希望以此来赢得他人的尊重和喜爱，获得自尊和自信。随着个体社会生活的深入，他们还在更广阔的社会背景上重新认识自己的个性品质，并产生完善自我个性的愿望。

2. 自我意识各成分的发展

(1) 自我认识的发展。自我认识的发展是自我意识发展的主要成分。其中，自我评价集中代表了自我认识的发展状况，它的发展表现出以下几个特征。

第一，从自我评价的主动性和独立性来说，儿童期个体自我评价主要是依据教师、家长等的权威性评价，具有依附性和被动性。之后，渐渐发展到依据周围更多的人对自己的态度来进行自我评价。最后，能够达到依据自己的理想、价值体系等进行主动的、独立的自我评价，而对他人的评价持辩证的、批判的态度。

第二，从自我评价的概括性和抽象性来看，儿童只能从片面的、个别的、具体的情境中的某些外部行为现象做出肤浅的、零星的、感性的评价；到少年和青年时期，随着思维能力的提高，个体的自我评价逐渐富有概括性、理论性、整合性和辩证性。

第三，从自我评价的广泛性和全面性来看，儿童在进行自我评价时，经常从外表、长相、外部行为、与周围人狭隘的人际关系的角度来进行评价，显得空泛、狭窄、片面；到少年和青年时期，自我评价的范围大大拓宽，能从各个角度、从内外各个层次上全面地、广泛地评价自我，使自我形象日益丰富、细腻、立体化。但在少年期仍然表现为自我评价能力落后于评价他人的能力，在多数情况下，他们对自己的评价偏高，出现"严于责人，宽于律己""明于知人，暗于知己"的现象。

(2) 自我体验的发展。自我体验是在自我认识，特别是在自我评价的基础上发展起来的。它的发展表现为以下几个特征。

第一，自我体验日益丰富、细致。儿童的自我体验是粗糙的、贫乏的，而少年和青年时期个体的自我体验却日益丰富、细腻，对于自我评价较高的方面，产生喜悦、兴奋、自豪或幸福的情绪体验；反之，则产生苦闷、彷徨、忧郁甚至痛苦的情绪体验。他们的自尊心和自信心日益强烈、突出，成为自我体验中两个最重要的成分。

第二，自我体验日益深刻、稳定。儿童的自我体验较为肤浅、平缓，发展到少年和青年时期，经过最初的矛盾和动荡后，变得稳定、深刻。少年和青年时期自我体验的发展落后于自我评价能力的发展，出现了明显的滞后状态。这是由于理性认识能力发展了，但转化为情感还需要有一个过程，因而造成了二者发展不同步的现象。

(3) 自我调节的发展。儿童时期，由于缺乏自我认识和自我评价，他们对自己的某些思想和行为的约束和制止主要是靠外部环节(如教师、家长、班集体等)的压力和干预而实现的，是被动的自我控制。少年和青年时期，在教育者的正确引导下，这种被动的自我控制才发展为主动的自我控制，并且日益经常化、稳定化，进而导致个体自我教育机制的形成。自我教育作为自我调节的最高形式，使学生通过自励来不断地发展和完善自我，促进自我的积极统一。

六、自我意识的作用

自我意识的作用巨大。从种系发展看，人类的心理具有自我意识，大大地优越于任何高等动物；从个体发展看，人类个体进入青年期，其自我意识发展成熟，脱离少年儿童的幼稚，进入成人阶段，真正具有了人的责任感和义务感。

(一)自我意识大大地提高了人的认识功能

自我意识使人能把自己的心理活动当作客体加以反映，这就大大提高了人的认识活动的效能。人的认识活动包括感觉、知觉、记忆、想象、思维等，都由于自我意识的存在而更加自觉、更加合理、更加有效。近年来，心理学界日益关注对于元认知的研究。简单来说，元认知就是对认知过程的认知。人不仅能对外部世界的对象进行感觉、知觉、记忆、想象和思维，还能对自己的这些认识过程本身进行认知，即对这些过程加以分析、监督和调整。通过对自身认识过程的认知，人就有可能发现原有认识活动的不足，可能选择和运用更好的认知策略，从而使认知活动更加完善、更加有效。不难看出，个体对自身认知过程的监控和改善，意味着人在认识和改造客观世界的同时，也可以改造其主观世界。

(二)自我意识使人形成一个丰富的感情世界

如猫、狗等动物已具有某些原始的情绪反应，但那只是动物对外部刺激(如危险)所做出的直接的生物学意义的反应(如恐惧反应在生理上有利于动物的逃跑或自卫)，它们不可能体验自身的情绪。对于儿童来说，他们所意识到的现实只是外部世界，还不能意识到自己的内心世界。只有进入青少年期，自我意识发展逐渐成熟，心中"自我"概念逐渐明晰和稳定，青年人才发现自己的新的情感世界。他们意识到"自我"的独一无二、与众不同，才会逐渐产生"孤独"之感；他们体验到自尊的需要，才会产生与自尊感相联系的"羞赧感"和"腼腆感"。由于他们发现了一个自己的内部世界，他们才时常感到"内在"自我和"外在"行为的种种不符或冲突，从而产生"苦闷""彷徨"等新的情感。青年人能把感情世界作为自己意识的客体，才得以发现大自然的美丽，发现人类创造的艺术品(如音乐、绘画等)的美丽，从而体验种种美感。总之，自我意识的存在和发展，使人的情绪生活变得日益丰富、细致而复杂。

(三)自我意识大大地促进人的意志的发展

意志以人确定自觉的行为目的为开端。而自觉目的的提出又是以自我意识的存在为前提的，因为任何自觉行为总有自觉的主体，那就是"自我"。自我的自主性的实现需要个人监督，需要意志的力量，无论其表现形式是施力于外部，促使环境服从主体的要求，还是施力于内部，促使自身特性与需求适应环境，都离不开自我意识的作用，离不开在意识中对自我和环境的明确区分。

个体意志力的表现同动机的性质和力量密切相关。在诸多动机之中，个体自尊的维护和自尊的水平，是影响意志力的重要因素。而自尊的水平及其发展，是直接同自我意识的水平和发展密切相关的，前者是后者的表现形式之一。谈到动机的性质，心理学早已指明，社会意义丰富的动机通常比社会意义贫乏的动机更能支持人的意志行为。但社会意义的丰富与否，是要通过行为者的个体意识从主观上加以认定的。个人主观上如何判断他的"自我"同客观社会利益的关系，则涉及个体的价值取向、道德面貌。

(四)自我意识是道德的必要前提

康德曾经指出，人的自我意识是道德和道德义务的必要前提。他说："人能拥有自己的自我表象这一点，使人大大高于地球上的一切生命体，因此人才是人，又由于意识在人可能发生种种变化的情况下具有统一性，人才始终是个人，亦即有身份和尊严的、不同于物——例如无理性的、可以任意处置和支配的动物的存在物。"这里说的自我表象，就是个体心中的"自我"概念。人的"自我"概念不仅包含现实的自我，还包含理想的自我。当个体被问到"我是谁"时，不仅要回答"我现在是谁"，还要回答"我将来是谁"和"我应当是谁"的问题。

由于人不是游离于社会之外的抽象的个体，他的自我概念就不能不受到他生活于其中的社会规范的制约。每个个体都在社会体系中处于一定的角色地位，社会对他有着一定的角色期望，这些角色期望承载着社会规范，从而约束个体的心理和行为。因此，社会道德就在个人的自我意识中找到了可以存在的处所，也找到了可以调节、激发(或抑制)个体心理与行为的杠杆。就个体方面来说，一个人的自我意识包括了道德、信念和道德体验，以及与之相联系的诸如责任、义务、使命、荣誉等价值观念的内容。由此看来，自我意识不仅极大地促进了人类个体的认识、情感和意志等心理功能的发展，而且使人成为拥有道德意识和道德行为的个体，从而极大地丰富了人的社会属性；自我意识不仅提高了人类认识客观世界的效率，而且开拓了人类认识和改造主观世界的可能性，从而极大地增加了人类意识的主观能动性，提升了人的意识的反映层次。

第二节　大学生自我意识发展的类型、特点及形成的信息来源

一、大学生自我意识发展的类型

大学生自我意识的发展不是一次完成的，而是一个分化—矛盾—统一——再分化—再矛盾—再统一的过程。每一次的分化—矛盾—统一，都代表着自我意识在质上的一次飞跃。随着自我意识的一次又一次的分化和统一，大学生的"现实我"和"理想我"也得到了一次又一次的调整、充实和发展。归纳起来，大学生在自我意识的统一过程中有以下几种类型。

(一)自我肯定型

这类学生的自我意识统一是积极的，其特点是理想我的确立比较客观，既符合社会的需求，又符合自己的实际。对现实我的观察比较清晰、客观、全面和深刻，在通往理想我的道路上，不断地分析理想我的正确性、可能性，去掉理想我的不切实际的成分，增强实现理想我的信心和决心。在积极的统一过程中，现实我逐渐趋向于理想我。这种类型的自我意识完整而强有力，既能适应社会发展的要求，又有助于自身的成长。

(二)自我否定型

这类学生的自我意识统一是消极的，其特点是对现实我的评价过低，所确立的理想我与现实我的距离太大，或者距离虽然不大，但缺乏自我驾驭的能力。这种学生缺乏自信，看不到现实我的价值，无法接纳自己，处处与自己为敌。他们不是通过积极地改变现实我去实现理想我，而是在一定程度上放弃理想我，保持现实我，进而否定现实我，导致了自卑心理。

(三)自我矛盾型

这类学生的自我意识难以统一，其特点是缺乏"我是我"的综合感觉，从而产生"我非我""我不知道我"的分离倾向。这类学生自我矛盾强度大，延续时间长，自我意识的三个因素缺乏稳定性和确定性。

大学生自我意识发展除了上述三种一般的类型，还存在下面两种特殊的类型：一是以过分高估现实我，以至于形成虚妄的我为特征的自我扩张型；二是以极度缺乏理想我，常常否定现实我，自卑心理非常严重为特征的自我萎缩型。在大学生群体中，绝大多数学生自我意识的发展是积极的、健康的，只有极少数学生属于自我否定型和自我矛盾型，需要进行个别的教育与指导。而属于自我扩张型和自我萎缩型的则是个别案例，应通过心理咨询与治疗解决问题。

二、大学生自我意识发展的特点

自我意识包括自我认识、自我体验、自我调节三个因素。大学生自我意识的组成因素

的发展情况表现在下述几个方面。

(一)自我认识的主动性和自我评价的客观性

进入高校的大学生,刚刚摆脱中学时期沉重的学习压力,便开始围绕个人发展、个人与社会的关系积极主动地探索自我。他们经常反省这样一些问题:"我聪明吗？""我是一个什么样的人？""我的性格怎么样？"这些问题都涉及大学生的自我认识。为了认识自我、发展自我,大学生主动而自觉地把自己与周围的同学、老师、英雄人物进行比较,并把他们作为自己学习的榜样,力图将社会的期望内化为自我的品质。

自我评价也是一个认识过程,大学生通过对自己进行分析、评价,客观地认识现实的我,找到自我的优势,发现自我的不足,然后扬长避短,修正自我,使现实的我趋向于理想的我。研究发现,大学生理想我与现实我之间的相关度比较高,为0.5~0.6。并且大学生的自我评价与他人对大学生的评价结果基本一致,二者之间存在着显著的相关性。可见,大学生的自我评价比较符合自己的实际情况,自我评价的客观性有了明显的发展。

值得注意的是,在大学生中也存在着自我评价的偏差,他们要么高估自我,要么低估自我,但高估自我更为普遍。

(二)自我体验的敏感性和丰富性

大学生对涉及我和与我有关系的事物都非常敏感,并且这种敏感的情绪体验的内容相当丰富,其中有肯定的,也有否定的;有积极的,也有消极的;有紧张的,也有松弛的;等等。这些丰富多彩的情绪体验,绝大多数都是积极的、健康的。杨永明、王淑兰等人曾经列举了20对正反两个方面描写情绪体验的词或成语(如热情—冷漠、自信—悲观等),让358名大学生从中选取10个最能表达自己近半年来心情体验的词语,结果表明,大学生自我体验的基调是热情、憧憬、自信、舒畅、紧张、急躁。其中,男生的选择结果趋向于紧张、自信、热情、憧憬、急躁;女生的选择结果趋向于热情、急躁、舒畅、憧憬、愁闷。在自我体验方面,男生比女生更有自信心,更富有活力,但容易急躁;女生则比男生更热情,更迫切地要求取得成功,内心舒畅更为明显,但容易发愁。

我们也应该看到,大学生的自我体验仍有一定程度的波动性。例如:取得成绩时,容易产生积极的情绪体验,甚至高傲自大、目空一切;而遇到困难时,则容易产生消极的情绪体验,甚至悲观失望、自暴自弃。大学生自我体验的波动性是正常现象,关键是应该使大学生正确对待这一特点,胜不骄,败不馁,在困难和挫折面前丰富自我、塑造自我。

(三)自我调节的自觉性和独立性

自我调节的自觉性主要反映在大学生具有强烈的自我设计的愿望。他们不仅思考"我是一个什么样的人？",而且还为自己设计了理想我的奋斗目标,如做"德才兼备的大学生""有开拓精神的大学生"等。

大学生的自我设计表现出很大的独立性,他们强烈地期望摆脱幼稚性和对成人的依赖,希望通过自己的言论、行动,运用自己的双手和智慧,去实现自我的设计,向成人显示他们已经长大,而不再是孩子。强烈的独立愿望使大学生的行为带有明显的反抗性,即有意识地做一些成人或社会不期望他们做的事情。面对大学生的反抗倾向,教育者应客观分析,正确对待。分清哪些是由于其生理和心理的发展、独立性的发展，未得到应有的理解、信任、承认和尊重引起的；哪些是由于他们独立思维能力的发展和正义感、责任感的增强，从而对社会上的不正之风和腐败现象有意见引起的；哪些是由于他们认识水平不高和心理发展不成熟的过激言论或行为引起的。根据具体情况，或表扬、鼓励，发展其独立性；或动之以情，增强其正义感；或导之以行，加强行为训练。总之，只有正确地分析，科学地引导，才能全面提高大学生的自我调节能力。

三、大学生自我意识形成的信息来源

自我意识是人类特有的心理标志，它不是与生俱来的，而是后天获得的，是个体在社会环境中，在与他人互动时逐渐形成的。一般而言，大学生对自己的认知可以通过以下四个方面逐渐形成。

(一)他人的反馈

通常，他人会对我们的品质、能力、性格等给予清晰的反馈，从而增强我们对自己的了解。当我们被老师告诫要更加大胆一些，更加主动、勤奋一些时，我们便会从反馈中得知：自己有些害羞，行为不够主动，学习不够勤奋。特别是当许多人的看法一致时，我们就会相信这种看法是正确的，从而确定自己是这样的人。激励对成长中的大学生是非常重要的，"优秀的学生是夸出来的"。当否定性评价过多时，学生就会产生"习得性无助"，当一个人拥有这种信念时，他便会感到不能从环境中逃脱出来，从而放弃脱离环境的努力。如有的大学生会说："无论我如何努力，我也不会成为受大家欢迎的人。"事实上，"习得性无助"是一种严重的自我意识障碍，它抑制了人改造与影响环境的能力，强化了顺从甚至屈从并转化为一种内在信念。当大学生来到一个陌生环境开始新的学习生活时，环境适应中的自我意识显示出巨大的张力，很多在中学时代有着骄人成绩的学生，由于种种原因而认同了自己的平凡并不尝试改变时，就极易产生"习得性无助"。

(二)反射性评价

在生活中，那些与我们生活无关紧要的人有时并不会给予我们清晰明确的反馈，但我们可以从他们的态度与反应中来了解自己。符号互动学者库利提出"镜中我"(looking-glassself)理论，认为我们感知自己就像他人感知我们一样，镜子中的我或他人眼中的我就是我们感知的对象，我们常常依据他人如何对待我们来了解自己，这一过程被称为反射性评价。

(三)依据自己的行为判断

D. J. 比姆的自我知觉理论认为：在内部线索微弱或模糊的情况下，人们常常依据外在行为来推断自己的特征，如性格、态度、品质、爱好等。例如，当学生参加公益事业时，学生认为自己是一个高尚的人。但在大多数情况下，人们常常依据内部线索来了解自己，如想法、情绪，而且内部线索比外显行为更准确，因为行为易受外在压力的影响，更易伪装。

个体的行为既具有外显性又具有内倾性,因而依据自己行为的判断为自我的确立提供了可靠的依据。

(四)社会比较

利昂·费斯廷格的社会比较理论认为：人们非常想准确地认识自我、评估自我,为此,在缺乏明确标准时,人们常常和自己相似的人做比较。

大学生正处于人生重要的发展时期,他们的人生目标、职业理想、生活态度等都在形成之中,社会比较为大学生提供了认识自我、了解自我和发展自我的重要标尺。社会比较也是每个个体认识自我不可或缺的方面。没有社会比较,就没有自我的进一步优化。当然,自我比较并不总是向着积极的方向,其又分为向上比较、向下比较与相似比较。当个体的目的与动机不同时,采用的社会比较策略也不相同。例如：自我保护与自我美化的动机促使学生与那些不如自己走运、成功和幸福的人相比；而自我成功动机强的人更倾向于向上比较,与那些比自己更加成功的人比较,促使自己更加成功。

第三节 大学生自我意识的完善

一、大学生自我意识的矛盾

(一)主观我与客观我之间的矛盾

自我有主观我与客观我之分,英语中的 I 与 Me 很好地区分了这一含义,前者是主观我,用来表示我是什么,我做什么；后者作宾语使用,表示怎样看待我,给我什么。主观我是一个人对社会情境做出的反应,是自我中积极主动的一面。主观我与客观我应该是统一的,这种统一是个人对客体的认识与个人愿望的统一,是个人与社会的统一,是"自我同一性"的形成,更是良好的自我意识的标志。但是,由于自我的结构是多种多样的,每个人所处的社会环境存在很大的差异,所以主观我与客观我并不总是统一的。

(二)理想我与现实我的冲突

理想我是指个人想要达到的完美的形象,是个人追求的目标,它引导个体实现理想中的个人自我。现实我是个人从自己的立场出发,对现实中自我的各种特征的认识。现实我又称个人自我,主观性较强。在现实生活中,理想我与现实我总是存在一定的差距,合理的差距能够使人不断进步、奋发有为；但是,如果差距过大,则有可能引起自我的分裂,导致一系列心理问题。

青年时期的大学生,心中承载着无数的梦想,每个人都渴望有一把登天的天梯,他们有抱负、有追求、有理想,成就动机强烈,特别是当市场经济将人们的成就意识凸现时,很多大学生心中涌动着比尔·盖茨般成功的梦想,他们为自己设定了一个美丽的"理想我",也对大学生活进行了理想化的设定。但当他们踏入大学时,现实与心中的理想形成了巨大的反差,新生出现了"理想真空带"与"动力缓冲带",一时间找不到自己生活的方位。对理想我的渴望与对现实我的不满构成了这一时期大学生自我意识发展的重要组成部分。

需要指出的是，理想我与现实我有一定距离是正常的，它可以激励大学生奋发图强、积极向上，向着梦中的方向飞奔。但当现实我距离理想我太过遥远时，大学生会产生各种各样的心理不适甚至自暴自弃，变得平庸无为、无所事事、没有动力。当理想我与现实我发生冲突时，积极的自我调适便非常必要。这时大学生要重新调整和评估自己的理想，直到通过努力可以达到为止。

(三)独立与依附的冲突

大学生生理与心理的成熟使他们渴望独立，以独立的个体面对生活、学习与工作中遇到的问题，但由于长期的校园生活使他们应有的社会阅历与经验相对匮乏，当应激事件出现时，却又盼望亲人、老师、同学能够替自己分忧。另外，大学生心理上的独立与经济上的不独立也形成了明显的反差。在他们追切希望摆脱约束、追求自立的同时，却又不可能真正摆脱家长、老师的支持和帮助。特别是对于某些独生子女来说，由于长期受到父母的溺爱，这种独立与依赖的矛盾就表现得非常突出。

(四)渴望交往与心灵闭锁的冲突

没有哪个时期比青少年时期更加渴望友情与爱情的滋养，更加渴望同辈群体的认同与归属感。在这个时期，每个人都渴望爱与友谊，渴望交往与分享，渴望自我价值得到实现，渴望探讨人生的真谛，寻找人生的知己，希望成为群体中受尊敬与欢迎的人。然而，大学生的自我表露又受心灵闭锁的影响，他们总是不经意地将自己的心灵深藏起来，与同学有意无意地保持一定的距离，存在戒备心理，不能完全敞开心扉交流与沟通思想。这也是大学生常常感到"交往不如中学那么自如真诚"的原因所在。

二、大学生自我意识发展的障碍

从总体上说，大学生自我意识发展的水平较高，但尚未完全成熟，因而容易出现各种偏差，形成自我意识发展的种种障碍，以致影响大学生的身心健康。大学生自我意识发展的障碍主要有下述几种。

(一)过度的自我接受与过度的自我拒绝

自我接受是指自己认可自己，肯定自己的价值，对自己的才能和局限、长处和短处都能客观评价、坦然接受，不会过多地抱怨和谴责自己。对自我的接受是心理健康的表现，但过度自我接受就是自我扩张。这种人高估自我，对自己的肯定评价往往过高。他们拿放大镜看自己的长处，甚至把缺点也视为长处；拿显微镜看他人的短处，吹毛求疵。他们人际交往的模式是"我好，你不好""我行，你不行"。过度自我接受的人容易产生盲目乐观情绪，自以为是，不易处理好人际关系，而且过高评价自我，易滋生骄傲情绪，对自己提出过高要求，常常因承担无法完成的任务、义务而导致失败。

自我拒绝是指不喜欢自己，不能容忍自己的缺点和弱点，否定、抱怨、指责自己。过度自我拒绝表现为多方面的自我否定。事实上，许多大学生都有不同程度的自我拒绝，这可以促使他们不断修正自己，趋于完善。但过度自我拒绝则是由严重低估自我引起的，他们人际交往的模式一般是"我不好,你好""我不行,你行"。过度自我拒绝的人看不到自己的价值,只看到或夸大自己的不足,感到自己什么都不如他人,处处低人一等,丧失信心,严重的还可能由自我否定发展为自我厌恶甚至走向自我毁灭。过度自我拒绝,压抑人的积极性,限制对生活的憧憬和追求,易引起严重的情感损伤和内心冲突,以至于不能很好地发挥个人的潜能,严重的还会导致心理疾病。

(二)过强的自尊心与过重的自卑感

自尊心、自信心、好胜心、独立感等是大学生自我意识发展的表现,也是要求尊重自己的言行和人格,维护一定的荣誉和社会地位的自我意识倾向。多数大学生都有强烈的自尊心、好强、好胜、不甘落后。自尊心强的大学生对自己有信心,相信自己能克服缺点,取得进步。但过强的自尊心却和骄傲、自大等联系在一起。他们缺乏自我批评,而且不允许别人批评自己,以自我为中心,唯我独尊。这样的人回避或否认自己的缺点,缺乏自知能力,不能与人和谐相处,容易失败,也容易受伤害。

自卑感是对自己不满、否定的情感,它往往是自尊心屡屡受挫的结果。在学校生活中,大学生在学习成绩、校内外活动、人际交往方面,通过竞争定胜负、争荣誉,这是无法避免的,也是正常的。但是,如果把能力、成绩、特长,以及身材、容貌、家世、地位等所有条件进行比较,没有一个人会永远是胜利者。每个人在不同层面上都有自己的成败经验,己不如人的失败感人皆有之,只是程度不同而已。大学校园里人才济济,有些人在某些方面曾有自卑的倾向和感受,也很正常。但有的同学过度自卑,斤斤计较自己的缺点、不足和失误,结果因自卑而心虚胆怯,遇有挑战性场合即逃避退缩,或对自己的所作所为过分夸张,其结果形成的是虚假的、脆弱的和不健康的自我。

(三)自我中心和从众心理

大学生强烈地关注自我,他们从自我的角度和标准去认识、评价事物与他人,并采取行动,因而很容易出现以自我为中心的倾向。当这种倾向与某些不健康的思想意识(如个人主义、自私自利思想)和心理特征(过度的自我接受和自尊心)结合时,就会表现出过分扭曲的自我中心。以自我为中心的人凡事从自我出发,不能设身处地地进行客观思考。他们往往以同学的导师或领袖身份出现,盛气凌人,处事总认为自己对,别人错,好把自己的意志强加于人。因而,他们不易赢得他人的好感和信任,人际关系不和谐,做事难以得到他人帮助,易遭受挫折。与以自我为中心相反的另一现象是从众。从众心理人皆有之,但过强的从众心理实际上是依赖反应。有过强的从众心理的学生缺乏主见和独立意向,常常人云亦云或遇到问题束手无策,结果导致自主性被阻碍,创造力受抑制。事实上,任何人都不可能在任何事上独立,为所欲为,但个人应该主宰自己的思想和观念,有自己的主见和看法。对于大学生而言,在求学、就业、交友、婚姻等方面,虽不能随心所欲地支配一切来满足自己,但却有充分的能力去思考、分析、研究自己在困境中可行的道路,至少应该勇于独立思考,敢于独立思考,不受他人影响,保持自己的独立性和个性。

(四)过分的独立意识与逆反心理

大学生自我意识发展最显著的标志之一是独立意识日益明显。但是独立意识过头,便会矫枉过正。很多大学生把独立理解成"万事不求人"，不需要别人的帮助，其结果是在现实生活中遇到困难挫折时，只能自食苦果，活得沉重、痛苦。其实，独立并不意味着独来独往、我行我素和不顾社会规范，而是指在感情和行为上对自己负全部的责任。一个真正成熟的个体是独立的，他对自己负责，但决不排除接受他人的帮助。

逆反心理也是大学生自我意识发展的产物，其实质是为了寻求独立，寻求自我肯定，为了保护新发现的正在逐渐形成的但还比较脆弱的自我，抵抗和排除在他们看来压抑自己的那种外在力量，这是青年阶段心理发展的必然现象。就逆反心理本身而言，它具有双重性：一方面，青年人具有反抗精神和独立意识(尽管有时其批判精神显得极不成熟)；另一方面，不少人不能确切地把握反抗的程度，表现出过分的逆反心理。逆反心理过分的大学生对事物采取非理智的反应方式。在外在要求的内容上，不评价正确与错误、精华与糟粕，一概排斥；在手段上，只是简单地拒绝和对抗，情绪成分较大；在目的上，只是为了反抗而反抗，逆反的对象多是家长、老师、典型人物和社会宣传的观念等，其结果是阻碍了他们学习新的或正确的经验，不利于其健康成长。

从以上的分析我们可以看到，大学生自我意识发展过程中出现的失误、偏离和障碍，是其心理还不成熟的表现，这些失误、偏离和障碍是大学生自我意识发展中的普遍的、正常的现象，但是必须进行调整和控制。只有认识到这一点，教育者和大学生本人才有可能去面对它，解决它，以达到大学生自我的真正统一和健康发展。

三、塑造大学生健全的自我意识的途径

(一)正确地认识自我

中国有句古话：知人者智，自知者明。对于自我的认识之所以是件困难的事情，这是因为，其一，人对自己的心理不能像测量血压、身高一样有一个客观尺度，即使是心理测量，一般人也较难掌握；其二，人对自身的认识往往缺乏一定的积极性和坚持性，容易产生"当事者迷"的情况。大学生正确地认识自我需要处理好下面三种关系。

1. 我与人的关系

他人是反映自我的镜子，与他人交往，是个人获得自我观念的主要来源。我们先从家庭中的感情扩展到外面的友爱关系，进入社会又体验到人与人之间的利害关系。有自知之明的人能从这些关系中虚心向别人学习，获得足够的经验，然后根据需要去规划自己的前途。但是通过与别人比较认识自己，应该注意比较的参照系。

(1) 跟别人比较的是行动前的条件，还是行为后的结果？大学生如果认为自己来自农村，条件不如别人，开始就置自己于次等地位，自然影响心态和情绪，只有比较大学毕业后的成绩才具有意义。

(2) 跟别人比较的标准是相对标准还是绝对标准，是可变的标准还是不可变的标准？有的大学生与人比较的是身材、家世等不能改变的条件，因而产生自卑感，这种比较往往没有实际意义。

(3) 比较的对象是与自己条件相类似的人，或者是个人心目中的偶像，还是不如自己的人？与不同的对象进行比较，会产生不同的心理体验和行为反应。因此，确立合理的参

照系和立足点对自我的认识尤为重要。

2. 我与事的关系

从我与事的关系认识自我，即从做事的经验中了解自己。一般人是通过自己所取得的成果、成就及社会效果来分析自己，但却常常受到成败经验的限制。其实任何一种活动都是一种学习，不经一事，不长一智。成败得失，其经验的价值因人而异。对于聪明又善用智慧的人，成功、失败的经验都可以促进再成功，因为他们了解自己，有坚强的人格特征，善于学习，因而可以避免重蹈覆辙；对于某些自我脆弱的人，失败的经验会再次导致失败，因为他们不能从失败中吸取教训，改变策略，追求成功，而是在失败后形成恐惧心理，不敢面对现实去应付困境和挑战，甚至失去许多良机；对于那些自傲自大的人，成功反而可能成为失败之源，因为胜利使他们骄傲自大，这很容易导致失败。因此，一个大学生从成败中获得自我意识时要仔细加以分析。

3. 我与己的关系

从我与己的关系中认识自我，看似容易实则难。古人曰："吾日三省吾身。"我们大概可以从以下几个"我"中去认识自己。

(1) 自己眼中的我。个人实际观察到的客观的我，包括身体、容貌、性别、年龄、职业、性格、气质、能力等。

(2) 别人眼中的我。与别人交往时，由别人对你的态度、情感反映而知觉的我。

(3) 自己心中的我，是指自己对自己的期望，即理想我。对于现代大学生而言，虽然有多个"我"可供认识，但形成统合的自我观念比较困难，因为现代社会的急剧变化，改革开放后的多元价值观等，增加了大学生自我认识的难度。

(二)积极地悦纳自我

每个人都知道自我是最重要的，可总有些人并不真正地尊重自己、爱惜自己。他们可以喜欢朋友、喜欢知识、喜欢自然，却不喜欢自己。悦纳自我就是要坦然地接受自己的一切，好的和坏的，成功的和失败的，并且要培养对自己的价值感、自豪感、愉快感和满足感。学会悦纳自我，应注意以下几点。

1. 肯定性与否定性的自我体验

在肯定性与否定性的自我体验方面，应以肯定性自我体验为主，如比较喜欢自己，满意自己，有自豪感、成功感、愉快感等。

2. 积极与消极的自我体验

在积极与消极的自我体验方面，应以积极的自我体验为主，如开朗、乐观，对生活充满乐趣，对未来充满憧憬。

3. 紧张与轻松的自我体验

在紧张与轻松的自我体验方面，应保持适度紧张和适度轻松。

4. 敏感性的自我体验

在敏感性的自我体验方面，应保持一定的敏感性，然而又不过分敏感；能够做到冷静而理智地对待自己的得与失；积极地、充满信心地认识自己的长处与短处；以愉快的心情接受自己的长处，发扬自己的长处，满怀希望地憧憬自己的未来；既不以虚幻的自我来补偿内心的空虚，又不消极地回避、漠视自己的现实，更不以哀怨、忧愁以及厌恶来否定自己。

(三)有效地控制自我

自我控制是人主动地改变自己的心理品质、特征及行为的心理过程。它是大学生健全自我意识，完善自我的根本途径。很多大学生对自我抱有很高的期望，但因为没有足够的自制能力和意志，经受不住挫折和打击，无法实现自我理想。而那些自卑自怨、自暴自弃的大学生更是因为自己无法控制自我的不良情绪，使自己偏离了健全的自我意识的轨道。

人本主义心理学家马斯洛在研究人的自我实现时，有针对性地提出了调控自我的七点建议：①把自己的感情出口放宽，莫使心胸像瓶颈；②在任何情境中，都尝试从积极乐观的角度看问题，从长远的利害做决定；③对生活环境中的一切多欣赏，少抱怨，有不如意之处设法改善，坐而空谈不如起而实行；④设定积极而有可行性的生活目标，然后全力以赴求其实现，但却不能期望未来的结果一定不会失败；⑤对是非之争辩，只要自己认清真理、正义之所在，纵使违反众议，也应挺身而出，站在正义一边，坚持到底；⑥莫使自己的生活僵化，为自己在思想与行动上留一点弹性空间，偶尔放松一下身心，将有助于自己潜力的发挥；⑦与人坦率相处，让别人看见你的长处和缺点，也让别人分享你的快乐与痛苦。

大学生要做到有效地控制自我，应注意以下三点。

1. 目标确立要适宜

当代大学生应该有崇高而远大的目标，把自己的人生追求与祖国 21 世纪的发展联系起来。但是，高远的目标并不是好高骛远，而应该把它建立在一个个小目标的基础之上，通过实现一个又一个小而具体的目标，由近及远，由低到高，逐步实现人生的崇高理想。

2. 实现目标要有恒心和信心

任何一个目标的实现，都需要以坚强的毅力作为保障。如对目标认识的自觉性和主动性，实现目标的恒心和毅力，克服困难的信心和决心，对成功的正确态度和较强的挫折耐受性，等等。大学生的这些心理品质都处在发展过程中，因此，要特别注意增强自我控制的自觉性、主动性，将社会的需要转化为主观上实现理想我的内部动机。

3. 不断完善自我、超越自我

加强自我修养，不断进行自我塑造，达到完善自我、超越自我的境界是健全自我意识的终极目标。健全自我的过程也是一个塑造自我、超越自我的过程。经验告诉我们，自我认识已属不易，自我控制就更难，期望自我开拓、升华、超越更是难上加难。对大学生而言，塑造自我、实现理想乃是其终生的目标，因此，加强自我修养是大学生的重要课题。大学生应有很高的抱负和远大的理想，但"齐家、治国、平天下"须从"修身、养性"开始，即从点滴小事开始，从行动开始。

因此，自我修养、自我塑造首先应根据社会的需要和个人的特点，在自我意识的三因素协调统一的基础上，知与行并重。具体来说，要想健身，就天天参加自己喜欢的体育活动；要想开阔思路，就多读书，读好书。行动时，无论对人对事，均需全力以赴，使自己的能力和品格得到最大限度的发展。行动之后经常反省，汲取经验和教训再度投入行动。如此循环往复，自我便一步一步得到完善，自我的境界也就自然而然得到开拓与升华，这个过程可以用四A描述，如果一个大学生经历了四A，可以说是领到了一张健全自我意识的合格证。接纳(acceptance)，接纳自我与自我所在的现实环境；行动(action)，对自己决定的事，付诸行动，并全力以赴；情感(affection)，工作、学习时情感投入，获得乐趣，乐在其中；成就(achievement)，以上三个方面完成后的自然结果，是努力奋斗所取得的成绩。

完善自我、超越自我并不是一个一帆风顺的过程，它需要付出艰辛的努力和沉重的代价，也是一个"新我"形成的过程，是从"小我"走向"大我"，从"昨天之我"向"今日之我""明日之我"迈进。大学生应该珍惜已有的自我，追求更好、更高的自我，从而形成一个自如的、独特的、最好的自我。

本 章 小 结

自我意识是隐藏在个体内心深处的心理结构，是个体意识发展的最高阶段。个体通过自我意识来认识自己、激励自己、控制自己，与环境求得动态的、和谐的平衡。自我意识是自我教育的基础，它的发展直接影响着大学生人格的形成与发展，标志着其心理成熟的水平。

大学生自我意识的发展不是一次完成的，而是一个分化—矛盾—统一—再分化—再矛盾—再统一的过程。每一次的分化—矛盾—统一，都代表着自我意识在质上的一次飞跃。随着自我意识的一次又一次的分化和统一，大学生的"现实我"和"理想我"也得到了一次又一次的调整、充实和发展。

本章探讨了自我意识的内涵、发展过程、自我意识与心理健康的关系，并且提出了大学生积极地认识自我、悦纳自我、完善自我的方法。

拓展阅读

"二十问"法

这是帮助你认识自己的一种方法，分两步进行。

第一步，问你自己20次"我是谁？"请你把头脑里浮现出来的答案一一写出来。例如：我是××(姓名)，我是××学校的学生，等等。由于这是自我分析材料，可以不给别人看，所以想到什么就回答什么，不要有什么顾虑。回答每次提问的时间为20秒，如果写不出，可以略去，继续往下写。

第二步，对自己的答案进行分析。分析的内容包括以下几个方面。

(1) 答案的数量和质量。即一共写出几个答案，答案中哪些方面的内容较多。如果能写出9～10个答案，大体上可以认为是没有特别的障碍；如果只能写出7个或更少的答案，则可以认为是过分压抑自己。回答时，会以感到无聊、感到害羞、时间不够等为借口，不能回答更多的问题。

(2) 回答内容的表现方式。有三种情况：符合客观情况的，如"我是大学生""我是高个子"等；主观解释的情况，如"我是老实人""我胆小"等；中性的情况，即谁都不能做出判断的情况。如果主观评价和客观评价都有，可以认为取得平衡；如果倾向于主观或客观，则不能取得平衡。在主观评价中，最好是既说到自己好的方面(令人满意的特征)，也说到自己的不足之处(令人不满意的特征)。如果只说到好的方面，会使人觉得是自满；如果只做不好的评价，又令人感到没有信心。

(3) 回答的内容是否涉及自己的未来。哪怕只有一个答案涉及未来(如"我是未来的大学生")，也说明自己有理想和抱负，在现实生活中充满生机。如果没有一个答案涉及未来，则说明自己对未来考虑不多。

(资料来源：百度百科整理.)

思考与练习

1. 假设有两个对你十分了解的人正在谈论你。他们使用了许多自认为能精确描述你的词汇。阅读下面所列的词汇，找出那些你认为他们可能使用的词汇。

友好的、可爱的、敏感的、讥讽的、迟钝的、爱传话的、冷漠的、平和的、诚实的、狡猾的、脾气急躁的、善良的、幽默的、无情的、有益的、热情的、刻板的、能干的、自私的、冷僻的、机智的、抑郁的、轻率的、古怪的、快乐的、恶毒的、细心的、坦白的、忧虑的、可靠的、准时的、坚强的、通情达理的。

现在你对自己有了一个大致的了解，接下来试着把那些你认为他们不会使用的词汇选出来作为补充。你对自己具有的这些品质感到高兴吗？如果不是的话，写下那些你不喜欢的品质，并找出一些具体例子。然后，考虑一下哪些是你想具有但并未具有的品质。这些品质是怎样表现出来的？当你想表现出这些品质时你能做到吗？试试看，如果你能，为什么不随时表现出这些品质呢？

2. 故事启示。

日本的推销大师原一平在成功之前得到一位和尚的指点："赤裸裸地注视自己，毫无保留地彻底反省自己，然后才能认识自己。"为此，原一平专门组织了一个"原一平批评会"，自己出钱，邀请一帮客户，定期给自己提意见。有时即使穷得要进当铺，但花在"原一平批评会"上的钱一点都不省。客户提的意见都是无价之宝，他越来越认识到自己的各种缺点。每一次"原一平批评会"，他都有被剥一层皮的感觉。通过一次又一次的"原一平批评会"，他把自己身上一层又一层的劣根性剥下，潜能得到越来越充分的发挥。他学会了如何克服缺点，并把自己的缺点变成优点，学会了如何处理"拒绝"以取得别人更大的信赖，还有推销员与客户间不卑不亢的态度、笑容的重要性等。

"原一平批评会"连续举办了6年，之后，他又花钱请调查中心调查自己在客户中的形象。他说："我这一辈子，充分享受了花钱买批评的甜头。"

你能承受批评吗？你能从批评中认识自己吗？从故事中你得到了什么启迪？

3. 如何悦纳自己。

认识自己，悦纳自己，做一个独特的自己；开发自己，展示自己，做最佳的自己。可以通过完成下列 8 个练习来学习。

活动 1：完成句子

要求：完成下列句子，请表达你的真实想法。

目的：从 9 个方面完成对自我的初步认识。

①我喜欢；②我深深地爱着；③我讨厌；④我害怕；⑤我希望；⑥我相信；⑦我崇敬；⑧我最想从事的职业；⑨我一生要致力于。

活动 2："自画像"

要求：以客观世界中任何一种客观事物比喻自己，说明理由。

目的：使个人更客观地分析自己。

活动 3：请写出你自己 3 条以上缺点及 5 条以上优点

要求：仔细思考后认真回答。

目的：更深入地分析自己。

活动 4：父母、老师和同学眼中的你

要求：请父母、老师和同学写出或说出对你的评价。

目的：了解师长和学友眼中的你，比较两者的异同点，从而更全面地认识自己。

活动 5：谈谈我自己(小短文)

要求：根据上面 4 项活动内容对自己进行综合分析与客观评价。

目的：对自我进行全面认识。

活动 6：优点大轰炸

要求：一组 10 名同学左右，每个人说出自己的一个特长或优势，大家承认就鼓掌鼓励他。

目的：使每个人都能发现自己的长处，从而悦纳自己。

活动 7：接纳我的不可改变的缺点

要求：列出几项不可改变的缺点，并说出其中至少一项的好处。

目的：形成对自我的正确认识，完全地接纳自己。

活动 8：塑造自我

要求：列出几项可以改变的大缺点，提出改变的计划。

目的：正确地克服自己的缺点。

① 确定改变的内容：我要改变什么？

② 确定目标：达到什么目的？

③ 制订计划：如何改变自己？

④ 实施计划并确立检查措施：具体按计划去做。

实 践 课 堂

苦恼的大学生

"从很小的时候起，我就发现自己打骨子里有一种自卑感。总觉得自己不如人，做事畏畏缩缩，说话躲躲闪闪。我特别害怕别人的取笑。取笑对我来说，就是嘲笑、挖苦、贬低、伤害。有时别人根本不是取笑，我也认为是取笑。虽然我各方面条件都不差，可心里总觉得比别人低一等。我内心软弱，总怕别人看到自己的缺点，从小就封闭自己，不与人交往。我总觉得别人不对劲，不可理喻；其实我知道不对劲和不可理喻的正是我自己。"这是一位大学生写的诉说自己苦恼的一封信！

分析：自卑感是对自己不满、否定的情感，往往是自尊心屡屡受挫的结果。这类人自我认识不客观，往往只看到自我的缺点，而忽略了自我的长处，不喜欢自己，不能容忍自己的缺点，否定、抱怨、指责自己，看不到自己的价值，或夸大自己的不足，感到自己什么都不如他人，处处低人一等，丧失信心，严重的还可能由自我否定发展为自我厌恶甚至走向自我毁灭。事实上，过强的自尊心和过重的自卑感是密切联系、互为一体的。那些自尊心表现得越外显、强烈的人往往是极度自卑的人。自尊心过强、自卑感过重都会影响大学生的心理发展和人格成熟。

思考：
(1) 你曾经有过案例中所说的心理困扰吗？
(2) 你是否有时也认为自己事事不如人，只看到自己的短处，看不到自己的长处？
(3) 你是否常常因为来自外界的负面评价而深感苦恼？
(4) 你也曾有过自卑的感觉吗？如何进行调适？

【附录】心理测试5："我是谁？"测试，扫描下方二维码。

能独自生活的人，不是野兽，就是上帝。

——古代先哲 亚里士多德

第六章 人际交往与心理健康

本章学习目标

➢ 了解人际交往的概念、特点、意义。
➢ 明确大学生人际交往的特点、常见的心理误区。
➢ 掌握建立良好的人际交往的途径与方法。

人际交往(interpersonal communication) 心理健康(mental health)

人际关系

小芳的烦恼

小芳是一位从沿海地区来念书的大学生。她从小就表现得善于思考，她的父母都受过高等教育，想把小芳培养成有修养、饱读诗书的人。小芳没有辜负父母的期望，但也对父母的许多言行举止日益失望。一方面他们鼓励她勤奋、自律，另一方面他们却世俗生活。她能与父母交流的东西越来越少，常常将自己关在房间里念书，渴望早点进入大学，好让自己自在地编织生活。然而，当她迈进这所南方名校后，巨大的失落吞噬了她，她感到非常失望。

"这里我所见的朋友们，关心的是通俗文学、流行歌曲、服饰美容、挣钱找工作，没有人与你共同品味古典诗词，没有人吟诗作画。我觉得自己进入了一个大染缸。""这里的人习惯了文化沙漠的生活，而不去思考真正严肃的命题。"于是，小芳只有一个念头：这里没有值得交往的人，他们太俗了！于是，她一心想考回北方的学校。从大一开始，她就把宿舍当成旅馆，尽可能地多读书。

然而小芳读的是人文学科，少不了人际交流。一天没有与人交流，小芳觉得那是自己超尘脱俗；但一年、两年都不与人交流，小芳开始感到孤独得可怕。同时，她看到人群中她认为没有文化品位的人成绩居然也很优秀,开班会时发表的见解也颇有见地,社交活动也非常多。小芳说:"他们只是为了名利这些俗气的东西而努力,我不希望自己是这个样子。但时间久了,我也不知道自己应该是什么样子。有时晚上回去,宿舍的女孩子不知正在兴高采烈地说着什么,但一见我进去就会戛然而止,一片静默,大家各干各的。这种现象让我很不舒服,觉得她们不欢迎我。其实我不屑和她们说那些无聊的东西,但我还是受不了这种冷遇。"

(资料来源:张大均,吴明霞.大学生心理健康[M].2 版.北京:清华大学出版社,2019.)

小芳的苦恼反映了大学生在人际交往中存在的普遍问题。大学生在衡量人际关系、分析人际矛盾时,容易以自己的心理需求为参照系。看对方与自己的好恶相不相符;看对方的行为危不危及自己的利益;看对方的思想与自己的思想相不相容。基于这种以自我为中心的参照系,当出现不快的事情时,便各自以"自我感觉"去评价对方、分析对方,抱怨、指责或冷落、疏远对方,从而导致分析和处理人际问题的片面性、表面性和主观臆断性。

本章重点介绍人际交往与心理健康的相关知识。在学习的过程中,要仔细阅读教材,通过学习,了解人际交往的概念及意义,明确大学生人际交往的特点、常见的心理误区,掌握建立良好的人际交往的途径与方法。

第一节　人际交往概述

一、人际交往的概念及意义

(一)人际交往的概念

交往作为日常生活中的用语,它是指人与人之间的相互关系,彼此往来。它是一个多侧面、多层次的概念。从动态的角度看,交往过程大致可以划分为以下三个层面。

首先是物质层面的交往,也即马克思所说的"物质交往",具体表现为金钱、货物的交换,以及劳动力的交换,反映人际、群际间的一定经济利益关系。人生于世,要解决基本的吃、穿、住、行等生活问题,创造物质财富,就必须与他人发生经济交换行为,结成普遍的经济关系。物质交往是其他一切交往的基础,任何人都无法越过一定的经济关系而超然存在。但我们却不能用经济原则来解释一切交往行为,因为交往绝不仅仅局限于物质层面,只在经济领域里展开。

其次是知识信息的交流。这是人际间借助言语与非言语的媒体所实现的知识信息的共享,是思想观念的沟通过程,也是口头的与非口头的交际过程。这种信息交流与物质产品的交换明显不同。对于两者的不同,英国作家萧伯纳曾经打了一个很好的比方。他说,假如你有一个苹果，我有一个苹果，彼此交换后，两个人还只是各有一个苹果。但是，如果你有一种思想，我有一种思想，那么，彼此交流后，我们每个人都有两种思想，甚至两种思想发生碰撞，还可以产生两种思想之外的其他思想。可见，在交往过程中，信息不仅是被传递，而且还不断形成、逐渐明确，继续生成、发展。

再次是心灵对话、人格碰撞的过程。在交往全面而深刻的展开过程中，相互间不仅是交换物质形态的东西，也不仅是交流信息，处理具体的事务，而是在有意无意地表明各自的人生态度与追求，是在表现一种对整个精神世界、人生意义的关注，表明各自的人格倾向、心灵风貌。人的肉体终究有一天会随着不可抗拒的自然规律而消逝、毁灭，但他们心灵中的某些精神却可能是永恒的。从这一意义上讲，人是精神的存在，一个人对于另一个人的影响，绝非仅靠言语完成，而是靠精神完成的。交往的真正意义、价值是为了寻求真诚的友谊和合作，是在每一次思想的"欢宴"、精神的"会餐"中，开阔视野，吸收营养，从而深入人心，改造人生。

交往的上述几个层面不是截然分开的，而是相互渗透的。交往的过程是人的社会关系与人际关系、非个性关系与个性关系的双重建构过程。人际间的心理、情感关系积淀了人的生理性的、物质性的、文化的与政治的关系。不过，应强调的是，我们所讲的人际交往不同于一般意义上的社会交往，不局限于言语交际活动，不是单纯的知识信息交流，更不同于物质产品的交换，而侧重于指全面的心灵对话过程，强调的是尊重个性，理解差异，求得沟通，并协调行为。

(二)人际交往的重要性

亚里士多德说过：能独自生活的人，不是野兽，就是上帝。人际关系在人的发展中，具有不可替代的作用。心理学的大量研究与人们的日常生活都已证明，正常的人际交往与良好的人际关系是心理正常发展、个性保持健康与生活幸福快乐的必要条件。

1. 人际交往与个性发展

心理学研究表明，儿童与其照看者之间通过积极的交往，形成稳定的亲密关系，以满足其强烈的爱与归属的需要，是其心理乃至身体正常发展不可缺少的条件。如果缺乏与成人、同伴的正常交往以及由此建立起来的亲密关系，不仅他们的性格发展会出现问题，连智力发展也会出现明显障碍。

美国教育家斯蒂尔斯在访问孤儿院时发现，这些被遗弃的孩子刚到孤儿院时，他们的智商和正常的儿童一样，但半年之后，这些孩子越来越孤独、冷漠，智商竟下降到严重迟钝的水平。这一调查结果促使他做了这样一个实验：把24个孩子分成两组，一组孩子依照孤儿院正常程序培养；另一组孩子生活在一家疗养院里，这家疗养院收留了许多大脑迟钝的青春期女孩，把几个小男孩交给几个大女孩带领，这些女孩虽然大脑迟钝，但富有爱心，她们给予小弟弟们真心的爱护和照料，一天结束了就把他们送上车。在这个实验中，两组孩子的其他条件完全一样，唯一不同的是一组得到了照料，获得了大女孩的爱。若干年后，斯蒂尔斯做了跟踪调查，留在孤儿院里作为对照组的孩子，长大以后不是有精神病，就是大脑迟钝，无一例外地全部进入了医院；而受过大女孩爱护与关怀的几个孩子，除一例外，全部高中毕业并结婚了，只有一个离婚，无人接受政府救济，每个人都可以身心健康地自立。实验结果证明，有无亲密的心理交往对人的个性心理发展影响很大。

2. 人际交往与心理健康

上文实际上已经说到，如果一个人长期缺乏与别人的积极交往，缺乏稳定的、良好的人际关系，那么就容易有明显的性格缺陷。20 世纪以来，人类生存环境越来越复杂，生态问题变得越来越尖锐，高技术产业的劳动市场的竞争日益加剧，人际关系变得错综复杂，这一切无不加重了人们的心理负担，各种心理问题明显增多。大量的心理问题、心理危机，都与缺乏正常的人际交往和良好的人际关系相联系，那些生活在缺乏友好合作、融洽气氛的人际环境中的人们，经常感到压抑、情绪低落。

心理学家曾经从不同的角度做过大量研究，结果都证明，健康的个性总是与健全的人际交往相伴随，心理健康的水平越高，与别人的交往就越积极，越符合社会的期望，与别人的心理关系也就越深刻。对人的身心健康的伤害莫过于剥夺他的交往需求。知觉剥夺实验表明，所有外界知觉都被剥夺，一个人最多能忍受 2~3 天，这时他的身心已经受到较为严重的伤害。因此，历史上曾把流放作为对人的最严厉的惩罚。

3. 人际交往与人生幸福

在日常生活中，有些人往往认为，人的幸福是建立在金钱、名誉和地位基础上的，实际上对于人生的幸福来说，所有方面都远不如健康的交流与良好的人际关系重要。心理交往和人际关系在人们生活中的地位，无法为金钱、名誉和地位所取代。

心理学家在研究中发现一个现象：自 20 世纪 30 年代以来，人们的金钱收入一直呈上升趋势，但是对生活感到幸福的人的比例并没有增加，而是稳定在原有的水平上。有人曾对每天都去歌舞厅的个体经营者做过调查，结果发现，虽然他们的收入很多，但仍然摆脱不掉难以与别人建立深刻的心理关系的烦恼，去歌舞厅已成为他们排除惆怅与孤独的方式。西方心理学家在林格(Ericklinger)于 1977 年做了一个广泛的调查，当人们被问到"什么使你们生活富有意义"的时候，几乎所有的人都回答，亲密的人际关系是首要的。在这些被调查者的回答中，人际关系的重要性远远超过了金钱、名誉和地位，甚至超过了西方人最为看重的宗教信仰。

二、大学生人际交往的特点

(一)交往群体心理基础相近与个性心理的差异

大学生人际交往的主要对象是大学生群体自身，即同学之间的交往。大多数大学生的心理基础是接近的，有许多共性。这是与年龄相近、学历相近、生活学习环境相似的基本情况相关联的。但仔细分析学生个性，又会发现因学生的个体性格、气质、认知能力、道德素质、接受新事物的能力及接触范围的不同，在人际交往中会表现出较大的差异。学生因学习基础的差异、学习方法科学程度的差异与学习精神的差异而造成学习状态、效果存在较大差异，这也直接影响了少数学生人际交往的热情。

(二)人际交往需求的迫切性与交往行为的被动性

大学生是社会中一个较为特殊的群体，年轻活泼，思想活跃，认识事物的能力较强，自主意识也较强，精力充沛。由于绝大多数学生脱离了家庭的生活圈子，所以一般都有较迫切的人际交往的愿望，想认识与熟悉更多的人，想交新的朋友。在实际交往中又有不少大学生显得较为被动，其原因主要是缺少社会实践的经验，不太了解社会，对人际交往知识了解甚少。当前大学生中独生子女比较多，其中少数人性格怪僻，唯我独尊，不易与人交往。少数来自偏僻农村的大学生因学校与家庭的环境反差太大，而不能很好地适应，也是交往行为被动的原因之一。

(三)交往对象的局限性与交往范围的狭窄性

大学生的交往对象主要是班里的同学、同宿舍的同学及自己的同乡，在交往对象上有较大的局限性。从另一个角度看，大学生的人际交往在四年期间，绝大多数是在学校范围内，只有在选择职业时才较多接触到社会上的用人单位。虽然学校经常强调学生要参加社会实践，而真正参加社会实践，能与社会各阶层的人交往的还是少数学生，所以大学生在交往范围上具有狭窄性的特点。

(四)交往内容的情感性和现代交往动机的功利性

大学生交往的对象以同学为主体，交往中涉及的内容主要是学习、思想、生活、各种集体活动、娱乐等，增进感情和友谊是交往的主要目的。当代社会中，人际交往动机的功利性很强，这与大学生的交往动机有较大反差。但随着大学生逐渐融入社会，这种功利性交往动机对大学生的影响将逐渐增大。

(五)大学生与异性交往愿望的强烈性与交往的拘谨性

大学生正处于青春发展的高峰期，尤其是性心理逐步趋向成熟。他们在心理上产生了与异性交往的兴趣与愿望，并不断增强。但在实际男女生的交往中，多数学生的行为显得很拘谨，不能落落大方，怕人说闲话，因而制约了男女间的正常交往。

三、大学生人际交往产生的原因

(一)生活环境发生变化，生活独立及家庭亲情的减弱

绝大多数大学生都脱离了原有的生活环境，从原来与家人在一起生活改变为独立的集体生活。长期的家庭生活的脱离，使大学生在家庭亲情方面逐渐淡漠，尽管现代传媒的发展使不少学生可以通过电话常与家人联系，但这与朝夕相处的共同生活大不一样，何况大部分学生不经常联系家人，久而久之，形成感情交流上的真空。而大学生的人际交往活动激发出的感情，恰恰可以弥补亲情减弱留下的感情真空。这正是推动大学生人际交往产生的重要原因之一。

(二)个体逐步成熟与社会化过程的进行

大学期间，学生个体的生理、心理、思想逐步走向成熟，未来的职业也需要大学生逐步完成社会化的过程，这一切都离不开人际交往，都需要在人际交往中互相学习，借此了解社会、熟悉社会、适应社会。这种人际交往需求的重要性超过了填补感情真空的需求，

它对大学生在学校里顺利成长、锻炼成社会所需要的全面发展的合格人才是必不可缺的。

(三)大学毕业生自主择业

随着我国市场经济化，大学生就业体制也发生了根本性的变化，以往学生等待国家分配的情形再也找不到踪影，取而代之的就业机制是"双向选择"及学生的自主择业。学生除了加强知识和能力的学习与培养外，还要自己选择职业，自己推销自己。能否找到满意的工作，与个人的人际交往能力有重要的关系。因此，大学生较过去更为重视在社会交往中锻炼自己的交往能力。

第二节 大学生交往的心理误区与调适

人际交往的世界是精彩的，可是很多人对这个精彩的世界感到无奈。自我中心、嫉妒、自卑、孤独等种种心理障碍像一张无边无际的大网，将许多人困在网的中央，使他们焦虑、痛苦、失望。青年大学生交往的心理伴随生理、心理的成熟发生了很大的变化，不良的交往心理也随之产生，因此，必须重视大学生交往的心理表现，加强对其的矫治与疏导。

一、大学生人际交往中常见的问题

(一)不敢交往

人人都希望有一个好人缘，但在人际交往中每个人都存在不同程度的恐惧心理，只是程度不同。

人际交往中常见的恐惧心理包括害羞、紧张、焦虑、自卑。

(二)不愿交往

不愿交往主要表现在以下几个方面。

1. 缺乏自信

有的大学生在进入大学之后发现自己不如在中学时那么出类拔萃了，进而形成嫉妒与自卑心理，认为自己不如别人，怕别人瞧不起自己，因害怕失败而不愿意与人交往。

2. 缺少信任

有部分同学以自我为中心，对周围的人不信任，缺乏与同学基本的合作精神，觉得别人都不可靠而不愿意交往。

3. 缺乏包容

有些同学缺乏对彼此差异的包容，常常为一些鸡毛蒜皮的小事相互伤害，进而影响交往的愿望。

(三)不善交往

不善交往表现在以下几个方面。

1. 不了解和掌握交往的常识

在交谈的过程中显得过于生硬，书生气十足，木讷，心存感激而不会讲出，在当时不能使人理解。

2. 不注意把握沟通的方式

如在劝说他人、批评他人、拒绝他人时不讲究艺术。

3. 不懂得人际交往的原则

如开玩笑不注意场合，不懂得给人留面子，或出言粗鲁伤了对方的自尊心。

4. 不懂得尊重他人的习俗

如不顾习俗的禁忌乱开玩笑，不顾及他人感受。

(四)不懂交往

不懂交往表现在以下几个方面。

1. 理想交往模式带来的失落

刚入校的大学新生大都有强烈的人际交往欲望，但又常常对人际交往的追求带有较浓的理想色彩，以友谊的理想模式为标准来衡量生活中的人际关系，导致高期待与高挫折感并存。

2. 沉溺于过去，阻碍现在的交往

部分大学生经常津津乐道于过去的交往，对现实生活中的人际交往却表现出强烈的不满，从而阻碍了自己与他人的交往。

3. 消极等待影响人际交往的积累

部分大学生不懂得交往在于平时的交往积累，总希望别人主动与自己交往，而自己总是处于被动地位，使别人感到无论是在物质上还是在精神上都不能使自己受益，这种交往就会终止。

二、大学生交往的心理误区及调适

(一)摆脱狭隘的自我——"自我中心"心理指导

1. "自我中心"心理及其形成

以自我为中心的人，为人处世总是以自己的需要和兴趣为中心，只关心自己的利益得失。他们总是从自己的经验出发来解释世界，并且盲目地坚持自己的意见，顽固不化，从不轻易改变态度。自我中心是一种严重影响人际交往的心理障碍。

自我中心并非人的本性，它是在身心发展过程中随着个体的发展和不良教育环境逐渐形成的，是自我意识畸形发展的产物。教育环境的影响主要是家庭教育环境，家庭生活环境优越，家长对子女过于溺爱，往往容易使其子女形成任性、骄傲、以自我为中心的不良性格，长大以后，孩子就会用"我是上帝"的方式与别人交往。

2. "自我中心"心理的特点

自我中心的人在交往中具有如下特征。

(1) 很少关心别人。

自我中心的人很少关心别人，总是与别人很疏远。由于这种人时时事事都从自己的利益出发，从不顾及别人，所以当自己有事求人时，才临时抱佛脚；如果不需求人时，则对人没有丝毫的热情。这种人把别人都看作是为自己服务的。对于这种自我中心的人，没有任何人愿意以大的代价去获得小的收益。久而久之，自我中心的人只能成为受人冷落的对象。

(2) 固执己见，唯我独尊。

自我中心的人总是将自己的意志强加到别人的头上，以自己的态度作为他人态度的"向导"，认为别人都应该和他有一致的看法或意见。同时，他们也不愿意改变自己的态度，即使明知自己有错也不愿改正。自我中心的人很难引起别人的共鸣，因而他们的交往只能停留在较低的水平上。

(3) 自尊心过分强烈。

自我中心的人有很强的自尊心，在别人看来可能是很小的一件事，在他们身上都会产生强烈的自尊心受挫的感觉。他们不愿损伤自己的自尊心，于是不择手段地来维护自己的自尊心。他们不愿别人超过他们，对别人的成绩非常嫉妒，对别人的失败又幸灾乐祸，不向别人提供任何有益的信息。

其实，偶尔表现出自我中心是人之常情，是无害的。然而，自我中心一旦成为一个人稳定的人格特征，则最终是有害无益的。自我中心会使别人敬而远之，使自己处于可怜的自我封闭和自我隔离状态中。长此以往，它终将导致一个人形成自卑、孤独、退缩等其他种种心理障碍，根本无法享受到交往的愉快体验。

3. "自我中心"心理的调适

谁都不愿成为人际交往世界里的弃儿，因此，改变自我中心的人格特征和避免形成自我中心的人格特征是每一个交往者都应认真对待的。改变自我中心的方法有以下几种。

(1) 学会接受批评。只有能够接受别人的正确意见，承认自己的错误，才有可能通过批评改掉过去固执己见、唯我独尊的形象。

(2) 平等相处。平等相处是要求自我中心的人以一个普通人的心态和身份与别人相处，不过分苛责别人，也不冷眼看人，这样才能使人际交往的天平始终处于平衡的状态。

(3) 丰富自己。一个人越有知识，越有能力，越有修养，就越不会陷入狭隘的自我中心之中。培根说："读书使人明智。"一个人知识多了，立足点就会提高，眼界也会相应开阔。一个人胸怀宽阔、豁达大度，就不会为个人的一点小事而斤斤计较了。

(4) 淡化自我。以自我为中心的人往往计较别人对自己的一言一行，这种过于敏感的自我评价，常常同他们心目中的自我地位的膨胀有关。因此，人与人相处中的"自我淡化"很要紧，心目中自我的地位削弱了，对别人的计较就会少得多，自然会听进别人的建议，接受别人的看法，与别人和谐相处。

(二)天生我材必有用——自卑心理指导

1. 自卑心理及其形成

自卑感是一种因个人自认为不如人而产生的轻视自己的不良心理。平常的表现是忧郁、悲观、孤僻。社交自卑感是指人在社会交往中的自卑心理。它容易使人孤立、离群、丧失信心。社交自卑感严重的人，大多性格内向，他们感情脆弱、体验深刻、多愁善感，常常觉得自己处处不如别人，总是感到别人看不起自己，又怕受到别人的伤害，所以他们处事多回避，处处退缩，不愿抛头露面，害怕当众出丑。

自卑感的形成大致有以下原因。

(1) 生理缺陷。生理存在缺陷容易使人产生自卑感，比如：患有小儿麻痹后遗症、驼背等残疾；长相丑陋、身材矮小等。

(2) 出身贫寒。家境贫寒、生活拮据，容易使人感到卑微不如人；家居偏僻农村，为普通农户，也会使人自感社会地位低下而自卑。

(3) 自我认识不足，过低估计自己。每个人在评价自己时往往以他人为镜，即通过对自身与他人的比较或他人对自己的评价来认识评价自己。心理学研究表明，性格内向的人往往容易接受别人的低评价而不愿接受别人的高评价。在和别人的比较中，往往容易用自己的短处去比他人的长处，所以越比自己越不如人，越比越泄气。性格内向的人还普遍喜欢反省自己，容易发现自己的不足，而忽视了自己的长处，从而加重自卑感。

(4) 消极自我暗示。在社会交往中，每当面临新的局面时，我们都会很自然地衡量一下自己是否有能力应付好。自我认识不足的人，此时就会出现一种"我不行"的消极自我暗示，因而会抑制自己的自信心，产生多余的心理负担，影响和限制个人能力的正常发挥，从而导致社交失败。如果这样的消极暗示反复出现，就会形成自卑。

此外，多次的交往挫折也会使心理脆弱的人变得惧怕交往，从而产生自卑。

2. 自卑心理的调适

自卑感严重的人会对自身的生活、学习、工作造成巨大的负面影响。然而自卑感既可形成，那么通过长期正确的调节自然也是可以转变并克服的。从心理学的角度看，应从以下各方面入手予以调适。

(1) 正确认识生理缺陷及家境贫寒。一个人的生理条件与家庭是自己无法选择的，没有必要过于自卑。要认识到只有通过自己的奋斗，不断增长知识，提高自身的全面素质，才有可能改变自己的家庭状况，提高自己的社会地位，减轻生理缺陷的影响。

(2) 正确认识自我，提高自我评价。要善于发现自己的长处，肯定自己的成绩，改善自我形象，积极参加社交。

(3) 进行积极的自我暗示、自我鼓励。面对新局面，尤其处于不利的地位时，要暗中鼓励自己"一定行"，竭尽全力争取成功。

(4) 积极与人交往。自卑的人往往容易把自己孤立起来，并形成恶性循环，越怯于交往，就越自卑。实际上，自卑的人在社交中比起狂妄自大的人要讨人喜欢得多，因为他们多谦虚，善于体谅人，所以积极与人交往，并通过成功的交往开阔自己的胸怀，可以克服自卑心理。

(三)敞开心灵——孤独心理指导

1. 孤独心理及其形成

孤独心理是一种经常独处或受到孤立而很少与人接触而产生的孤单、无依靠的心理。长期的孤独心理会使人心情郁闷，精神抑郁，性格古怪，严重影响人的身心健康。

孤独心理产生的原因是多种多样的，既有主观上的原因，也有客观外界的原因，还有多种因素的综合原因。

(1) 个人性格的孤僻。这种人喜欢一个人独处，不喜欢与人交往，将自己的内心封闭起来，拒绝别人的友谊。性格孤僻的人大多受过心灵的创伤，而且往往具有极强的自卑感。由于不愿与人交往，所以孤僻性格的人会产生孤独感。

(2) 性格内向。性格过于内向，又不愿与人交往的人，由于长期独处一隅，也极易产生孤独感。

(3) 生活、工作地域偏僻。在人烟稀少的地方生活、工作的人，由于生活环境的限制很少见到其他人，会因缺少必要的人际交流、文化生活、生活乐趣而倍感孤独。

(4) 大学生孤独心理的产生，较多的情况源于个性内向，加之刚进大学不久，远离家乡、父母及亲人，身处陌生的环境，与陌生的同学难以尽快建立友谊，再加上生病无人照顾，吃不到可口的饭菜等原因，很容易产生孤独心理而暗自哭泣、想念家人。

2. 孤独心理的调适

孤独的心理是一种不良心理，长期得不到有效的消除，会严重影响人的身心健康，因而大学生应采取积极行动的态度改变自己的孤独心理。

(1) 逐渐改变孤僻的性格。首先要认识到不良的性格给自己带来的不利影响，要多与同学来往，逐步学会怎样与别人沟通；其次要多参加社会实践，扩大交往的范围，在集体中体验与感受温暖和友情。

(2) 不断自我反省。当受到别人孤立时，要剖析自我，分析是否自己不对。如果原因在于自己，应积极改正自己的不足，并主动向对方检讨、道歉；如果原因不在自己，则可暂时摆脱这个小圈子，转移自己交往的方向，或扩大自己交往的范围，从新的人际交往中寻求精神支持，而不要被动地去忍受被孤立。

(四)真诚地祝愿——嫉妒心理指导

1. 嫉妒心理及其形成

当在社会生活中，人总会自觉不自觉地在多方面与他人比较。当发现自己的才能、机遇、名誉、地位不如他人时，便会产生一种羞愧、怨恨、愤怒相混合的复杂心理。这就是所谓的嫉妒心理。

培根曾经说过：嫉妒是一种四处游荡的情欲。确实，嫉妒一经产生，它便成了纷扰的源泉：看到别人成功了，就生气、难过、闹别扭；听说别人强于自己，就四处散布谣言，诋毁别人的成绩；发现几个人亲如家人，就想方设法实施"离间计"等等。这样的嫉妒不仅妨碍了他人的生活，而且自食其果，给自己带来了极大的心理痛苦。

本来，嫉妒是人类的一种普遍的情绪，它源于人类的竞争，其本身具有一定的生物学意义，或起积极作用，或起消极作用。例如：有些人嫉妒是出于不服而不甘居下，奋发努力，力争上游，这就是积极的心理与行为。这种情形在充满竞争的现代社会里，具有积极的意义。然而，更为常见的还是嫉妒的消极作用，在交往活动中的嫉妒就是消极的。在交往中，嫉妒往往有强烈的排他性，并伴有情绪色彩，嫉妒心理出现以后，很快就会导致嫉妒行为，如中伤别人、怨恨别人、诋毁别人。而更强烈的嫉妒心理还有报复性，它把嫉妒对象作为发泄的目标，使其蒙受巨大的精神损伤。所以，多数时候只要有人一提到嫉妒，我们马上就会联想到它的一些消极的表现。

2. 嫉妒心理的特点

(1) 潜隐性。嫉妒心理往往潜藏在主体的内心深处，虽然主体有时不经意地将其外显出来，但主体并不愿意承认有此种心理的存在。

(2) 对等性。一般来说，被嫉妒的客体大多产生于与主体资历、职务、地位相似而其境遇突然发生变化的人群。

(3) 行为性。嫉妒心理一般会导致一些具体的行为，如怨恨、诋毁等。

(4) 变异性。当客体的优势发生变化而转为明显劣势时，原持嫉妒心理的主体可能发生变异，对变化为劣势的客体产生怜悯之心或幸灾乐祸。

3. 嫉妒心理的调适

嫉妒是一种十分有害的不良心理，持有这种不良心理会明显妨碍社会交往，并且影响自身的心理健康。这种不良心理的调适主要从以下几方面入手。

(1) 纠正自己认知的偏差。嫉妒者在别人成功时，总以为别人的成功是对自己的威胁，是对自己利益的侵占。实际上，别人的成功完全是自己努力的结果，他有权获得这份荣誉。嫉妒者不应当把别人的成功等同于自己的失败，而应当学会用比较的方法，善于学习别人的长处来克服自己的短处，而不是以之短比他人之长。

(2) 积极地升华。嫉妒者在别人比自己强时，应当把不服气的心理引导到积极的方面，化嫉妒为求上进的力量，赶上甚至超过对方。例如：当一个人看到与他条件相仿的人有突出的成就时，强烈的嫉妒心使他内心十分不快，但理智又不允许他表露这种心情，于是他可以奋发努力，争取超过对手。当不能通过努力很快超过对方时，还可以扬长避短，以自己之优胜对方之劣，以获取总的平衡。

(3) 积极地进行注意的转移。嫉妒的产生总是在闲暇时间，如果我们积极参加有益的活动，使自己的生活充实起来，也许就没有那个工夫去嫉妒别人了。这种注意的转移还包括对优点和缺点的注意问题，一个人在嫉妒别人时，总是注意到别人的优点和自己的缺点，而没有注意到自己在别的方面优于对方。如果在嫉妒心理似出非出之时，我们有意识地进行一次注意的转移，看看自己的优点，这样便会使原先失衡的心理获得一种新的平衡，嫉妒心理也就不会产生了。

(4) 学会欣赏别人的成功和优点。嫉妒者总是认为别人的成功和优点是对自己的威胁，是对自己利益的侵占。为了纠正这种认知上的偏差，就要学会悦纳他人，学会赞美别人的成功和优点，在真诚的祝愿中学会"我好，你也好"的交往态度。

(五)走进社会——社交恐惧心理指导

1. 社交恐惧心理及其形成

恐惧心理是指人面临危险而又难以立即摆脱时产生的情绪体验。社交恐惧心理是人在社交活动中产生的一种恐惧色彩的情感反应。比如：见到生人时脸红、害羞、说话紧张，怯于人际交往。

社交恐惧心理有多种成因。一种产生于气质型恐惧。这种人生性孤僻，害怕与人交往，常怀有胆怯心理，谨小慎微，顾虑重重。另一种属于挫折型恐惧。在某次交往中受到重挫，自尊心受到较大刺激，由此产生社交恐惧心理，一遇到类似的社交场合就出现恐惧心理。还有一种是怕在社交活动中暴露自己的缺点，受人歧视，从而产生的一种自我保护性恐惧。

2. 社交恐惧心理的调适

(1) 提高认知。要深刻认识到在当今和未来的社会里，人际交往是个人在社会生活与职业工作中不可缺少的能力，而且这种交往需求会随着社会文化程度的提高而增加，所以应以一种积极、主动的心理去面对社会交往。

(2) 找对原因。弄清自己在社交活动中恐惧的对象，认真分析恐惧产生的原因，并在后续的社交活动中提前有做好心理准备，以便减轻或消除恐惧。

(3) 正确对待。正确认识、对待自己的缺点，并通过积极努力去克服，增长才干，增强社交的自信心。

(六)相信别人——猜疑心理指导

1. 猜疑心理及其形成

猜疑心理是由主观推测而产生不信任的一种复杂的不良心理。猜疑心理重的人常常疑心重重，总觉得别人在背后议论自己，看不起自己，算计自己。这种人不但在社交中不信任他人，而且严重的还会产生心理病变。

猜疑心理的形成与人的个性特点有关，心胸狭窄、爱计较易产生猜疑心理。另外，在社交中发生误会或听信流言蜚语，而自己又缺乏相关的证据时也容易产生猜疑心理。

2. 猜疑心理的调适

(1) 改变自己。猜疑心理重的人首先应当改变自己为人处世的准则，逐渐开阔自己的胸襟，坦坦荡荡，不过于拘泥小事，不斤斤计较个人得失。在社交中以诚信为基础，诚以待人，信以处世。

(2) 在社会交往中不轻信流言。当产生问题的原因不明时，应冷静、合理地去调查了解，以找到真实的证据，促成正确的分析判断。已证实是误会的，应及时矫正自己的猜疑心理，避免形成一种成见。即使一时找不出症结所在，也不要惧怕，走自己的路。所以出现猜疑时，应暗示或督促自己加强交流与沟通，以了解、理解他人。

(七)我能行——羞怯心理指导

1. 羞怯心理的形成

羞怯心理是指在他人面前感到不自在和受抑制，害怕与他人接触的倾向和行为。

羞怯心理是学生中比较常见的人际交往障碍。具有这种心理的学生，在交往中过多地约束自己的言行，阻碍了人际关系的正常发展，造成了自己心理上的压抑和负担，严重的还会造成社交恐惧症，不利于人格的完善和发展。

事实上，羞怯同嫉妒一样，是每个人都会体验到的。因为个人交往行为的成熟是一个发展过程，在发展未达成熟之前往往都会有羞怯的倾向。3岁以前是正常羞怯期，以后几乎每个年龄段都会有羞怯的表现，其中，2～15岁的少年(正值初中阶段)最容易形成羞怯。

美国哈佛大学心理学家凯根曾系统研究过儿童的羞怯心理，结果表明，5%～15%的美国儿童在遇到陌生人或不速之客时，会明显地表现出羞怯心理。实际上，胆小怕羞的人并不少见，美国斯坦福大学心理学教授齐巴多专门对羞怯心理做了调查研究，结果表明，40%的美国人都认为自己有羞怯的弱点。而在日本，程度不同的羞怯者则占社会成员的60%。美国前总统卡特、英国王子查尔斯、四次获得奥斯卡金像奖的电影女明星凯瑟琳·赫本、奥运会四枚金牌获得者刘易斯，都坦率承认自己过去是个"十分害羞的人"，但他们后来都在千百万人面前，在最激烈的竞技场上"面不改色，心不跳"，这说明羞怯心理是可以改变的。

2. 羞怯心理的调适

(1) 树立信心，积极参加集体活动。羞怯的一个主要原因是信心不足，担心自己说话或办事不周。参加集体活动是克服羞怯感、退缩行为的好办法。试想，一个生怕因他人不接受自己、取笑自己而"丢人现眼"，紧闭自己的心扉，回避与他人接触的人，怎么能临场不发怵呢？因此，一定要放下思想包袱，平时注意多参加集体活动，并在其间发挥自己的特长，从而使自己进一步融入这一群体之中。

(2) 客观评价自己。易羞怯或有退缩行为的同学，往往喜欢拿自己与他人比，看到他人从容镇定、谈吐自如就妄自菲薄，把自己看得一无是处，以致失去勇气。其实"尺有所短，寸有所长"，应该相信自己的才能，多肯定自己，并用积极进取的态度看待自己的不足，减少自责与挑剔，摆脱自我束缚。

(3) 掌握训练方法。克服退缩及羞怯心理有许多训练方法，现摘要如下：①积极地自我暗示。这是指通过默念一些积极的指令性语言来增强自己的信心，如反复默念"我一点也不慌""我非常镇定"等。这种暗示可起到消除过敏、放松情绪的作用。②演习和排练。有些羞怯的同学常有这种哀叹："我从不知道该说什么。"在这种情况下要进行自我训练，即排练在不同社交场合如何讲话以"打破僵局"，可以先拟好"开场白"，甚至编好整个底稿，在镜子前演练，并试着正眼盯着"对面的人"，请求帮助。

(4) 转移注意目标。不少同学在与人交往或发表自己的见解时，总是过分地担心自己的外表形象，并且常不切实际地幻想给他人留下一个完美无缺的印象。这方面的意识过强，在活动之初就会表现得很拘谨，甚至想方设法掩饰自己，结果往往是越掩饰越糟糕。先是显得手足无措，继而口舌不听使唤，最后终于做了他人目光的俘虏。因此，应该学会转移自己注意的目标，如把注意力集中在双方交流的内容上，即如何听取、把握人家的观点，并把自己的观点表达清楚等，这样，你就无暇顾及自己的外表形象，也就不知害羞为何物了。

第三节　建立良好人际关系的途径与方法

一、形成正确的交往态度

大学生要建立良好的人际关系，必须具备适度的自我价值感，只有具备独特的自我价值和尊严，才能理解他人的独特价值并懂得尊重他人。是否具有这种适度的自我价值感，往往会影响人际交往的模式。美国著名的心理学家爱利克·伯奈依据对自己和他人所采取的基本生活态度，提出了四种人际交往心理模式：我不好—你好、我不好—你也不好、我好—你不好、我好—你也好。

(一)"我不好—你好"的心理模式

在大学生人际关系中表现为自卑，甚至是社交恐惧。著名心理学家阿德勒认为，人在生命的初起是依赖于周围的人而生存的，与周围的成人相比，儿童常感到自己的无能，因而从小就有自卑感，总觉得自己不行，别人行。处在心理成熟过程中的某些大学生，尚未完全摆脱小时候的那种心理模式，在人际交往中会不同程度地表现出自卑心态，严重影响了大学生人际交往心理的正常发展。

(二)"我不好—你也不好"的心理模式

在大学生人际交往中通常表现为不喜欢自己也不喜欢别人，看不起别人也看不起自己，导致自己人际关系很差，比较孤僻，阻碍了大学生人际交往，也不利于大学生的心理健康。

(三)"我好—你不好"的心理模式

在大学生的人际交往中通常表现为以自我为中心，自以为是，总认为自己是对的，而别人是错的，把人际交往中失败的责任推在他人身上，常导致自己固执己见，唯我独尊，这种人际交往心理模式不利于大学生良好人际关系的建立。

(四)"我好—你也好"的心理模式

在大学生的人际交往中表现为相信他人，能够接纳自己和他人，正视现实，并努力去改变他们能改变的事物，善于发现自己和他人的优点与长处，从而使自己保持一种积极、乐观、进取的心理状态，是一种成熟、健康的人际交往心理模式，有助于大学生良好人际关系的建立。

二、明确人际交往的一般原则

人的行为都是在一定的观念指导下进行的。积极、全面而良好的交往认知是健康交往的基础。为了使自己的交往行为引起交往对象良好的反应，引发积极的交往行为，在交往中应遵循一定的原则。

(一)平等原则

平等是建立良好人际关系的前提，也是人际交往的第一原则。社会心理学的研究发现，人际关系的基础是人与人之间的相互支持、相互重视。大学生来自祖国的四面八方，年龄、经历、知识结构、文化水平相似，虽然家庭出身、经济状况、个人能力有所不同，但并无高低贵贱之分。无论年级高低、学习成绩好坏、工作能力强弱、家庭条件好坏，大学生之间的人际交往都应做到平等待人、坦诚相见，任何一方都不能把自己的意志强加给对方。如果自我感觉良好，趾高气扬，傲视群体，盛气凌人，缺乏对人最起码的尊重，最终将导致群体敬而远之，不为他人所接纳。而个别同学自卑心理过重和自我封闭过严，总觉得低人一等，缺乏交往的勇气和信心，同样也难以获得良好的人际关系。只有平等相处、将心比心、以情换情，达到相互间的心理平衡与理解，人际关系才会更加协调和融洽。

(二)真诚原则

交友之道在于豁达与坦诚，只要将自己的真心放入别人的手心，就一定能够赢得同学的友谊。真诚是大学生高尚品德的重要体现，也是大学生在人际交往中最有价值、最重要的一种特征。美国一位心理学家曾于1968年设计了一种测试量表，列出555个描写人品的形容词，让大学生指出其中哪些人品他们最喜欢，哪些人品最不喜欢。结果学生评价最高的品质是真诚，在8个评价最高的形容词中有6个和真诚有关，即真诚、诚实、忠诚、真实、信赖和可靠；而评价最低的品质中，虚伪居第一位。由此可以看出，大学生在人际交往中最看重的是真诚，只有真诚，才能使对方放心，赢得对方的信任，彼此才会建立深厚的友情。

(三)宽容原则

宽容表现在对非原则问题不斤斤计较，能够大度容人，宽以待人，求同存异，以德报怨。宽容有助于扩大交往空间，滋润人际关系，消除人际间的紧张和矛盾。人际交往过程中难免会遇到一些不愉快的人和事，如果常常耿耿于怀，以牙还牙，必然导致恶性循环。反之，如果相信人的感情是可以诱导的，绝大多数人都是善良的从而虚怀若谷，宽容别人，"投之以桃"，则别人迟早也会"礼尚往来"，而"报之以李"的。所以，不能因为一点小事就与同学爆发激烈的冲突，甚至动起拳脚，产生从此不与他人交往的想法。要学会宽容、忍耐和克制，要承认每位同学之间的差异，允许不同的思想观点、见解和行为方式的存在，要用宽容心态去对待别人的错误与缺点，不斤斤计较、苛求他人或盲目对抗。宽容是赢得友谊的重要条件，没有人愿意与一个心胸狭窄、气量小、多疑善变的人做朋友。能以宽容的心态、博大的胸怀接纳各种各样的人物和观点，求大同而存小异的人，会给朋友以心理上的安全感，自己也会在与朋友的交往中获得愉快的感觉。

(四)尊重原则

每一个人都有自尊心，都希望别人的言行不伤及自己的自尊心。自尊心水平的高低是以自我价值感来衡量的。自我价值感强烈，自尊心水平就较高；自我价值感不强，则自尊心水平较低。大量的心理学研究证明，任何人在人际交往过程中都有明显的对自我价值感的维护的倾向。例如：当我们取得成绩时，我们会解释为这是自己的能力优于别人的缘故；当别人取得成绩而我们没有取得成绩时，我们又会解释为别人仅仅是机遇好而已。这样的解释就不至于降低自我价值感，伤及自尊心。

人的自我价值感主要来自人际交往过程中他人对自己的反馈。因此，他人在个人的自我价值感确立方面具有特殊的意义。他人的肯定会增强个人的自我价值感，而他人的否定会直接威胁到个人的自我价值感。因此，人们对来自人际关系世界的否定性的信息特别敏感，他人的否定会激起强烈的自我价值保护的倾向，表现为逃避他人或者否定自己的人，以维护自己的自尊心。

因此，我们在同他人交往时，必须对他人的自我价值感起积极的支持作用，维护他人的自尊心。如果我们在人际交往中威胁了他人的自我价值感，那么会激起对方强烈的自我价值保护动机，引起他人对我们的强烈拒绝和排斥情绪。此时，我们就无法同他人建立良好的人际关系，已建立的人际关系也会遭到破坏。

(五)信用原则

信用是指一个人诚实、不相欺、遵守诺言，从而取得他人的信任。随着我国改革开放步伐的加快和社会主义市场经济的逐步建立，现代社会竞争日趋激烈，在此背景下，信用原则显得尤为重要，并关系到一个单位或个人的社会声誉及事业的成败。对大学生来说，信用则是大学生立足校园和社会的第二张身份证。在大学学习期间，凭借个人信用，可以申请国家助学贷款，解决学费和生活费所带来的经济困扰。在与同学交往的过程中，凭借个人信用，可以取得他人的充分信任和认可。一个不讲信用的人是很难赢得别人的信任、接纳与友谊的，也很难建立良好的人际关系。

三、调整好人际交往的尺度

任何事物都有一个度，也就是事物保持自己质的数量界限。超过和破坏了度，就会改变事物的性质，带来不良的后果。人际交往上的度就是指保持良好人际关系所需要把握的方向、广度、深度、距离、频率等。

(一)交往方向要明确

大学生的交往对象与其以往所面对的人群有很大的不同，无论是年龄、背景还是成分等，复杂性都要大得多。刚入校的大学生，特别是独生子女，思想相对来说比较单纯，不够成熟，因此在人际交往过程中，同哪些人交往，交往的目的是什么，如何把握方向，就显得尤为重要。交往方向不明确会直接影响人的健康发展。如某高校大一新生张某，在一次偶然的机会中认识了一名外校的老乡，该老乡是某医学院二年级的学生，英语学习成绩较差，在英语四级考试中请张某代考，张某碍于老乡关系、朋友的义气，再加上自己英语基础较好，就答应代考，结果被监考老师当场抓获，受到勒令退学的处分。

(二)交往广度要适当

21世纪的大学生已经充分认识到人际交往的重要性,每个人都有自己能够亲密交往的交际圈,这是非常好的现象。但如果仅限于自己的交际圈,陷入狭小的人际圈子而不能自拔,形成排他性,疏远可交的益友,就不利于信息渠道的畅通,妨碍了正常交往。另外,大学生交往的范围也不要太广,否则必将分散自己的精力,影响学习,结果得不偿失。

(三)交往程度要适度

一是交往的时间要适度。在人的社会性需要中,除了交往、友谊以外,还有工作、劳动、学习、事业等为社会做贡献的内容。当然,必要的交往有利于事业的开展。但也应看到,两者在时间和精力上又存在着矛盾,因此,在时间分配上,需要把握合适的"度"。大学生的主要任务是学习,学习需要投入大量的时间和精力,要防止因过于强调交往的重要性而投入太多的时间和精力。

二是交往的距离要适度。有的同学交往,关系好时形影不离,一朝不和即互相攻击,老死不相往来,这对双方的心理健康和人际关系发展都不利。人际交往,不必短期全线突击,炙热烫人;也不必利益稍有冲突,霎时势成虎牛,应该疏密有度。

三是与异性交往要适度。正常的异性交往有助于学生的身心健康和人格发展。如果大学生过分沉迷于尚不成熟的异性恋情,就会疏于学习和参加丰富多彩的社团活动,减少与其他同学接触的机会,影响自己的进步与发展。

四、掌握人际交往的技巧

人际交往是一种能力,也是一种技术,可以通过学习和训练来提高。为了建立良好的人际关系,还必须掌握一些人际交往技巧。

(一)给人以真诚的赞美

心理学家曾做过这样一个实验:在某个中学选择了一个班级,又在班上选择了一个相貌平平的女孩。心理学家背着她和全班同学约定,以后大家见到她就努力地发现她身上的优点,并及时地给她以赞美。半年之后,心理学家再次来到这个班级,对那个女孩进行了考察,结果是令人惊奇的——那个女孩发生了巨大的变化。她容光焕发,神采奕奕,不仅气质和心态都十分好,而且连人的外貌也变得漂亮出众。这就是赞美的力量。

回忆一下自己的经历,你有没有热切地渴望过师长的赞美?当有人与你迎面相逢时,对方一脸冰霜或是友好致意,给你的心理感觉是否一样?哪一种让你更舒服?你有没有观察过,自己学得好的科目总是与善于鼓励你的老师分不开?在做一件自己不熟悉、不擅长的事情时,你是不是非常希望得到指导者的表扬或肯定,以帮助你了解自己做得对不对、好不好?和你关系好的人,一般会是经常批评你的人吗?……问一问自己上面这些问题,你一定会感受到赞美的作用。如果你自己需要别人的赞美,又有什么理由不给别人以赞美呢?

会赞美别人是一种能力。怎样才算是会赞美人呢?首先要选准角度、恰如其分。假如你要向一位女同学表示赞美，而这位同学相貌平平，与其说她美如西施，不如肯定她善良的心地、温柔的性情、不一般的才干与高雅的气质。其次，要具体实在。比如，你想赞美一位同学，笼统地说"我真的喜欢你"，不如说"我喜欢你今天的穿着打扮"或"我喜欢你，因为你刚才说的那番话很真诚"。再次，要真诚。言不由衷的赞美只会让人生厌。最后，要讲究艺术。有时你不小心讲错一句话就会伤害到别人，赞扬人也一样。有位男生去女生宿舍拜访，要找的那位女生不在，只好坐下来等。那位男生想与正在宿舍的两位女生套近乎，就同时赞美这两位女生，他对其中一位说："你虽然没有她漂亮(这样已经得罪一个人)，但你的亲和力比她强(又得罪一个人)。"如果改为"你们两个人都很漂亮，一个是古典美，一个是现代美。"或者"一个亲和力很强，一个很热心。"就会让两位女生都欢喜。

(二)给人以友善的微笑

有的人认为自己拙于言表，实在不善于赞扬，所以很难受人欢迎。其实不然，不会赞扬，微笑总会吧。在与同学的交往中，真诚的微笑往往也会给人留下美好而深刻的印象。密歇根大学的心理学家詹姆士·麦克奈教授谈他对笑的看法时说，有笑容的人在从事管理、教学、经商等职业时会更有成效。据说，一个纽约大百货公司的人事经理宁愿雇用一名有可爱笑容而没有念完大学的女孩，也不愿意雇用一个摆着扑克面孔的哲学博士。你的笑容能照亮所有看到它的人。对那些整天都看到皱眉头、愁容满面、视若无睹的人来说，你的笑容就像穿过乌云的太阳。尤其是对那些承受上司、客户、老师、父母或子女压力的人，一个笑容能够给他们带来希望，给人以精神上的鼓舞和力量。当然，我们所说的微笑是指真正的微笑，真正的微笑是真诚的，是发自内心的，只有这种微笑才能给人以温暖的感觉。

(三)记住对方的名字

记住对方的名字，并把它叫出来，等于给对方一个很巧妙的赞美。在人际交往中，若是把对方的名字忘了，或写错了，就会令自己处于非常不利的地位。事实上，记住对方的名字，说明对方在你心目中是重要的、有地位的、有分量的。这会使对方获得一种被人重视的成就感或被人记住的亲切感，这就等于赞赏了对方，肯定了对方。如果你想得到别人的喜欢，请你学会记住别人的名字。对于久违的朋友，尤为如此。

(四)保持适当的交往距离

我们都喜欢用"亲密无间"这个词来形容很要好的朋友，其实真的到了亲密无间的程度往往会适得其反。朋友之间保持一定的距离是很必要的。只是不同程度的朋友间距离的大小可以有区别。这里所说的距离，主要指的是应有的礼貌和尊敬。有些人一旦与人混熟了，就丢掉了分寸感，进入了所谓不分彼此的境界。但是物极必反，一旦到了这种程度，友情就容易走向反面。因为一旦没有了距离，就势必会侵入别人的私人空间，给人造成不悦；没了分寸，就会把一些看似小节实际上很重要的问题，放到无关紧要的地位，可能增加误会或摩擦。有人说得好，"交友之道，宛如观荷。亭亭如盖，盈盈欲开，最宜远观。而香随风送，无语沁人，至臻妙境。太过近前，反见残枝枯叶，腐水困积，不免败兴。每个人都有自己的空间，都有一方荷塘。我观彼荷，彼观我荷。自悦与悦人，享受悠悠与宽阔"。

(五) 切忌自我投射

自我投射是指内在心理的外在化，即以己度人，把自己的情感、意志等特征投射到他人身上，以为他人也如此。自己想干什么事，就以为别人也同自己一样想干；自己不想干什么事，便认为别人也同自己一样不想干。对自己喜欢的人越看越喜欢，优点越看越多，对自己不喜欢的人越看越讨厌，缺点越看越多，因而表现出过度地赞扬和美化自己所喜欢者，过分指责甚至中伤自己所厌恶者；自己对某人有看法，就认为对方也在跟自己过不去，结果往往对他人的情感、意向做出错误评价，造成人际交往障碍。大学生在人际交往中应注意避免自我投射倾向，正确地理解别人。对别人的行为，不要轻率地下结论，应多观察，多了解，多分析，任何时候都不要完全以自己的立场和标准去推断他人，必要时应调换位置，设身处地地站在别人的立场上多想想，才能在人际交往中减少失误。

(六) 形成良好的交往风度

风度是一个人心理素质和修养水平的外在体现，它能够反映一个人的道德品质、学识教养、人格态度，直接决定个体在他人心目中的形象。大学生应有的人际交往风度，建议如下。

1. 给人留下良好的第一印象

第一印象是初次见面所留下的印象。第一次见面给对方留下什么样的印象是非常重要的，它具有先入为主的特性，往往是决定双方是否继续进行交往的关键。如果第一印象不好，在以后很长时间内两人的彼此了解都会受到影响。一般在首次交往中，最容易引起别人注意的是对方的精神风貌，如长相、面部表情、身体的姿态、言语、行为表现、衣着服饰等。这些因素综合在一起构成人们的仪表吸引力。在人际交往中，应尽量使自己的仪表符合当时扮演的角色，即在不同的场合，针对不同的人，伴以不同的表情、姿态、语调。该严肃的时候严肃，该放松的时候放松，衣着要干净整洁，这是获得对方初步好感、给人留下良好印象的有效方法，也是成功交往的第一步。

2. 善于交谈

俗话说：一样话，十样说。一句话让人笑，一句话让人跳。可见，交谈中同一句话由于语气、语调、面部表情和当时的情景不同而会出现不同的含义。交谈成功与否不仅取决于交谈的内容，而且取决于交谈的方式、方法。大学生在与别人交谈的过程中应掌握如下技巧：谈话时让对方先说，可以显示自己的谦逊，并借此机会观察对方；最好不要谈论对方的隐私和忌讳的话题，谈话中要显示自己的谦虚，让对方接受；谈话态度要坦诚；在适当时机可以说一些笑话以活跃气氛；在几个人一起交谈时，不要把注意力集中在一个人身上，要注意平衡。

在交谈中还应避免以下几种交谈方式：经常打断对方的谈话和经常接对方的话头；口若悬河，滔滔不绝，忽视对方的反应；不注意语言的条理性，语无伦次，让人疑惑不解；注意力不集中，经常让对方重复谈过的话题，或对别人的谈话表现出不耐烦；喜欢长时间盯着对方看，或审视对方，让对方感到不舒服；随便解释某种现象，妄下断语和不懂装懂，借以表现自己是内行；用词不当或声调异常，使人听不明白和感到不高兴，短话长说和长话短说，不考虑交谈的时间、主题、范围和效果；单方面突然结束交谈，或强行把话题转移到自己感兴趣的方面。

3. 长于倾听

生活中学会倾听，是一项重要的交往艺术。越是善于倾听他人意见的人，人际关系就越融洽，因为倾听本身就等于告诉对方，你是一个值得我倾听讲话的人，表现出对他的尊重，无形之中就会提升对方的自尊心，加深彼此的感情。在倾听对方谈话时应掌握以下技巧：精神集中，表情专注，经常与对方交流目光；不停地、赞许性地点头、微笑，时不时用"哦""对""是这样"，以及重复一些你认为重要的话表示你在注意倾听，鼓励对方继续讲下去；在交谈中若有疑问，可提出一些富有启发性和针对性的问题，这样对方会感到你对他的话很重视，有知己的感觉；用自然、真诚的表情呼应对方的谈话，如对方讲笑话时，你的笑声会增加他的兴致。

4. 态度诚恳大方

无论对待什么样的交往对象，都应该以平等的态度，显得诚恳而坦率，不卑不亢，端庄而不过于矜持，谦逊而不矫饰，不逢迎讨好位尊者，也不貌视位卑者，充分显示出你诚实的内心世界。如果言不由衷，满口过誉之词或者躲躲闪闪、转弯抹角，即使第一次、第二次见面，别人被你的虚伪、客套蒙骗过去了，以为你有涵养、有礼貌，时间一长，就会给人留下不好的印象。

5. 适时幽默

人与人之间有时会产生没有恶意的冲突，这时候就需要用幽默感来化解。日本国会有一位议员，瞎了一只眼睛。有一回，他在外交委员会上演讲国际局势，一讲就讲了半个小时，让人受不了，有人站起来说："这位老兄，国际局势这么复杂，我们两颗眼珠都看不懂，你一颗眼珠能看出什么名堂？"面对如此损人的话语，这位议员并不生气，他说："这位仁兄，请你坐下来，国际局势固然复杂，但本人一目了然。"便轻易地化解了双方的冲突。再如，有人在高速公路超速驾车，被警察开罚单罚款，这个被罚款的人说："警察先生，我真的开得那么快吗？"那位警察十分幽默，他说："这位先生，你没有说，我也没有注意到，事实上你没有开太快，可是我发现你飞得太低了。你飞高一点，我就不管了。"被罚款者禁不住一笑，气氛顿时变得轻松、愉快。

五、优化个性特征

我国学者黄希庭采用社会测量、访问与观察的方法，研究影响大学生人际吸引的因素，归纳出"人缘型学生"与"嫌弃型学生"的人格特质。

"人缘型学生"人格特质的等级顺序依次如下。

(1) 尊重他人、关心他人、富有同情心。

(2) 热心集体活动，工作可靠、负责。

(3) 稳重、耐心、忠厚、老实。
(4) 热情、开朗，喜欢交往，待人真诚。
(5) 聪颖、爱独立思考、成绩优良、乐于助人。
(6) 独立、谦逊。
(7) 兴趣和爱好广泛。
(8) 温文尔雅、端庄、仪表优美。

"嫌弃型学生"人格特质的等级顺序依次如下。
(1) 以自我为中心，不考虑他人的处境和利益、嫉妒心强。
(2) 对集体的工作缺乏责任感，敷衍、浮夸、不诚实。
(3) 虚伪、固执、吹毛求疵。
(4) 不尊重别人、操纵欲强、支配欲强。
(5) 淡漠、孤僻、不合群。
(6) 充满敌意、猜疑、报复性格。
(7) 行为古怪、喜怒无常、粗鲁、粗暴、神经质。
(8) 狂妄自大、自命不凡。
(9) 不肯助人或小看他人。
(10) 自我期望极高、吝啬小气、对人际关系过分敏感。
(11) 为人势利、拍马奉承。
(12) 工作懈怠、目无纪律、不求上进。
(13) 兴趣贫乏。
(14) 生活散漫。

本 章 小 结

交往是人类健康成长的基本条件，无论是人生的哪个阶段，都离不开人际交往。人一生的成长、发展、成功、幸福是与他人的交往相联系的；人一生的愉快、烦恼、快乐、悲伤、爱与恨等，也同样与别人的交往分不开。正如一位哲人说的那样：人生的美好是人情的美好，人生的丰富是人际关系的丰富。人际交往不仅决定着大学生学习积极性与创造性的发挥，而且也直接决定着他们的心理健康。如果人际交往良好，就会产生积极的心理适应，使人心情舒畅地学习与生活；如果人际交往不良，就会造成人际关系失调，引起消极的心理适应，使人心情苦闷，紧张不安。因此，如何建立和谐的人际关系，培养良好的交往能力，掌握交往的技巧，是每一位大学生必须学习的技能。

拓展阅读

人际问题的类型

大学阶段的人际交往并非总是如想象的那样顺利与充满激情。事实上，有近 30%的大学生在交往中存在一些问题，并为此而困惑、苦恼或抑郁等。总的来看，大体上有如下几种典型的表现。

(1) 知音难觅型。一般均能与人正常交往，人际关系也不错，但自感缺乏能够心心相印、倾诉衷肠的知心朋友，因此有孤独之感。原因有三：一是客观条件所限，毕竟"人生难得一知己"，要想寻觅一个真正的知音实非易事；二是和自身的认知水平有关，有人在交往中要求过高，会发出"知音难觅"之慨；三是交往者自身人格上的不足会影响与他人深交，使其难以找到知心朋友。

(2) 个别不适型。与多数人交往良好，与个别人(可能是室友、同学或父母等与自己关系比较近的人)交往困难。由于与这些人相处不好，常会影响情绪，成为一块"心病"。之所以如此，一方面是由于自身的认知障碍，有许多"应该"或"不应该"的不合理信念，当别人与自己观点不一致时，总是试图改变对方；另一方面，在他们身上还存在一些人格上的缺陷和不足，比如自卑、自我中心、易激动、敏感多疑等。

(3) 平平淡淡型。这些大学生能与他人交往，但总感到与人相处的质量不高，缺乏影响力，没有关系比较密切的朋友，多属于点头之交，难以保持和发展良好的人际关系。因此，常会感到空虚、迷茫、失落。这类学生往往缺乏较强的交往能力，无法使交往深入一步，只能停留在表面上。

(4) 交往困难型。虽渴望交往，但交往能力有限、方法欠妥或个性缺陷、交往心理障碍等原因，致使交往不尽如人意，很少有成功的体验，往往感到苦恼，很希望改变社交状况。

(5) 社交恐惧型。人际交往特别敏感、害怕，极力回避与人接触，不得不交往时则紧张、恐惧、心跳加快、面红耳赤，难以自制。为此，常陷入焦虑、痛苦、自卑中，严重影响身心健康和日常生活。其原因大部分是出于某种顾虑，缺少相应的知识、社交技能和经验，或者遭遇某种身心创伤而产生对自己的不信任。

(6) 拒绝交往型。这类学生为数较少，他们不愿与人交往，自我封闭，孤芳自赏，往往有某种怪癖。

比较而言，前四类属于一般社交不适，人数比例也较高，通过自我调节和改善可以克服；而后两类属严重社交障碍，比例虽小，但对身心健康危害很大，需要进行专门的心理辅导。

(资料来源：百度文库整理.)

思考与练习

1. 讨论：你同意以下说法吗？
说法一：如果周围的同学不喜欢你，就说明你的人际关系不好。
说法二：如果我拒绝别人，就会破坏人际关系。
说法三：为了维系良好的人际关系，我只能永远是一个奉献者。
你在多大程度上同意这些说法？如果不同意，理由是什么？
2. 古人云：己所不欲，勿施于人。请检查下列属于自己的习性中，有哪些是有利于合作的？哪些又是有碍于合作的？
尊重、敌视、责任、放任、冷漠、热情、嫉妒、宽容、忍耐、自私、自我意识过强、自律、狭隘、慷慨、公正……

3. 做一做。

(1) 找一个你愿意赞美的人，可以是熟悉的人，也可以是不太熟悉的人，只要是你不常给对方赞美的人就可以了。

(2) 每天赞美他一次，持续两周。

(3) 记录下你对他的赞美，填在赞美行为记录表中。

(4) 在你的赞美之下，对方是不是有反应？请记录下对方的反应。如果可能，和他交流一下双方的感受，并记录下来。

(5) 请对你的实验结果进行分析。

天　数	对方值得赞美的地方	你的赞美是怎样的	对方的反应

4. 情景模拟。

小王正为寝室同学关系而困惑。同寝室的小 A 是个没头脑的人，只知道啃武侠小说，小王才不愿意与这样没有上进心的人交往呢。而小 B 呢，尽管聪明过人，但办事以自我为中心，自负得听不进批评。小王有时难免会与小 B 产生摩擦，但是他还是愿意与小 B 这类人交往。小王自认为有头脑，成绩好，为人处世有原则，不怕吃苦，有干事业的雄心。只是由于有时太过"坦率直言"，不太有人缘。他的问题是：如何让小 B 变得谦虚、容易相处？请你帮他想想办法。

5. 请阅读下面短文，谈谈自己的感受。

一位青年人拜访年长的智者。

青年问：我怎样才能成为一个自己愉快、也能使别人快乐的人呢？

智者说："我送你四句话，第一句是：把自己当成别人。即当你感到痛苦、忧伤的时候，就把自己当作别人，这样痛苦自然就减轻了；当你欣喜若狂时，把自己当作别人，那些狂喜也会变得平和些；

第二句话是：把别人当作自己，这样就可以真正同情别人的不幸，理解别人的需要，在别人需要帮助的时候给予恰当的帮助；

第三句话：把别人当成别人，要充分尊重每个人的独立性，在任何情形下都不能侵犯他人的核心领地；

第四句话是：把自己当作自己。"青年问道："如何理解把自己当自己，如何将四句话统一起来？"

智者说："用一生的时间、用心去理解。"

实 践 课 堂

好心为何没好报

小李终于来到了梦寐以求的大学，沉浸在对美好未来的憧憬中。他一向刻苦努力，因此一开学就制订了一系列宏伟的计划，希望这是一个崭新的开端。可惜，开学没多少时间，他便得了肾炎，住进了医院。身体不舒服自然不用说，心情就更糟——他来自农村，家里很穷，他拼命读书，就希望有朝一日能出人头地。可现在刚上大学就得了这么麻烦的病，将来身体能恢复吗？大学是否还能上下去？治病花的钱怎么办？那可能需要很多钱吧？病房的人都不认识，没有人能听他诉说烦恼，同学们会来看看我吗？

正在这时，同宿舍的小孔来看他了。小孔捧着一束漂亮的鲜花，脸上满是关切："小李，我来看你了，怎么样？好一点了吗？"

小李精神为之一振。"好一点了，"他说，"不过听说这种病很难彻底治好，严重的以后要失明，甚至会死人。"

"没有的事，"小孔急忙打断小李的话，"现代医学很发达，肾炎算得了什么！很容易好的，你不要瞎想。"

小李没有回答。

"不要想悲观的一面，想想好的一面。你得病了还可以多休息休息。我们现在学习可苦了，每天课都排得满满的。"

"休学一年对你不一定是坏事，"小孔接着说，他没注意到小李的情绪变化，"上中学留一级是耻辱，上大学晚一年毕业根本没什么。因为生病嘛，也不丢脸。也许晚一年毕业更好呢。以前我哥哥就是晚一年毕业，找的工作比上一年毕业的同学都好。"

"晚一年毕业晚一年挣钱。"小李反驳说。

"一年才挣多少钱呀！"小孔顺口说。

"你们城里人不在乎，我们穷农民可没你们那么舒服！"

听了这话，小孔很自责，我怎么忘了，对农村同学来说钱很重要，我这种不在乎钱的口气也太优越了。于是，他连忙解释说："我没有别的意思，我的意思是说，大家都是同学，如果你有什么困难，大家会帮助你的。如果你需要钱，要多少我都可以给你。"

小孔又说了一些话，但是小李一声不吭。最后小孔问："你是不是累了？"

小李点点头。

"那你休息吧，我回头再来看你。"走出医院，小孔纳闷：我对人一片好心，他怎么这么不领情？(注：选自《交际与口才》，有所改动)

思考：

(1) 他们的交往为什么会陷入僵局？
(2) 分析小李的心理变化历程。
(3) 在交往中，小孔应如何改善？
(4) 小李应如何调整自己的心理状态？

【附录】心理测试 6：测一测你善于交际吗？扫描下方二维码。

任何人都会生气的，这并不难。但要能适时适所，以恰当的方式对恰当的对象恰如其分地生气，可就难上加难。

——古代先哲 亚里士多德

第七章　情绪与心理健康

本章学习目标

> 了解情绪的概念、功能及分类。
> 明确大学生常见的情绪问题。
> 掌握情绪自我管理与调节的方法。

情绪(emotion)　心理健康(mental health)

大一男生的烦恼

我刚进校时，情绪特别高昂，喜欢参加班级或学校的各种活动，还喜欢和宿舍同学聊天，一起出去玩。在参加系学生会干事竞选中，因为我没有做好准备，公开演讲时表现很差，结果落选了。我想加入学生会是为了锻炼自己，结果失去了一次好机会，心情一下就低落了下来，很长时间都不能恢复。

我发现自己的情绪波动比较大，情绪不好时，宿舍同学和我说话，我也不理睬他们；情绪好的时候，我又主动找他们说话，他们都说我怪怪的。

学习上也是如此，情绪不好的时候，一点书都看不下去。但看到周围同学都在刻苦学习，我也只好硬着头皮去学习，可一点效果都没有。

不稳定的情绪在许多方面都影响了我，譬如学习上，别人一道题很快就做出来了，而我则要费很长时间。现在我深刻地意识到自己这种情绪波动大、不稳定的表现不但会严重影响学业和交际，而且会影响将来的就业和工作。

(资料来源：百度知道整理.)

情绪表现得强烈和不稳定，是处在青春发育期的少男少女普遍存在的现象，这并非有"病"，而是青春期的心理特点之一。处在这一时期的青少年身心方面面临着诸多挑战。

一是生理上的急剧发育，特别是性方面的发育和成熟，使他们积蓄了大量的能量，容易兴奋和冲动。

二是学习任务重，还要面对激烈的学习竞争，心理压力普遍较大。

三是随着年龄的增长，他们渴望多与社会接触，人际交往也逐渐增多，面临着越来越复杂的问题需要处理。但由于心理成熟度不够，调节能力还比较差，因此，在处理复杂问题时容易出现冲突和受到挫折。

情绪不稳定是青春期的心理特点，其会导致一系列的负面影响，不仅妨碍学习，也不利于人际交往。因此，学会调节自我情绪是极其重要的。

该同学虽已是大一学生，但在心理上仍表现出青少年期的典型特点，还不能像成年人那样善于控制自己的情绪，而是喜怒皆形于色，情绪忽高忽低。

本章重点介绍情绪与心理健康的基本知识。在学习的过程中，要仔细阅读教材，通过学习了解情绪的概念、功能及分类，明确大学生常见的情绪问题，掌握情绪自我管理与调节的方法。

第一节 情绪、情感概述

一、什么是情绪、情感

(一)情绪、情感的定义

情绪、情感是人对于客观事物是否符合自己的需要而产生的态度体验以及相应的行为反应。对上述定义，可从以下三个方面来分析。

1. 情绪、情感是人对客观现实的反映，但它不是反映事物本身，而是反映了对该事物的态度

情绪和情感总是由客观事物引起的，离开了具体的客观事物，人不可能产生情绪和情感，世界上没有无缘无故的爱与恨，就是这个道理。客观现实是情绪、情感产生的源泉，人的情绪、情感是客观现实的反映，但是，这种反映并非反映事物的本身，而是反映主体对事物的态度。例如，看到一位同学谈吐文雅，行为端庄，会产生好感。这种好感的产生尽管来自该同学本身，但好感所反映的却是对该同学的表现态度，是对该表现的一种体验或感受。

2. 认识是情绪、情感产生的前提和基础

人们对客观事物的认识、评估是产生情绪、情感的直接原因。换言之，没有对客观事物的认识，便不能产生任何的情绪和情感。如上例，正是因为该同学的言谈举止作用于我们的感官，使主体对这些表现产生了认识后，才产生了对这些表现的评价，在此基础上产生了对该同学的好感。即便同一事物，由于它在不同的条件、不同的时间出现，我们对其的认识、判断与评价也会不同，从而会产生不同的情绪和情感体验。例如，我们在野外看到一只老虎会大惊失色，惊恐万分，而在动物园看见老虎却无害怕之感。

3. 情绪、情感的性质是以客观事物是否满足人的需要为中介的

人对客观事物的认识，产生了不同的态度，从而产生了不同的情绪和情感。那么，这种态度又是由什么决定的呢？决定人们态度的是该事物是否符合主体的需要。如果该事物符合并满足主体的需要，就会对该事物持肯定的态度，产生满意、愉快、高兴等积极的情绪、情感体验；反之，如果该事物不符合、不能满足主体的需要，便会对该事物持否定的态度，产生不满、愤怒、痛苦、仇视等消极的情绪、情感体验。如上例中，之所以对该同学产生好感，就是因为该同学的行为表现符合自己的心愿，与自己期望的行为规范相吻合，于是便产生了满意、喜欢、尊敬的情感。因此，对客观事物的不同态度取决于该事物对主体需要的满足程度，需要就成为客观事物与主观情感体验的媒介，从而也决定了人的情绪、情感的性质。

(二)情绪、情感的关系

情绪和情感是两个既有区别又有联系的概念。

1. 从需要的角度看

情绪是和有机体的生物需要相联系的体验形式，如喜、怒、哀、乐等；情感是和人的高级的社会性需要相联系的一种较复杂而又稳定的体验形式，如与人交往相关的友谊感、与遵守行为准则规范相关的道德感、与精神文化需要相关的美感与理智感等。

2. 从发生的角度看

情绪发生得较早，为人类和动物所共有；而情感发生得较晚，是人类所特有的，是个体发展到一定阶段才产生的。新生儿只有悲伤、不满、高兴等情绪表现，通过一定的社会实践才逐渐产生、形成如友爱、归属感、自豪感、责任感、道德感等情感体验。

3. 从表现形式看

情绪一般发生得迅速、强烈而短暂，有强烈的生理的变化，有明显的外部表现，并具有情境性(由具体情境而产生，随情境的变化、消失而变化、消失)、冲动性(爆发力强，力度大)、动摇性(变化快，不稳定)。而情感是经过多次情感体验概括化的结果，不受情境的影响，并能控制情绪，具有较强的稳定性；情感由于只与对事物的深刻性认识相联系，因而深沉，具有深刻性；情感更多地表达内心体验，很少冲动，具有内隐性。

情绪和情感虽然有各自的特点，但又是相互联系、相互依存的。情感是在情绪的基础上形成的，反过来，情感对情绪又产生巨大的影响，它们是人感情活动过程中的两个不同

侧面，二者在人的生活中水乳交融，很难加以严格的区分。从某种意义上说，情绪是情感的外部表现，情感是情绪的本质内容。

二、情绪、情感与机体变化

情绪、情感是在大脑皮层的主导作用下，皮层和皮下中枢协同活动的结果。它们发生时除了产生喜、怒、哀、乐等主观体验外，还伴随着一定的机体生理变化和外部表现。

(一)机体的生理变化

伴随情绪、情感的产生，有机体内部会发生一系列的生理变化。这些变化主要表现在呼吸系统、循环系统、消化系统以及内外腺分泌的变化上。例如，人在紧张时，肾上腺活动增强，促进肾上腺分泌增多，引起血糖增加，同时呼吸加快，心率加速，血压升高，脑电出现高频率、低振幅的β波(频率为14~30次/秒，振幅为5~20μV)，皮肤电阻降低，唾液腺、消化腺和肠胃蠕动减少等。而人在高兴时，肾上腺活动正常，肾上腺分泌适当，呼吸适中，血管舒张，血压下降，皮肤电阻上升，唾液腺、消化腺和肠胃蠕动加强等。这种变化的差距是十分明显的。以呼吸系统为例，在不同的情绪状态下，呼吸的频率乃至于呼气和吸气的比例都会产生明显变化：在悲痛时，每分钟呼吸9次；在高兴时，每分钟呼吸17次；在积极动脑筋时，每分钟呼吸20次；在愤怒时，每分钟呼吸40次；在恐惧时，每分钟呼吸会达到64次。

由于情绪的这种独特的生理特性，所以情绪会与一个人的健康发生密切关系。我国古代就有"喜伤心""怒伤肝""忧伤气""思伤脾""悲伤肺""恐伤肾""惊伤胆"之说，现代医学更是明确地提出了身心疾病的概念。

(二)情绪的外部表现

情绪、情感发生时，人的身体各部位的动作、姿态也会发生明显变化，这些行为反应被称为表情。表情是人际交往的一种形式，是表达思想、传递信息的重要手段，也是了解情绪、情感体验的客观指标。人类的表情主要有面部表情、身段表情与言语表情三种。

1. 面部表情

人的面部表情最为丰富，它是通过眼部肌肉、颜面肌肉和口部肌肉来表现人的各种情绪状态。眼睛是心灵的窗户，各种眼神可以表达人的各种不同的情绪和情感。例如，高兴时"眉开眼笑"，悲伤时"两眼无光"，气愤时"怒目而视"，恐惧时"目瞪口呆"等。眼睛不仅能传情，而且可以交流思想，因为有些事情不能或不便言传，人们之间只能意会，所以观察他人的眼神，可以了解其内心愿望，推知其对事物的态度。眉毛的变化也表现出不同的情绪状态，如展眉欢欣，蹙眉愁苦，扬眉得意，低眉慈悲，横眉冷对，竖眉愤怒等。口部肌肉同样是表现情绪的主要线索，如嘴角上扬为笑，下挂为气，憎恨时"咬牙切齿"，恐惧时"张口结舌"。就连表情肌肉有所退化的鼻子和耳朵也能表示人不同的心态，如轻蔑时耸鼻，恐惧时屏息，愤怒时张鼻，羞愧时"面红耳赤"等。因此，人的面部表情是丰富多彩的。

2. 身段表情

身段表情是通过四肢与躯体的变化来表现人的各种情绪状态。例如，从头部活动来看，点头表示同意，摇头表示反对，低头表示屈服，垂头表示丧气。从身体动作来看，高兴时"手舞足蹈"，悔恨时"捶胸顿足"，惧怕时"手足无措"等。

3. 言语表情

言语表情是通过音调、音速、音响的变化来表现人的各种情绪状态。例如，高兴时语调激昂，节奏轻快；悲哀时语调低沉，节奏缓慢，声音断续且高低差别很少；爱抚时语言温柔，和颜悦色；愤怒时语言生硬，态度凶狠。有时同一句话，由于语气和音调不同，就可以表示不同的意思，如"怎么了？"既表示疑问，也可以表示生气、惊讶等不同的情绪。

三、情绪、情感的功能

情绪、情感主要有驱动、调节、信息和感染等功能。

(一)驱动功能

驱动功能是指情绪、情感对人的行为活动具有增力或减力的作用。它能够驱使个体进行某种活动，也能阻止或干扰活动的进行。例如，一个人在高涨的情绪下会全力以赴，克服种种困难，达到自己追求的目标；如果一个人情绪低落，则会畏缩不前，知难而退。从这种意义上讲，情绪和情感具有某种动机的作用。美国心理学詹姆斯·家奥尔兹的动物心理实验也证明了这一点。他将生物电极埋入大白鼠丘脑内的快乐中枢，并让大白鼠学会压杠杆以获得生物电的刺激，引起快乐的冲动。于是，大白鼠会竭尽全力去压杠杆，追求快乐。大白鼠压杠杆的平均速度可达 2000 次/小时，最高峰可达 100 次/分钟，并且可以持续 15~20 小时，直到精疲力竭，进入睡眠状态为止。美国心理学家利铂认为，"感情本身就是动机"，而汤姆金斯则进一步将情感视为第一性动机，提出"生物内驱力只有经过情感体系放大，才具有动机作用"的观点。可见，情绪、情感对个体行为的动机作用是明显的。

(二)调节功能

情绪和情感的调节功能是指情绪和情感对个体的活动具有组织或瓦解的作用。这种作用一方面表现为情绪和情感产生时，会通过皮下中枢的活动引起身体各方面的变化，使人能够更好地适应所面临的情境。例如，面对突如其来的险情，恐惧之感会使人产生"应激反应"，引起体内一系列生理机能的变化，使人更好地适应变化的环境。另一方面表现在情绪和情感对认识活动和智慧行为所引起的调节作用，影响着个人智能活动的效率。实践也证实，心情愉快时，思路格外灵敏；而心情沮丧时，思路变得迟钝、混乱。

(三)信号功能

情绪和情感的信号功能，首先，表现为人与客观事物之间的关系产生了一种意外变化的信号。客观事物作用于人，特别是当原有的主观状态不能适应这种客观事物刺激时，人的神经、化学机制就会被激活，并产生特殊信号，促使人改变活动方式，并采取新的应付措施。这时的人就会产生不同的内心体验，或愉快，或不愉快，或满意，或不满意，等等。其次，人的各种情绪、情感无不具有特定的表情、动作、神态及语调，构成了表达人的内心世界的信号系统。通过这种信息的传递，个体可让他人识别正在体验着的情绪状态，也可向他人传递自己的某种愿望、观点和思想，从而使自己对事物的认识和态度具有鲜明的外露特色，更容易为他人所感知、接受。正因为如此，情绪、情感的信号功能在特殊的人际交往(如教学)中有着重要的作用，有时，它比语言信号的作用还要大。

(四)感染功能

情绪、情感的感染功能是指个体的情感对于他人的情感施与影响的效能。当情绪或情感在个体身上发生时，个体会产生相应的主观体验，还会通过外部的表情动作，为他人所觉察、感受，并引起他人相应的情绪反应。心理学把这种现象称为移情或情感移入。心理学研究表明，一个人的情感会影响他人的情感，而他人的情感还能反过来再影响个人原先的情感，人与人之间的情感发生相互作用，正是情绪、情感的感染功能所导致的必然结果。情绪、情感的这一功能为人与人之间的情感交流提供了可能性，使个体的情绪、情感社会化，同时也为通过情感影响、改变他人情感开辟了一条途径。

四、情绪的基本状态

根据情绪发生的强度、持续时间的长短及外部表现的情况，可将情绪分为心境、激情、应激等。

(一)心境

心境是一种使人的心理活动都染上某种相应色彩的微弱而持久的情绪状态。其特点表现为：第一，和缓而微弱，似微波荡漾，有时人们甚至觉察不出它的发生；第二，持续时间较长，短的几天，长则数月；第三，它是一种非定向性的、弥散性的情绪体验，在人的心理上形成了一种淡薄性的背景，使人的心理活动、行为举止都蒙上一层相应的色彩。例如，人在得意时感到精神爽快，事事顺眼，干什么都起劲；失意时，则整天愁眉不展，事事感到枯燥乏味。

(二)激情

激情是一种强烈的、爆发式的、持续时间短暂的情绪体验。例如，欣喜若狂、暴跳如雷、悲恸、绝望等。激情有以下四个特点：第一，激情具有激动性和冲动性。激情一旦产生，人就会完全被情绪所驱使，言行缺乏理智，带有很大的冲动性和盲目性。第二，激情维持的时间比较短，冲动一过，时过境迁，激情也就弱化或消失了。第三，激情具有明确的指向性。激情通常由特定的对象所引起，如意外的成功会引起狂喜，理想破灭会引起绝望，黑暗、巨响会引起恐惧等。第四，激情具有明显的外部表现。在激情状态下，人的内脏器官、腺体和外部表现都会发生明显的变化，如暴怒时"面红耳赤"，绝望时"目瞪口呆"，狂喜时"手舞足蹈"等。

(三)应激

应激是在出乎意料的紧急和危险的情况下所引起的高度紧张的情绪状态。当人处于紧张危险情境下而又需迅速采取重大决策时,就可能导致应激的产生。在应激下,人可能有两种表现:一是目瞪口呆,手足无措,陷于一片混乱之中;二是急中生智,冷静沉着,动作准确有力,及时摆脱险境。

出乎意料的危险情境或面临重大压力的事件,如火灾、地震、突遭袭击、参加重大的比赛、考试等,都是应激出现的原因。

应激既有积极的作用,也有消极的作用。一般的应激能使有机体具有特殊防御排险机能,使人精力旺盛,使思想特别清晰、精确,使人动作敏捷,推动人化险为夷,转危为安,及时摆脱困境。但紧张而又长期的应激会产生全身兴奋,注意力和知觉范围狭小,言语不规则、不连贯,行为动作紊乱。在意外的情况下,人能不能迅速判断情况并做出决策,有赖于人的意志力是否果断、坚强,是否有类似情况的行为经验。另外,思想觉悟、事业心、责任感、献身精神等也是在应激状态下,防止行为紊乱的重要因素。

五、高级的社会情感

由人的社会性需要是否获得满足而产生的情感,主要有道德感、理智感和美感。这是人类社会历史发展过程中形成的高级的社会情感。

(一)道德感

道德感是人们运用一定的道德标准评价自身或他人的行为时所产生的一种情感体验。例如,敬佩、赞赏、憎恨、厌恶等。

人们在相互交往中掌握了社会上的道德标准,并将其转化为自己的社会需要。人们看到一定的言语行为和观察到一定的思想意图时,总是根据个人所掌握的道德标准加以评价,这时人所产生的情感体验即为道德感。例如,当别人或自己的言论、行为、意图符合社会的道德标准时,便产生满意的、肯定的体验;否则,便产生消极的、否定的体验。可见,道德感是由人们所掌握的道德观念、道德标准决定的。

在不同的历史时代、不同的社会制度、不同的阶级中,道德标准是不同的。因此,道德感总是受社会生活条件的制约,受阶级的制约。例如,封建社会的男尊女卑、君君臣臣、父父子子的道德伦理纲常就不适应今天的社会。在社会主义制度下,爱国主义情感、国际主义情感、集体主义情感、责任感、义务感等才是社会主义社会所提倡的道德感。

道德感虽然受社会生活条件的制约,受阶级的制约,但是就全人类来讲,其是有共同的道德标准的。例如,对社会义务的承担,对自己国家的热爱,对老弱病残的扶助等,任何社会都是宣传和倡导的;而对吸毒、凶杀、叛国等,也是任何社会都加以杜绝、禁止的。

(二)理智感

理智感是人们认识和追求真理的需要是否得到满足而产生的一种情感。它在认识活动中表现为:对事物的好奇心与新异感;对认识活动初步成就的欣慰和高兴的体验;对矛盾事物的怀疑与惊讶感；对判断证据不足时的不安感；对问题解答的坚信感；对知识的热爱、真理的追求；对偏见、迷信、谬误的憎恨；对错失良机的惋惜；对取得巨大成就的欢喜与自豪等。

理智感和人认识活动成就的获得，需要的满足，对真理的追求及思维任务的解决相联系。人的认识活动越深刻，求知欲望越强烈，追求真理的情趣越浓厚，人的理智感就越深厚。理智感不仅产生于认识活动之中，而且也是推动人们探索、追求真理的强大动力。天文学家哥白尼在回顾自己所走的道路时说，他对天文的深思产生于"不可思议的情感的高涨和鼓舞"。

虽然理智感对全人类表现出更多的共性，但它仍受社会道德观念和人的世界观的影响，因而，人们对科学的热爱，对真理的追求，都反映了每个人鲜明的观点和立场。

(三)美感

美感是人对客观事物或对象美的特征的情感体验。它是由具有一定审美观点的人对外界事物的美进行评价时所产生的一种肯定、满意、愉悦、爱慕等情感。

美感体验有两个鲜明的特点：第一，对审美对象感性面貌特点，如线条、颜色、形状、音韵、谐调、匀称等的感知，它是产生美感的基础；第二，对美的对象的感知与欣赏能引起情感的共鸣，并给人以鼓舞和力量。

美感与道德感一样，是受社会生活条件制约的。在不同的社会历史发展阶段，不同的社会制度下，不同的风俗习惯及不同的阶级中，人的审美标准是不同的，因此，对各种事物美的体验也是各不相同的。正如马克思所指出的那样："忧心忡忡的穷人甚至对最美丽的景色都无动于衷；贩卖矿物的商人只看到矿物的商业价值，而看不到矿物美的特性，他没有矿物学的感受。"

美感虽然具有阶级性与民族性，受社会历史条件的制约，但仍存有全世界共同享有的美感。例如，美丽的自然景观，能给大多数人带来美感。因此，美感的某些内容是存在共同性的，但是，并不能以此来否定美感的阶级性与社会性。

第二节 大学生情绪问题概况

一、大学生的情绪特征

(一)情绪既日渐稳定，又容易波动

大学生情绪在时间上比中学生有更长的延续性，一件事情引起的反应可以久久留在心头。高兴的时候心情舒畅，对周围的人和事产生好感，干什么都有劲，也容易接受意见；不愉快的时候表现为对周围的事物厌烦、淡漠，即使对平时感到有趣的活动也兴味索然。然而，随着自我意识的发展和世界观的基本形成，其情感倾向日渐稳定。同成年人相比，大学生情绪容易激动，并且冲动时不易自我控制。主要表现为情绪变化比较频繁，遇事容易冲动、兴奋、激昂，考虑问题容易走极端，非此即彼，有时会生气、发火、争吵，从而做出一些极端的事，甚至产生破坏性的行为。此外，学习成绩的好坏、奖学金的等级、同学关系的好坏、恋爱的成败等，都会引起大学生情绪的波动。

(二)情绪体验强烈,具有冲动性

由于大学生自我意识的发展,对各种事物都比较敏感,再加上精力旺盛,情绪一旦爆发就难以控制。虽然和中学生相比,大学生对自我的情绪具有一定的理智性与控制能力,在激情状态下,也常因情绪失控造成冲动行为,表现得容易感情用事。

(三)情绪的矛盾性

随着大学生自我意识的发展,在情绪中常常是积极行为和消极行为交织在一起,呈现一定的矛盾性。例如,常常因学习成绩好、获得奖学金、受到表扬而愉快、欣喜,又因个别学生的闲言碎语而担惊受怕、焦虑不安;由于追求事业成功而自信能达到某一目标,又常常因为条件所限和意志力不强而感到自卑;常常因心血来潮而精神振奋、情绪激昂,仿佛"可上九天揽月",遭遇挫折时又唉声叹气,自责自卑。

(四)情绪内隐,自我控制力增强

有时大学生情绪的外部表现和内在体验并不一致,甚至恰恰相反。大学生经常有意识地掩饰自己的真实情绪,这是由于大学生自我意识增强或心理闭锁增强引起的。大学生再也不像儿童那样天真直爽,心口如一,也不同于一般青少年那样情绪一触即发。他们一般不肯轻易吐露真情,对于心中的秘密、内心的真实想法,说还是不说,多说还是少说,甚至说真话还是说假话,要依时间、对象、场合而定,且有时表现出内隐、含蓄的特点。

二、情绪与大学生的身心健康

(一)情绪对生理、心理健康的积极作用

一些学者从情绪的作用角度将愉快、满意、幸福、欣喜、眷恋、骄傲情绪称为积极情绪(增力情绪),将悲伤、忧愁、愤怒、惊恐、仇恨、嫉妒、急躁、厌恶等情绪称为消极情绪(减力情绪)。

一般而言,适度兴奋紧张的情绪对大学生的身体健康和生活是有益的,它能使心脏活动增强,呼吸频率和深度增加,引起热情、快乐、兴奋、应激、愤怒等机体激活状态,增强机体活力,产生强大的生理和心理驱力。例如,火灾中的应激反应可以搬开平时挪不动的东西,恐惧可以动员起体力和智力而使思维反应机敏,行为迅速精确。经常保持乐观开朗、进取向上的情绪对人特别有益,它使人思维敏捷、学习效率倍增。临床医学发现,快乐的人要比忧愁的人易于恢复健康,胜利者的创伤要比战败者痊愈得快些。"笑一笑十年少,愁一愁白了头"就是深得其中奥妙的警句。

人总是要遇到艰难挫折的,尤其是大学生情绪本身波动、起伏性较大,因而平时情绪低沉是难免的。由于情绪具有转化性,只要这种情绪反应不过分,不丧失对其调节控制的能力,一般不至于危害健康。能动地适应环境不仅是必要的,而且对大学生身心健康也是十分有益的。亲友去世,保持适度悲痛不仅符合人之常情,而且可以化悲痛为力量。嫉妒可以化为奋进赶超的动力,羞怯可以引导人反思,增强自我的意识。

(二)情绪对生理、心理健康的消极作用

物极必反,任何因目的有偏差而引起的过度的情绪反应都是有害的,对大学生身心健康会产生不同的消极作用。

1. 严重损害人的生理健康

现代医学研究不仅证实了七情过度而致病论述的可靠性,而且揭示了心理、生理疾患(身心疾患)中情绪的消极作用机制。爆发式的强烈情绪或持久的消沉首先冲击神经系统的功能,使其机能失调并对内脏器官造成伤害。过度紧张的情绪反而会引起副交感神经系统的强烈兴奋,破坏兴奋——抑制的动态平衡而致病。过分低沉压抑的情绪会引起交感神经系统的兴奋,产生对机体活力的全面抑制(积极性降低、心跳频率减缓、强度减弱、呼吸缓慢)而损害健康。一些大学生经常反映身体不适或胃肠机能不好,到医院求医。一般医生对症下药后,收效不大。其实,如果了解一些心理学知识就知道,这与我们自己的情绪有密切关系。

2. 引发心理疾病

心理疾病主要是指机能性失常(心因性失常),病症较轻的称为机能性神经症,较重的称为机能性精神病。弗洛伊德的一个伟大发现就是"害怕及罪恶感是大多数精神病的根源"。马斯洛认为患者早期生活中缺乏感情是许多严重的精神病例的致病原因。很多心理病理学家也认为爱的需要受到挫折是心理失调的主要原因。斯托曼指出:"情绪在变态行为或精神障碍中起着核心的作用。"

机能性神经症(如神经衰弱、癔病、焦虑症、恐惧症、强迫症等)患者大多数是在遭遇心理上的挫折和冲突后,由于长期未能妥善解决,造成持久性的情绪紧张、焦虑、抑郁、疑虑、恐怖、强迫、精神痛苦等而致病,导致对正常生活的适应较困难。

机能性精神病(如精神分裂症、情感障碍、偏执性精神病等)患者的症状较为严重,几乎丧失了对正常生活的适应能力。较常见的是反应性抑郁症,它是在长期持续的精神刺激因素作用下,以情绪低沉、忧郁、沮丧、焦虑和自罪自责为主要表现的心因性疾病。此外,在躁狂症、躁郁症等情感障碍中有半数以上患者存在着情绪严重受挫的因素。障碍常常表现为或是不恰当的情感,或是单调的情感。

3. 与社会行为障碍密切相关

作为认知与行为中介的情绪,如果其反应不良,就既是认知障碍的反射,又必然形成或加剧社会行为障碍。特别是无意识支配下的不良情绪反应所造成的社会行为障碍的危害尤甚。国内外的长期研究都显示,青少年行为障碍的高发生率与其高级情感尚未确立、正处于情绪体验丰富强烈的疾风暴雨期,兴奋大于抑制、冲动性强、情绪与理智的矛盾突出等情绪因素密切相关。据研究,大学生自杀、出走的具体原因中情绪问题占主要地位。例如,不适当的对比、失恋或单相思、学习受挫、人际关系紧张、贪欲等引起自卑、消沉、压抑、猜忌、绝望、报复等。最容易引起自伤或自杀的是抑郁症,情绪低落、自责自罪、精神运动性抑制在此症中起先导作用。许多重大恶性刑事案件中有浓厚的感情受挫背景和情绪爆发性犯罪的特点。

4. 影响智力活动和智力发展

列宁说:"没有人的情感,就从来没有也不可能有对于真理的追求。"人的情绪是在认知的基础上产生的,但又反过来影响人的认知,只有在良好情绪伴随下人才能进行有效的观察、记忆、想象和思维。美国心理学家对美国 20 世纪 70 年代大学生焦虑情绪的研究表明,焦虑情绪不太高的学生学习成绩通常高于焦虑情绪较高的学生。

三、健康情绪的标准

(一)情绪自然、愉悦、稳定

具有健康情绪的人,情绪很少大起大落或喜怒无常,能承受欢乐与忧愁的考验,生活得非常自然快活。达观而镇静,兴趣专注,比普通成人更少焦虑惧怕,痛苦和问题要少一些,更有情趣,能享受到更多的幸福、欢乐。

(二)有清醒的理智

具有健康情绪的人,明智、少偏见,能正确认识自己和他人的长处和不足。他们的认识较少受到欲望、焦虑、恐惧、希望、盲目乐观或悲观的歪曲,很少有不必要的罪恶感。对平凡的事物保持兴趣,能不断从生活环境中得到美的享受、快乐的享受,会工作,也会消遣。

(三)适度的欲望

具有健康情绪的人,较少需要别人的赞美或感谢,较少为荣誉、特权和报酬而焦虑,能面对现实、承认现实,并能按社会要求行动。

(四)自信、乐观、有主见

具有健康情绪的人,对前途充满信心,富有朝气,勇于上进,坚韧不拔,能独立地解决问题,创造性地开展工作。

(五)对人类有深挚的感情

具有健康情绪的人,大多胸怀宽广,有帮助人的真诚愿望,怀有一种很深的认同、同情和爱的感情;比一般人更容易融洽相处,拥有更崇高的爱,通常十分友好,较少仇恨;尊重他人,能与人为善、和睦相处,建立良好的人际关系;在人际交往中更关心是否情趣相投、志趣相合、善良、体贴及高雅。

(六)富于哲理的、善意的幽默感

具有健康情绪的人,他们更喜欢一种真正的人的幽默——富于哲理的或含义深广的善意的幽默,反感恶意的幽默、体现优越感的幽默和反禁忌性的幽默。

四、大学生常见的情绪问题

大学生的情绪问题，轻者影响学习、生活，重者则向消极方向发展，构成情绪障碍，影响思维和行为。因此，大学生情绪问题应引起大家的高度重视，并积极帮助他们进行疏导，从而培养健康的情绪。

(一)焦虑

焦虑是个体主观上预感到似乎即将发生不幸的一种不安情绪，并伴有烦恼、紧张、害怕等情绪体验。大学生焦虑的表现是怀疑自己的能力，常常夸大自己的失败(哪怕只是受到一次挫折)，经常闷闷不乐和讨厌别人、脾气古怪等。典型的外部表现是面部紧绷，愁眉紧锁，行动刻板，两手常常做无意识的小动作，注意力不集中，无法安静，睡眠不好。

中国科学院心理研究所对我国大学生进行的考试焦虑因子分析结果表明，我国男、女大学生的考试焦虑是由于对考试的紧张感、自信心缺乏、对试卷结果担忧、认知障碍等因素造成的。而女生焦虑一般高于男生。特别是与考试紧张感伴随的生理反应的不适，女生明显高于男生。从时间和程度上看，女生考试焦虑比男生早并且强烈。对于考试结果，女生比男生更介意。

调查表明，适度的、短时的焦虑可提高学习、工作效率。如果长期过度焦虑，就会影响健康。过度焦虑对人的精神生活有严重影响。

焦虑导致自主神经系统高度激活，焦虑持续或频繁发生导致身体全面衰弱、食欲减退、睡眠不良和过度疲劳，恐惧、紧张和无助感加剧，注意力涣散，记忆力减退，思想慌乱，无所适从，易产生极端念头，夸大自身无能，顾虑重重，灰心丧气。有时对恐惧的预期还会导致易怒、暴躁、怨天尤人和厌烦。严重的焦虑能使人失去一切希望和情趣，甚至导致心理疾病，从心理上摧毁一个人。一名女生因一次考试成绩不理想就认为自己智力低下，学习不如别人，进而想到自己难以毕业，常处于焦虑状态，面容憔悴，失眠加剧，导致严重神经衰弱而住院治疗，后经心理咨询和药物治疗，病情才好转。

(二)抑郁

抑郁是大学生常见的情绪困扰。按照国际公认标准，心情低落、苦闷、沮丧至少持续两星期，且妨碍学习、生活和社会适应的，一般称为抑郁症。它的外部表现具有"六无"：①无兴趣(对平时兴趣多的人较易发现，而对平时兴趣少的人则较易被忽视)；②无希望(对人生持灰色、悲观态度)；③无助感(认为没有谁能帮助自己)；④无动机(精疲力竭、疲劳、沮丧)；⑤无价值(自认于人、于己都无价值，贬低自己，有深刻的内疚心理、后悔和自责感)；⑥无意义(生命本身无意义，活着不如死，期望意外突发事件，严重的甚至自杀——认为死才是解脱)。

大学生抑郁的综合表现：情绪低沉，兴趣丧失，不安或反应迟钝，干什么事都无心思，并伴随失眠、食欲减退、心跳减缓、较低的血压等症状。引起大学生抑郁情绪的原因大致有两个：一是外源性抑郁，是由一定的事件(社会或心理的)而引起的。一名女大学生在中学时是优等生，以全省第一名的成绩考入某重点大学。入学后自认为成绩不如他人，尽管她把节假日都花在学习上，成绩还是提高不明显。这对她这个一向名列前茅的人来说自信心受到莫大打击，从此情绪低落，心情抑郁，不能集中思想学习，成绩也一落千丈，甚至产生轻生的念头。她在日记中写道："近来，我书也看不进去，课也上不好，感觉对不起父母、老师，还不如死了好些。"后因发现及时，才制止了她的轻生行为。二是内源性抑郁，是指由集体内部因素而非外界环境或事件所致，一般有家族遗传病史。

抑郁情绪在大学生中以轻度表现为多，常常导致神经衰弱。产生抑郁情绪的学生性格孤僻、内向，不爱谈吐与交往。

(三)易怒

易怒是指各种轻重不等的愤怒偏向。愤怒发生时，先有一种紧张的感觉，然后爆发。其反应有不自觉的性质，多具攻击性。反应发生时注意范围缩小，并产生强烈而短促的情感爆发，可表现为伤害人和一些残酷的暴行，常伴有意识模糊，医学上称为病理性激情。

引起易怒的原因：一是受到某种恐吓，而向这种恐吓反击；二是一种有目的的活动受到阻止，为排除障碍而发怒；三是外界事物使之烦躁，特别是干扰大学生思考、学习、休息、工作时易引起发怒；四是自尊心受到损害。如有一名学生与同学发生口角时相互讽刺挖苦，对方将其一些个人隐私公开，这名学生由于愤怒而拔拳相向，打掉对方两颗牙齿，连自己的手受了伤都没有感觉，而被打伤的同学是他平时较要好的朋友。其实这时如果双方都冷静一些就可避免易怒发生。另外，喝酒过度也容易因自制力降低而使情绪易怒。

研究表明，愤怒发生时，心跳加快，血液重新分配，细支气管扩张，脸红脖子粗，肝糖原分解，肾上腺分泌活动增强，有一种强大的内驱力。正常人清晨和傍晚情绪易怒，女生在月经期情绪易怒。此外，酒精中毒早期、轻度脑缺氧、缺钙，均可使情绪易怒。

(四)冷漠

冷漠是一种对人和事物漠不关心、无动于衷的消极情绪。一般来讲，大学生血气方刚，情感丰富，充满热情。但也确有少数学生表现出对人和事的冷漠情绪，不关心他人痛痒，不关心国家大事，对自己的进步、人生的价值、国家的前途等也漠然置之，看破红尘，对集体或集体活动不关心、不参与、不积极。

大学生冷漠情绪产生的原因是多样的。经调查发现其主要原因如下：一是好心得不到别人的理解；二是对某些事情看惯了；三是自己的工作得不到别人的支持和认可；四是对某些事情无能为力或力所不及；五是与自身利益无关，认为自己不必关心等。

大学生正是人生观、世界观迅速形成的时期，在他们身上自觉或不自觉地产生冷漠情绪，对自己的进步、前途，对成长为合格人才都是不利的。尤其是在社会发展和竞争日益加剧的今天，冷漠只会使自己脱离火热的社会生活，无法适应社会的需要。

(五)孤独

孤独情绪不同于独处。它是对人际关系的无效性或不满足的一种情绪体验。孤独是令人难受的，它是孤独者无成效的社会交往技能的反映，并与各种各样不成功的认知状态或情绪状态(包括低度自尊、焦虑、压抑和个人之间的相互猜忌等)有关。尽管当今社会开放度较高，大学生们相互之间的交往和各种社会活动也较多，但在内心感到孤独的却不乏其人。

孤独的人焦虑、不安、紧张、抑郁，执着于自我，缺乏决断力。许多资料表明，在大学生中有孤独感的人较多。一项对100名青年孤独体验的研究表明：较孤独的青年是更抑郁的，沉溺于自我意识更深、更不愉快的。他们在做决定时对他人有相当大的依赖性。一般来说，他们更不满意人生，也更不愿进行社会冒险。他们对自己吸引别人的能力缺乏足够的自信。因此，大量的孤独体验使他们感到空虚、厌烦和孤立。

孤独的情绪来源于多种因素。例如，身体疾病，因体弱多病而少于参加社会活动。此外，与他人(尤其是同伴)的关系发生裂痕也会导致孤独。但孤独的主要原因一是社交技能较差，二是过于内向的性格。大学生将自己封闭在自我意识的"深闺"中自叹自息，使自己置身火热的社会生活之外是不可取的。过度的孤独感不仅会给自己的身心健康带来危害(严重的会导致自伤或自杀)，同时也将影响人际关系的发展，影响自己的学业和日常生活。

五、引起大学生不良情绪的因素

不良情绪产生的原因错综复杂，既有个体自身方面的影响，也有客观环境的作用。

(一)个体因素

个体因素主要是生理状况和心理因素两个方面。个体的生理状况会对其情绪产生一定的影响。因为人的情绪、情感活动有着广泛的大脑神经和生理、生化基础，是大脑皮层、皮层下结构和内分泌等系统协同活动的结果。如果这些系统中的某一环节发生了故障，就有可能造成情绪障碍。人的身体是一个有机统一的系统，牵一发而动全身。身体某一器官的损伤或机能障碍，会直接或间接地引起情绪活动的紊乱。许多人都有这样的体验，当体力不佳或身体有病痛时，会情绪低落、烦躁不安。

影响情绪的心理因素很复杂，个体的知识经验、能力水平、认知方式、情感成熟水平、意志品质和个性特点等都可能导致不良情绪。比较而言，有以下特征的人更易陷入情绪困扰之中：①情绪特征，表现为不稳定、易冲动、易躁易怒、消沉、冷漠、郁郁寡欢等；②意志特征，表现为固执、刻板、胆怯、优柔寡断、缺乏自制力、耐挫力差等；③自我意识特征，表现为过分自尊或自负、缺乏自信、自卑等；④社交特征，表现为孤僻、退缩、自我封闭、敏感、多疑、心胸狭窄、嫉妒心强等；⑤认知特征，表现为以偏概全、夸大后果、爱钻牛角尖等。

(二)环境因素

个体赖以生存和发展的环境中的一些因素会影响人的情绪，这些因素主要来自家庭、学校、社会三个方面。

家庭中的亲情氛围、父母的教养方式等会对子女的情绪产生很大影响。家庭内气氛紧张、父母关系不和、教养方式不当，过分严厉、过分溺爱，都可能使青少年产生情绪困扰。

学校环境中的教育方法、学习压力、人际关系、校风校貌等都会影响青少年的情绪。如教育方法单调落后、学习压力过大、人际关系紧张、校风不良，都可导致青少年的不良情绪。

社会环境中的一些因素，如社会风气、社会变革、经济文化条件、竞争等，都可引发不良情绪的产生。

另外，物理环境中的不良刺激，如高温、严寒、噪声、强光等，都可影响人的情绪。

第三节　情绪的自我管理与调节

一、情绪、情感的自我完善

健康的情绪、情感的自我完善需要从以下几方面入手。

情绪调节

(一) 确立积极的人生态度

人生态度就是人们在实践中形成的对人生问题的一种稳定的心理倾向和基本意图。人的情绪情感是建立在人生态度基础上的。在现实社会生活中，我们发现面对同样的环境和遭遇，不同的人其情绪、情感的反应有着很大的差异。如面对夕阳，有人吟"夕阳无限好，只是近黄昏"，表达一种怅然若失之感；也有人颂"满目青山夕照明"，表达了一种欢悦豪情。又如"半杯水"寓言故事："两个口渴的人找到半杯水。快乐的人想：我终于找到水了，虽然眼下只有半杯水，但是千里之行始于足下，有良好的开端，我一定还会找到更多的水。于是，他变得高兴起来。而苦恼的人则想，怎么就只有半杯水？这半杯水有什么用？一气之下，他摔掉水杯，然后坐以待毙。"从这个故事可以看出，一个人遇到不如意的事情，如果只有抱怨、诅咒，时间和机会就会从埋怨中消失，结果可能什么也得不到。相反，如果怀着感恩和积极的心态看待一件事，那么就会产生巨大的精神力量。我们的人生路上难免会遇到风雨和沼泽，如果我们怀着积极的人生态度，把人生看作一场旅行，那么你的每一次经历，都会为你的人生旅程画上色彩丰富的一笔，正是这绚丽的色彩，使我们不虚此行。

(二)开阔宽广的胸怀

宽宏大量、心胸豁达是保持健康情绪的基本条件之一。凡是在情绪上大起大落，或陷入不良情绪状态的人，几乎都是心地不宽、胸怀狭隘的人。他们常常为某些小事而烦恼、怨恨，于是不良的情绪便"绵绵而无期"。如何才能避免日常小事给人的情绪带来的困扰与伤害呢？办法之一就是从小事中解脱出来，开阔视野，旷达胸怀，把自己的注意力更多地集中到为之奋斗的事业中。具体来讲，首先应树立远大的志向，具有宏大的抱负。一个人把眼光放在远大的事业上，就不会因个人的得失成败而时冷时热；不会因暂时的不利而烦恼沮丧；不会为微不足道的蝇头小利而大伤感情。正如古人所讲："夫君子之所取者远，则必有所待；所就者大，则必有所忍。"其次，应该从个人渺小的感情中解脱出来。有些人只是在"自我"这个狭小的圈子里，只谈自己的前途、自己的希望、自己的苦恼，就像鲁迅所批评的那样，咀嚼着身边小小的悲欢，而且就看这小小的悲欢为全世界。这样，就容易因自己的利益受到伤害而愤愤不平，郁郁寡欢；因自己的要求得不到满足而牢骚满腹，怪话连篇；因自己的愿望没有实现而忧心忡忡，苦闷不已。因此，大学生应走出个人渺小的感情世界，使胸怀变得更为宽广。

(三) 增强对生活的适应能力

不健康的情绪不会无缘无故地产生，通常是由一定原因造成的。但是，在同样的客观条件下，有的人不管生活怎样起伏变化，始终不改愉快乐观的精神面貌；有的人则在生活的变动前，时喜时怒，时悲时愁，使情绪随之动荡。这除了与人的生活态度、胸怀度量有关外，还与有没有适应生活的能力有关。在生活中，有眼泪，有欢笑，有冷嘲热讽，也有热情与友谊，如果不能适应这些变化，情绪就会受到影响。如果具备了良好的适应能力，就会做到不管环境、条件、生活、人际关系如何变化，都能坦然处之，理智对待。

首先，适应能力是指接受生活现实的能力。人往往容易接受那些令人高兴、满意的现实，而不易接受那些令人扫兴、失意的现实。但是，面对现实中不愉快的事情，不是靠闹情绪、发牢骚能解决的，因为现实毕竟是现实，它不会因人对其不接受就不复存在。要想改变这些不愉快的现实，最好的办法就是承认它，接受它，然后再想办法来对付它，解决它。其次，适应能力还包括正确地估价自己。不能正确地评价自己，也会给生活带来不适应。例如，对自己的能力估计过高，就容易使人产生挫折感与失败感，长此以往，就会造成人格的变态发展。有的人会萎靡不振，自暴自弃；有的人会变得固执己见，怨天尤人；有的人甚至变得凶狠暴躁，嫉妒怨恨，表现出强烈的冲动性。

(四) 培养幽默感

具有幽默感的人善于从烦恼中解脱出来。幽默的构成包括天真的形式和理性的内容。幽默的天真是真懂，但偏采取俏皮的形式表现出来，使人在捧腹大笑中有所领悟；理性的内容则能揭示生活中的某些规律。在人际交往中，如果人的语言和动作带有幽默感，就会表现出人特有的风度和魅力，与周围的人在一瞬间变得亲切自然、情趣融洽。可以说，一个能以风趣幽默的态度处世的人，往往可以变不快乐为快乐。有一次，古希腊哲学家苏格拉底同朋友闲谈，他的妻子很不耐烦，大喊大叫后将一盆水泼到苏格拉底的头上，这位哲学家并没有发火，而是笑着对朋友说："我早就料到，雷声过后定是倾盆大雨。"一句话，逗得朋友捧腹大笑，妻子惭愧地退了出去，成功地给自己、朋友、妻子解了围。可见，幽默是一种好的适应工具，它可以使本来紧张的情绪变得轻松，十分窘迫的场面在欢声笑语中消逝；能够使人做到逆境中不忘欢笑，困厄之下不失其欢乐。

(五) 培养良好的性格特征

情绪、情感的健康与否还与人的性格有着密切的关系。性格坚强者，遇到失意与伤心之事能挺得住，性格软弱者，则容易被不良情绪所左右；性格豪爽者，不会因芝麻大小的事引起情绪上的波动，而心胸狭窄者，则常常喜欢斤斤计较，容易产生情绪上的波动。而且，许多不良的情绪，也往往可以从性格上找原因。例如，容易忧愁的人，往往都具有好强、固执、不善于与人交往的性格特征；情绪上经常处于犹豫、疑虑的人，性格上往往表现为被动、拘谨、依赖性大，缺乏独立性与创造性；情绪上容易烦躁的人，则性格上过于敏感，且习惯将愤懑的情绪埋入心底。可见，要保持健康的情绪状态，必须优化自己的性格特征，克服性格方面的缺陷。例如，性格外向的人，要注意掌握自己心境的变化，多运用思维的力量来要求自己沉静、平稳，遇事冷静思考，克制冲动，防止情绪骤然爆发而破坏宁静的心境；性格内向的人，要学会暴露与排遣不良的情绪，遇到不愉快的事、想不通的问题不要郁积于心。当不良的情绪已经产生时就多从性格方面找找原因：如果是因脾气暴躁引起情绪多变，就应该首先克服暴躁的情绪；如果是心胸狭窄引起的情绪不快，就应开阔心胸，放宽度量；如果是因多愁善感引起情绪上的波动，则应着意培养开朗、豁达的胸怀。

(六)学会消释与克服不良的情绪

不良的情绪一旦产生，就要及时地消释它，克服它。消释与克服不良情绪的方法很多，主要有以下几种方法。

1. 学会通过正常的途径来发泄和排遣不良情绪

不良情绪的发泄其实质在于把危害身心健康的能量排遣出来，以减轻情绪的强度。否则，如果压抑太久，就会影响人正常的认知活动，甚至造成身心反应性疾病。但宣泄的方式要合理、适当，不能通过伤害别人来发泄自己的愤怒。宣泄的方式有很多，如可以采取转移的方法，去练拳击、去跑步，当人累得精疲力竭时，气恼之情就会基本平静，郁积的怒气也就消失一大半了；也可以向某代用对象发泄，如在房内做无拘束的狂呼、猛喊等，或写信痛斥引起你情绪的烦恼者，然后再把信撕掉；甚至还可以大哭一场，痛哭之后，会使人的悲伤之情减少许多。

2. 理智地消除不良的情绪

要想理智地消除不良的情绪，首先，必须承认不良情绪的存在，不能对其持回避的态度。其次，在承认后分析产生这一情绪的原因，弄清楚为什么苦恼、忧愁与愤怒，这样，通过理智分析、正确认识客观事物，使不良的情绪消除。最后，如果的确有可恼、可怒、可忧的理由，就要寻找适当的方法与途径来解决：如果因考试焦虑不安，就应把精力集中到学习上，减少自己的忧愁；如果因人际关系没搞好而苦恼，就要认真分析原因，问题在自身，就要克服自身的毛病，问题在别人，可主动与别人交换意见，以消除误解，达到相互间的了解。

3. 文学创作

文学创作也是排遣不良情绪的一种方法。中国历史上，许多爱国的仁人志士，忧国家之所忧，急百姓之所急，既报国无门，又无人诉说，如鲠在喉，不吐不快。于是把不快和愤怒升华成惊天地、泣鬼神的文字。例如，屈原被逐，愁愤而作《离骚》；司马迁受辱，发愤著书，终成《史记》；辛弃疾壮志未酬而作《长短句》等。借此使高尚的情感得以表达，伤害的心灵得以慰藉。至于李清照的"莫道不销魂，帘卷西风，人比黄花瘦"，则更是通过对词的创作表达思念丈夫、宽慰寂寞难耐之心的一种排遣。

4. 通过心理活动进行适当的自我调节

当不良情绪产生时，还可以采取心理调节的方法。心理调节的方法有很多，其中常见的有以下几种。

(1) 自我鼓励法。用生活中的哲理或某些明智的思想来安慰自己，对自己说，犯错误不要紧，只要知错能改就好；实验失败遭到嘲讽，对自己说，失败乃成功之母；改革遇到挫折，对自己说，不经历巨大的困难，不会有伟大的事业。一个人在痛苦与打击面前，只有有效地进行自我鼓励，他才会感到有力量，才能在痛苦中振作起来，树立起生活的信念，驱除不良的情绪。

(2) 语言暗示法。语言暗示法对人的心理乃至行为都有着奇妙的作用。当人被不良情绪压抑时，通过语言的暗示作用可以调节与放松心理上的紧张状态，使不良的情绪得以缓解。例如，要发怒时，可以用语言暗示自己"不要发怒，发怒会把事情变坏的"；陷于忧愁时，提醒自己"忧愁没有用，于事无益，还是想想办法好"；当有较大的内心冲突和烦恼时，可以用"不要怕，定下心，会好的"等给自己以鼓励与安慰。只要是在松弛平静、排除杂念、专心致志的情况下进行这种语言的自我暗示，对情绪的好转会起明显的作用。进行语言调节时暗示语应根据自己的目的而定，并且制作上要简短、具体，直接肯定；默念时要在头脑中浮出相应的形象且在心中反复默念，以加强自我暗示的程度。

(3) 请人疏导法。不良的情绪光靠自身调节是不够的，还需借助别人的疏导。心理学家认为，人的心理状态处于压抑的时候，有节制地发泄，把苦闷倾吐出来是有益的。当一个人被不良情绪困扰时，找个知心人谈谈，听听好朋友的意见是大有好处的。俗语讲："快乐有人分享，是更大的快乐，而痛苦有人分担，就可以减轻痛苦。"何况当人的情绪受到压抑时，向朋友倾诉了苦恼，从朋友处得到的不仅安慰，还有开导和解决问题的具体方法。心理学家的研究还证实向异性朋友倾诉苦恼会收到更好的效果。对男性而言，他的话容易被女性理解和体谅，女性温柔的性格和婉转的语言像一剂良药，可以解除男性精神上的紧张与不愉快；对女性来说，男性是她忠实的听众，她的言谈更容易得到男性的赞同，因而女性可将不便在同性面前表露的情感与内心世界在男性面前尽情表露，从而减轻心理的压力。可见，异性间的友谊有助于摆脱紧张、抑郁的情绪。

(4) 环境调节法。环境对人的情绪、情感同样起着重要的作用。例如，安谧、宁静的环境，使人心情松弛、平静；杂乱、尖厉的噪声却使人急躁、焦虑。因此，改变环境，对不良的情绪调节会起到一定的作用。的确，当人被不良的情绪压抑时，出去走走，大自然的美景会使人胸怀旷达，身心欢愉。绿色的世界，蓬勃的生机，会令人心旷神怡，精神振奋，忘却烦恼，解除精神上的紧张与压抑感。

(5) 呼吸调节法。这种方法在气功、瑜伽的训练中历来被重视，它在调节人的情绪方面也起着积极的作用。具体做法是先闭上眼睛，努力使心情平静下来，然后深深吸气，吸气时要慢，充分吸气后，几秒内停止呼吸，然后把气呼呼吐出；吐气时要比吸气时还要慢。一边做深呼吸，一边在每次吐气时心中数着"一、二、三……"数到十再回头重数，连续几次后，身心就会放松，情感得以缓解。这种方法很容易将注意力从情感冲动转到自身的呼吸上，将精神统一到呼与吸的行为上，从而达到控制冲动、平息激情、恢复理智、实现自制的目的。

(6) 注意力转移法。在发生情绪反应时，大脑中有一个较强的兴奋灶，此时，如果另外建立新的兴奋灶，便能抵消或冲淡原来的优势中心。根据这个道理，有意地转移注意力，是减轻痛苦的行之有效的方法。

有的同学不能正确处理与恋人、同学之间的关系，整天沉溺于二人世界中，一旦恋爱出现危机，便认为失去了所有，出现苦闷、伤感、焦虑、孤独的情绪。这时他应把注意力转移到学习、社会实践中来，积极参加一些集体活动。要认识到人生除了爱情，还有许多乐趣，要让自己的心思有所寄托，让大脑的兴奋点由爱情转移到学习上来，这有利于控制伤感的情绪。

(7) 主动遗忘法。许多人面对不良的情绪，总是郁积在心，耿耿于怀，放不开，丢不下，结果只能使这种不良的情绪不断蔓延。要想避免消极情绪的蔓延，可采用主动忘记过去的方法达到心理的平衡。做到主动遗忘，首先需要认识不良情绪对自身的危害，这是促使人忘却过去的动力；其次做到把心思与时间花在现在和将来，不要只是沉湎于后悔的体验中不可自拔；再次要学会躲避，暂时离开引起不愉快体验的场所、情境，也可以主动地将注意力转移到更有意义的学习或事情上，以优异的成绩来冲淡感情上的痛苦。昨日的痛楚，不应成为个人前进的障碍，面对挫折，要学会洒脱地对待。这样的健忘对身心健康是极有意义的。

(8) 快乐感染法。人的情绪主要是在社会生活、人际交往及其需要中产生的，故具有强烈的感染性，即以情动情，彼此影响产生共鸣。

当情绪不高时，可以通过各种渠道寻找一些使自己能快乐的人或事，帮助自己消除不良情绪。得到快乐的方法有很多，因人而异。同朋友聊天、谈心、逛商场，阅读一本好书，观看一部好电影，参加体育运动、书法、画画等，都能合理宣泄情绪，烦恼自然烟消云散。自我放松同样可以找到快乐的感觉，比如设计一个与平常截然不同的发型，穿着亮丽的服饰，女同学可以修修眉、化化妆，男同学可以刮刮胡子，这样做丢掉的不仅是旧的发型、装束、面容，而且还有附着在你身上的不良情绪。新的精神面貌自然会增加自信，让别人感到你的朝气与活力。

二、合理情绪理论——情绪控制和调节的重要方法

(一)合理情绪理论的主要观点

合理情绪理论是艾利斯提出的。艾利斯在 1962 年根据他个人的临床经验，总结出 11 种非理性的信念。这些非理性的信念主要表现为对自己、对他人、对周围的环境及事物的绝对化要求。

(1) 自己绝对要获得周围的人，尤其是周围重要人物的喜爱和赞许。

(2) 要求自己是全能的，只有在人生道路的每一个环节都有成就才能体现自己的人生价值。

(3) 世界上有许多无用的、可憎的、邪恶的坏人，对他们应歧视和排斥，给予严厉的谴责和惩罚。

(4) 当生活中出现不如意的事情时，就有大难临头的感觉。

(5) 人生道路上充满艰难困苦，人的责任和压力太重，因此，要设法逃避现实。

(6) 人的不愉快均由外在环境因素造成，因此，人是无法克服痛苦和困扰的。

(7) 对危险和可怕的事情应高度警惕，时刻关注，随时准备它们的发生。

(8) 一个人以往的经历决定了现在的行为，而且是永远无法改变的。

(9) 人是需要依赖他人而生活的，因此，总希望有一个强有力的人让自己依附。

(10) 人应十分投入地关心他人，为他人的问题而伤心难过，这样才能使自己的情感得

到寄托。

(11) 人生中的每一个问题，都要有一个精确的答案和完美的解决办法，一旦不能如此，就十分痛苦。

艾利斯认为，在人们情绪产生的过程中有三个重要因素，A：这就是诱发情绪发生的事件，B：人们对所持事件所持有的信念、态度和解释，C：由此引发的人们的情绪和行为的结果，D：人们的问题不是根源于诱发事件本身，而是人们对事件所持有的信念。因此，改变负面情绪的最佳途径在于改变对事件的信念。

什么是影响当事人情绪和行为的直接原因呢？通常认为，事件 A 是情绪和行为结果 C 产生的直接原因。但理性情绪疗法的观点则与此不同，它认为事件 A 只是情绪和行为结果 C 的间接原因，直接原因是 B，即当事人对事件所持有的信念。例如，小玉、小华和小敏在最近一次的高等数学测验中成绩都不及格，但三人对此事件的信念(即评价和解释)却不同：小玉认为自己平时挺努力的，不应该不及格，一定是老师跟自己过不去，所以愤愤不平；小华认为不及格反映自己在高等数学学习方面存在问题，可以及早找出原因做出调整和改变，期末争取通过考试，因而情绪比较平静；小敏则认为，测验不及格说明自己能力差，不适合学数学，因此郁郁寡欢，自责自贬。根据 A-B-C 理论，三人的不同情绪反应，其直接原因不是事件本身，而是他们对事件所持的不同信念，辅导的着眼点应帮助他们通过对不合理信念进行辩论，确立合理的信念，消除负面情绪，产生新的认知。

(二)大学生的不合理认知

1. 思维极端化

这是大学生中最普遍的一种不合理认知。它包括各种各样的绝对化、极端化思维，不全则无，非黑即白。

在大学生的人际交往中，极端思维表现得非常明显。无论是对自我的评价，还是对他人的评价都容易走极端。在《快乐原本很容易》一书中作者对自己的大学时代进行过这样的描述：记得十九、二十岁的时候，我是一个被轻愁薄怨笼罩的人。是我自己走过去的。那时候，我喜欢婉约派诗词，就任那些缠绵悱恻的思绪把一颗心堵死；重视朋友友谊，这友谊偶与自己的期待有出入，就不惜割席断交，然后关上门饮泣半宿。感激父母关爱，可一旦犯错减责，就顿觉万念俱灰，恨不能死一回给他们看。敏感易折偏执任性，整个人像是玻璃做的，小小的一点碰撞，就辐射开无数的裂纹。那个年龄碰不得更得罪不得，一味青涩地倔强着，在一川烟草，满城飞絮，梅子黄时雨中煎熬到成熟。偏执任性从认知角度看就是一种极端思维。

2. 心理过滤

由认知的选择性而带来的心理过滤，往往使人不能全面地看待现实，他们看到的常常是他们想看的；只看到事物的一个侧面，只看到我为别人做的，而看不到别人为我做的。通过心理过滤，可能会大大地歪曲现实的本来面目。

许多人在人际交往中总觉得自己吃亏，总感到自己委屈，总觉得别人在欺负自己，因此，他们牢骚满腹，求全责备，随时随地感到自己是个受害者。其实，这也可能完全是认知失真给他的错误结论。我们也会发现，在我们周围有这样一种人，无论你对他们多好，他们似乎永远也不懂感激。实际上,这些人也许并不是知恩不报,而是他们的认知失真,使他们根本就不"知"恩。一名同学这样写道:在大学的头一年里,我会把鸡毛蒜皮的小事无限放大,耿耿于怀。我很计较得失,动不动就以为宿舍里的人瞧不起我,自尊心受到伤害。我一直认为自己是弱者,是被欺负的,因此常常有一些不满的情绪,但后来证明,事实并非如此。

3. 瞎猜测

瞎猜测,即把想象与主观推测当事实,主观臆断。有一个借千斤顶的汽车司机的故事:有一天,一名汽车司机开车到一个偏远的地方办事,因为堵车耽误了时间,天黑了还没到达目的地。这时偏偏车子又抛锚,修车时发现千斤顶又忘带了,路上无任何车辆来往,显然没有任何人可以求助。好在路边不远的山坡上有一间屋子透出隐隐约约的灯光。司机向这间屋子走去,希望能够借到千斤顶。屋门紧闭,里面有人走动,司机开始敲门,边敲边想:这家人家不知有没有千斤顶?即使有,是否愿意借给一个陌生人?怎么没反应?主人一定不是热情、乐于助人的人——他是不是已经看到我的车子坏了,知道我要来借千斤顶,所以不开门……最后门还是开了,一个颤颤巍巍的老头出现在门口。还没等老头说话,司机便冲老头大声吼叫:"让你的千斤顶见鬼去吧,你舍不得借,我还不想要了呢!"说完扬长而去。其实,老头耳聋眼花,根本就没听到敲门声。

这就是瞎猜测导致的对人的误解。

4. 刻板印象

心理学的研究表明,人的认知加工包括两个过程:一个是自下而上的加工过程,直接对外在刺激做出反应;另一个是自上而下的加工过程,利用已有的知识经验对外在刺激做出解释。由于知觉的恒常性,许多现象司空见惯,习以为常后就成为一种"成见",一种"图式",一种"刻板印象"。这种成见常常在不知不觉中成为一种独断专行的内心指令,表现为"应该""必须"等毫不留情的强迫性禁令,因此,心理学家霍妮将其称为"专横的必须"。本来只是一种愿望,但表现出来却成为一种要求。"我希望你成为……""你必须……""你应该……"。许多同学的心目中存在大量这样的"专横的必须"。例如:我必须得到所有人的喜爱;我应该做好所有的事情;他应该公平;他说他喜欢我,他就应该知道我在想什么。

(三)合理情绪调节的基本步骤

1. 界定与情绪困扰有关的不合理信念

弄清引起情绪困扰的不合理信念是什么,找准症结,对症"下药"。

2. 要求当事人为自己的信念辩护

要求当事人为自己的信念辩护,以证实其真实性。然后让当事人明确他的哪些信念是不合理的,指出这些不合理信念与情绪困扰之间的关系,使他认识到目前的消极心理状态的根源就是自己的不合理信念,而不是早期经验的影响。

3. 证明不合理信念的谬误

运用不合理信念辩论的方法，与当事人进行辩论，通过辩论使他认清自己原有观念的不合理之处，在认识发生变化之后，才会甘愿放弃原有的不合理信念。

4. 以合理的信念取代不合理的信念

从当事人现有的不合理信念入手，帮助他学会以合理的思维方式取代过去那些不合理的思维方式，用理性观念代替非理性观念，以免使自己成为不合理信念的受害者。

5. 学习如何做科学的符合逻辑的思维

为使当事人今后减少不合理的信念和不合乎逻辑的推理与演绎，辅导员需要帮助他学习和掌握科学的思维方法，同时可以通过布置认知家庭作业以巩固效果。

例如，一位男士叙述了一件被朋友伤害的经历："在我的朋友遇到困难时，我主动帮助他了，而当我遇到困难时，他却视而不见，为此我感到被欺骗了，于是非常愤怒。"通过对该男士认知的分析，找出了其不合理观念是"我帮助了他，他就应该帮助我"。通过讨论，该男士将"应该"改成了"希望"，对事件的认识变成了："我的朋友遇到困难时，我帮了他，是我主动而且愿意的，并且我也希望当我遇到困难时，他同样会帮助我；但当我真的遇到了困难，他却没有帮我，为此我感到遗憾，我虽然不太高兴，但我不会感到生气。"

掌握理性情绪的理论和方法，当我们遇到情绪困扰时，不仅可以帮助我们认识和摆脱不良情绪的困扰，更重要的是，能使我们保持一种客观的正确的认知心态，避免不良情绪的发生。

三、采用行为训练方式进行情绪调节

(一)自我放松法

对于一般的紧张或焦虑，可以尝试以下一些放松方法。

1. 调息放松法

紧张焦虑会导致呼吸不由自主地加快，从而导致被一些专家称为"过度呼吸"的呼吸方式。个体在过度呼吸时，常常利用的是胸呼吸，而不是腹呼吸。急促的过度呼吸会引起一些重要的生理变化，如二氧化碳与氧气在血液中的比例下降，从而改变血液的酸性，引起钙在肌肉和神经中的急剧增加，令其敏感度提高，使人感到颤抖、绷紧和紧张。过度呼吸还会导致通向大脑和四肢的血管的轻度收缩，这将与酸性改变共同产生作用，让人出现头昏、眩晕、视觉模糊、混乱、不真实感、麻木、手脚刺痛、寒冷以及肌肉僵硬、疼痛等一系列症状。焦虑本身还会导致一些其他的生理变化，如心跳频率和强度的增加，分泌肾上腺素增加，出汗增加，唾液分泌减少，出现恶心和肌肉紧张感。所有这些变化都来自自我调节的神经系统反应，也就是说，无法通过意识直接控制这些生理变化。因此，当你在焦虑紧张时，想通过意志让自己不冒汗、不脸红是十分困难的。你能做的一种最简单但可能颇为有效的努力就是控制呼吸，通过深呼吸缓解焦虑。

具体的做法：保持坐姿，身体向后靠并挺直，松开束腰的皮带或衣物，将双掌轻轻放在肚脐上，要求五指并拢，掌心向下。

先用鼻子满满地吸足一口气，保持胀满状态两秒。再用鼻子慢慢地、轻轻地呼气，手向靠近身体的方向移动。反复做几次，以便掌握呼吸方式，并能达到腹式呼吸的深度要求。

接下来，学习控制呼吸的速度。可以在呼吸时数数"1、2、3、4、5……"要求慢慢地、均匀地数数，用四个节拍吸气，再用四个节拍呼气。每次做4~10分钟，这对缓解焦虑、放松身心大有好处。

在坐姿下熟练地运用深呼吸技术后，可进一步增加操作难度：可尝试在不同的姿势下运用，看看是否能在躺着或站的时候运用；还可尝试在不同情境下运用，除了安静的环境，还可以在看电视、洗澡、别人在场、走路时做，如果在各种复杂的场合都能运用自如，那么，在感到焦虑时，运用起来就更能得心应手。

2. 纵情想象放松法

想象法主要是通过对一些广阔、宁静、舒缓的画面或场景的想象达到放松身心的目的。这些画面和场景可以是大海如海上的日出或海潮的涨落、滑雪如慢慢、潇洒地从山顶沿平缓的山坡向下滑落、躺在小舟里、在平静的湖面上飘荡，等等。总之，一切能让心灵平静愉悦的美好场景，都可以尝试。平时应多练习和使用这些方法，这样，在紧要关头就能助自己一臂之力。

3. 肌肉放松法

肌肉放松法比上面的两种方法复杂些，也难些，但也是常用的放松方法之一。它最主要的原理是先让人感受紧张，再体验松弛。没有紧张感你就很难真正体会到松弛感，所以先紧张后放松能使你更充分地享受放松的效果。

从细节上看，肌肉放松法有许多，各不相同。但就其核心组成来看，则大同小异。下面介绍几种常用的肌肉放松法。

(1) 头部放松。用力皱紧眉头，保持10秒，然后放松；用力闭紧双眼，保持10秒，然后放松；皱起鼻子和脸颊部肌肉，保持10秒，然后放松；用舌头抵住上颚，使舌头前部紧张，保持10秒后放松。

(2) 颈部肌肉放松。将头用力下弯，努力使下巴抵达胸部，保持10秒，然后放松。

(3) 肩部肌肉放松。将双臂平放体侧，尽量提升双肩向上，保持10秒，然后放松。

(4) 臂部肌肉放松。将双手掌心向上平放在座椅扶手上，握紧拳头，使双手及前臂肌肉保持紧张10秒，然后放松；张开双臂做扩胸状，体会臂部的紧张感10秒，然后放松。

(5) 胸部肌肉放松。将双肩向前收，使胸部四周的肌肉紧张，保持10秒，然后放松。

(6) 背部肌肉放松。将双肩用力往后扩，体会背部肌肉的紧张感10秒，然后放松；向后用力弯曲背部，努力使胸部弓起，挤压背部肌肉10秒，然后放松。

(7) 腹部肌肉放松。尽量收紧腹部，好像别人向你腹部打来一拳，你再收腹躲避，保持收腹10秒，然后放松。

(8) 臀部肌肉放松。夹紧臀部肌肉，收紧肛门，使之保持紧张10秒，然后放松。

(9) 腿部肌肉放松。绷紧双腿，并膝伸直上翘，好像两膝盖间夹着一枚硬币，保持10秒，然后放松；将双脚向前绷紧，体会小腿部的紧张感10秒，然后放松；将双脚向膝盖方向用力弯曲，保持 10 秒，然后放松。

(10) 脚趾肌肉放松。将脚趾慢慢向下弯曲，仿佛用力抓地面，保持 10 秒，然后放松；将脚趾慢慢向上弯曲，而脚和脚跟不动，保持 10 秒，然后放松。

从以上从头到脚 10 部分的肌肉放松连续完成来看，所谓放松是指努力体会肌肉结束紧张后的舒适、松弛的感觉，如热、酸、软等感觉。每次可用 15～90 秒的时间来体会放松感。所有动作应熟练掌握并能连续完成，在各种情境下都能自如运用。一开始由于不熟练，做一遍需要不少时间。随着越来越熟练，只要 10 分钟就可以完成了。可以在早晨醒来后和夜晚临睡前各做一遍，或者在感到焦虑紧张时做，效果应该会不错。

如果焦虑不是十分严重的话，这些方法已经够用了。如果焦虑过分严重，那么就有必要去做心理咨询或心理治疗了。心理咨询师或治疗师会根据具体情况，通过系统脱敏法、生物反馈治疗法等帮助缓解心理困扰。

另外，需要提示的是，对于放松的方法最好在平时就多加运用，而不是临时抱佛脚。如果在平时能熟练掌握，经常使用，到考试时或其他紧张焦虑的场合也能运用自如；反之，如果平时知而不用，到临场想救急就不一定会有好的效果。

(二) 系统脱敏法

系统脱敏是指通过循序渐进的过程逐步消除焦虑、恐惧状态及其他不适反应的一种行为疗法。它是根据条件反射学说中关于刺激的增强与消退原理，每当焦虑反应出现时，即给予信号放松，使两种互不相容的反应发生对抗，使焦虑或恐惧等不适反应受到抑制，进而建立正常反应，以达到消除焦虑或恐惧的目的。

系统脱敏法对情境的恐惧与焦虑状态有明显的疗效。系统脱敏技术主要包括三个程序：一是帮助当事者学会一种与焦虑反应相对抗的松弛反应，并使之熟练掌握；二是将当事者的各种不适反应，根据严重的程度按由弱到强的次序排列，即确定其等级，如某考试焦虑的学生焦虑等级层次表如下(见表 7-1)；三是按不适反应的等级逐渐加强引起不良反应的刺激强度，同时要求当事者松弛。

表 7-1 某考试焦虑的学生焦虑等级层次表

事 件	焦虑度
1. 考前两周想到考试时	20
2. 考前三天想到考试时	30
3. 考试前一天晚上	40
4. 考试当天在去考场的路上	50
5. 进入考场，坐在座位上的时候	60
6. 刚刚拿到考试卷子时	65
7. 第一遍看考试卷子时	70
8. 监考老师站在身边时	80
9. 遇到不会做的题或忘记公式时	90
10. 考试所剩时间不多，感到题目做不完，脑子一片空白时	95

脱敏训练可通过想象系统脱敏、现实系统脱敏进行实施。想象系统脱敏是指在一个较为安静的环境中，当自己已经完全处于放松状态时，进行恐惧(焦虑)事件的想象，从等级层次中最低的一个事件开始。当能清楚地想象并进入此事的情境感受时，保持这一想象中的情境30秒左右，并充分体验其不适的感受。之后停止想象，重新进入放松阶段……循环往复，直到该情境焦虑度降低(不再焦虑或恐怖)为止，再进行下一情境的训练，直到要完成整个的脱敏训练。现实系统脱敏也称接触脱敏法，整个操作过程与想象系统脱敏类似，只是让来访者在真实的(而非想象的)情境中进行。该脱敏的实施一般是建立在想象脱敏训练的基础上。

本 章 小 结

月有阴晴圆缺，人有悲欢离合。成功了，手舞足蹈；失败了，垂头丧气。分离时，依依不舍；害羞时，羞羞答答。奋斗过，无怨无悔；落魄时，忍辱负重。在一次次的感动和自我感动中，人性慢慢升华；在一次次的体验与领悟中，个体渐渐成长。以上种种，展示的均是人的心理的重要侧面——情绪与情感。

通过本章的学习，我们理解了情绪的内涵、情绪与心理健康的关系，学会了体察自己情绪的变化，掌握了情绪调控的方法，可以使我们每个人拥有一个好心情。

拓展阅读

情 绪 周 期

所谓情绪周期是指一个人的情绪高潮和低潮的交替过程所经历的时间。它反映了人体内部的周期性张弛规律，亦称情绪生物节律。人若处于情绪周期的高潮，就表现出强烈的生命活力，对人和蔼可亲，感情丰富，做事认真，容易接受别人的规劝，具有心旷神怡之感；人若处于情绪周期的低潮，则容易急躁和发脾气，易产生反抗情绪，喜怒无常，常感到孤独与寂寞。

人怎样才能知晓自己的情绪周期呢？科学研究表明，人的情绪周期是与生俱来的。从出生的那一天开始，一般28天为一个周期，周而复始。每个周期的前一半时间为"高潮期"，后一半时间为"低潮期"。在高潮期与低潮期之间，即由高潮向低潮或由低潮向高潮过渡的时间，称为"临界期"，一般是2~3天。临界期的特点是情绪不稳定，机体各方面的协调性能差，易发生事故。

情绪周期是人生情感的晴雨表，我们可据此安排好自己人生耕耘的"茬口"。情绪高涨时安排一些难度大、较烦琐的任务；而在情绪低落时，多出去走走，多参加体育锻炼，放松思想、放宽心胸，有了烦心的事多向亲人、同学、朋友倾诉，寻求心理上的支持，安全地度过情绪危险期。

同时，遇上低潮和临界期，我们要提高警惕，运用意志加强自我控制，也可以把自己的情绪周期告诉自己最亲密的人，一方面也让他们能及时提醒，帮助克服不良情绪；另一方面避免不良情绪给人际交往带来误会。

(资料来源：知乎网整理.)

思考与练习

1. 情绪评分：从自己的生理、情绪和思想中去体验并辨认自己的情绪。尽可能准确地给自己一天的情绪打分。评分标准是 0~10 分，0 分表示情绪很差，10 分表示情绪很好。

情绪评分标尺

2. 在下图中描出连续一个月的情绪点，将这 30 个点连成光滑的曲线，再看一看，你的情绪是怎样起伏的？然后以开放的心情接受各种情绪。

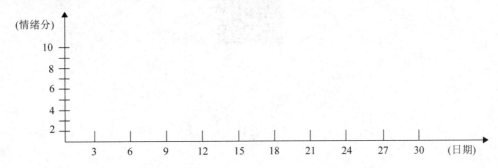

3. 请回答以下问题，然后与同学分享，看看自己的情绪管理能力如何。
   (1) 我是一个在情绪上……的人。
   (2) 当……时，我会很生气。
   (3) 当我生气时，我常常会有……的感受。
   (4) 当我生气时，我常常会做……的事来平息内心的怒火。

4. 请对心理学家的实验进行分析。

一位心理学家做过这样一个实验：要求被试把每一天最重要的一件事情记录下来，然后做出一个判断：这是一件令人高兴的事，还是一件令人不高兴的事？一周后，回顾一下这几天发生的事，为自己的心情打一个幸福感的分数，如一点都没有感到幸福、有一点幸福、非常幸福等，如此下去，每周评价幸福感。

实验进行几个月后，将被试的资料收集并加以分析。结果发现，被试对幸福感的评价依据是大相径庭的，有的人是根据每周所发生的高兴的事是多还是少来判断自己的幸福感；而另外的人，是以每周让人不高兴的事发生得少还是多来评价幸福感。

请问：假如他们经历了同样的事情，他们的幸福感分值会相同吗？谁的分值会更高一些？为什么？

5. "上帝为你关上一扇门，就会为你打开一扇窗。"你如何理解这句话？

实践课堂

故事启示

禅宗里有这样一个故事:有一个小和尚每次打坐入定时就看到一只大蜘蛛在他的面前晃过去晃过来,令他无法安心入定,为此他很痛苦,于是向师父请教怎么办。师父交给他一支毛笔,告诉他蜘蛛出现的时候就在它的肚脐上画一个圈。小和尚照做了,安心入定。但入定完,睁开眼睛一看却发现那个圈画在了自己的肚脐上!

请谈谈这个故事给你的启示是什么。

【附录】心理测试7:情绪稳定性自我测试,扫描下方二维码。

世界上的事情永远不是绝对的，结果完全因人而异，苦难对于天才是一块垫脚石，对能干的人是一笔财富，对于弱者是一个万丈深渊。

——法国小说家 巴尔扎克

第八章　挫折与心理健康

本章学习目标

- 了解挫折的含义、产生的原因及影响挫折产生的因素。
- 明确大学生面临挫折时所表现的反应形式。
- 掌握培养良好的挫折承受能力的方法。

挫折(frustration)　心理健康(mental health)

斯蒂芬·霍金的故事

斯蒂芬·霍金，英国剑桥大学应用数学及理论物理学系教授，当代最重要的广义相对论和宇宙论家。

霍金的生平是非常富有传奇性的，患有卢伽雷氏症(肌肉萎缩性侧索硬化症)，禁锢在轮椅上达20年之久，但他身残志坚，克服了残疾之患而成为国际物理界的超级新星。尽管他身体困在轮椅上，但他的思想却遨游太空之中，解开了宇宙之谜。他超越了相对论、量子力学、大爆炸等理论而迈入创造宇宙的"几何之舞"，成为有史以来最杰出的科学家之一。

在一次学术报告结束之际，一位记者问："霍金先生，卢伽雷氏症已将你永远固定在轮椅上，你不认为命运让你失去得太多了吗？"霍金的脸庞溢出恬静的微笑，艰难地扣击着键盘，随着合成器发出标准的伦敦音，宽大的投影幕下缓慢而醒目地显示出如下一段文字："我的手指还能活动，我的大脑还能思维；我有终生追求的理想，有我以及爱我的亲人和朋友；对了，我还有一颗感恩的心……"

霍金是平凡的，也是伟大的。他并没有被疾病击倒，而是一直坚强地与病魔做斗争，并成为继爱因斯坦之后世界上最杰出的理论物理学家。

(资料来源：百度文库整理.)

挫折具有双重性，它会给我们的身心造成打击和压力，带来精神上的烦恼和痛苦，使人们前进的步伐受到阻碍，从而产生忧愁、焦虑不安等消极心理。挫折也能给人以积极的影响，它能增长人的知识才干，使人焕发出前所未有的勇气和力量；激发人的进取精神，磨炼人的坚强意志，提高人的适应能力，促进人成就伟大的事业。霍金对厄运的毫不畏惧，对科学的孜孜求索，对信念的不懈追求正是对挫折积极影响的最好诠释。

本章重点介绍了挫折的基本知识、大学生挫折的反应方式以及如何培养大学生挫折承受能力。在学习的过程中要仔细阅读教材，通过学习能够了解挫折的含义、挫折产生的原因、影响挫折产生的因素，明确大学生面临挫折时所表现的反应形式，掌握培养良好的挫折承受能力的方法。

第一节 挫折概述

一、挫折的含义

(一)挫折的定义

什么是挫折？挫折一般解释为：失败、失利、挫败。在社会心理学和行为科学中，挫折指一种情绪状态，是指人们在某种动机的推动下，为实现目标而采取的行动遭遇无法逾越的困难障碍时，所产生的一种紧张、消极的情绪反应、情绪体验。

大学生有许多的梦想、憧憬、期待、希望。为了实现这种梦想、憧憬、期待与希望，他们会付出种种努力甚至刻意追求。当他们在追求的过程中遇到障碍、压力，不得不停止努力或即使努力也达不到目的时，他们便是遭到了挫折。例如，一名学习成绩优秀、才华出众的大学生，刻苦学习，积极努力，准备报考理想中的大学去读研究生，但在临考前，一场大病却将他送进医院，使他无法进行盼望已久的研究生入学考试，这种打击使他痛苦、失望，久久不能平复。

挫折包括三个方面的含义：一是挫折情境，即指对人们的有动机、目的的活动造成的内外障碍或干扰的情境状态或条件，构成刺激情境的可能是人或物，也可能是各种自然、社会环境。如考试不及格、比赛得不到名次、受到讽刺打击等。二是挫折认知，即指对挫折情境的知觉、认识和评价。一般来说，挫折情境越严重，挫折反应就越强烈；反之，挫折反应就轻微。但是，只有当挫折情境被主体所感知时，才会在个体心理上产生挫折反应。

如果出现了挫折情境，而个体没有意识到，或者虽然意识到了但并不认为很严重，那么，也不会产生挫折反应，或者只产生轻微的挫折反应。因此，挫折反应的性质、程度主要取决于个体对挫折情境的认知。三是挫折反应，即指个体伴随着挫折认知，在挫折情境下所产生的烦恼、困惑、焦虑、愤怒等负面情绪交织而成的心理感受，即挫折感。

在这三个因素中，挫折认知是最重要的，挫折反应的性质及程度，主要取决于挫折认知。个体受挫与否，不取决于旁观者意见，而在于当事者对自己的动机、目标与结果之间关系的认识、评价和感受。对某人构成挫折的情境和事件，对另一人不一定构成挫折，这就是个体感受的差异。例如，如果个人主观上将别人认为严重的挫折情境，认知、评价为不严重，他的挫折反应就会很微弱。反之，如果将别人认为不严重的挫折情境，认知、评价为严重的，则也会引起非常强烈的情绪反应。正如巴尔扎克所说："世界上的事情永远不是绝对的，结果因人而异，苦难对于天才是一块垫脚石，对能干的人是一笔财富，对于弱者是一个万丈深渊。"

(二)挫折产生的条件

挫折是一种消极的心理状态。它是在自我评价倾向性的推动下，根据社会期望、自我抱负水平对自我行为的过程和结果进行评价时产生的。

1. 有行动动机和明确的行动目标

动机是推动个体去行动以达到一定目标的内在动力，没有一定的动机和目标，挫折的产生也就无从谈起。

2. 有满足动机和达到目标的手段或行动

个体所感受到的现实的挫折是在他采取一定的手段，为满足一定的需要、实现预期目标的实际行动中产生的。没有满足需要和达到目标的手段与行动，即使目标再远大，动机再强烈，也不会产生挫折感，或只能产生想象中的挫折感。

3. 有挫折的情境发生

如果动机和目标能够顺利获得满足或实现，就无所谓挫折；如果在实现目标过程中受阻，但通过改变行为，绕过阻碍达到目标，或阻碍虽然不能克服，但能及时改变目标和行动方向，也不会产生挫折；如果在实现目标的道路上受阻又不能逾越就会构成挫折情境。

4. 个体必须对目标受阻有知觉

个体在实现目标的行为受到阻碍而产生挫折时，必须有所知觉和认识。否则，就不会构成挫折情境，产生挫折反应。

5. 个体有紧张的情绪体验

个体对挫折情境知觉时产生紧张状态和情绪反应。具体来说，是行为主体在受到阻碍后产生的焦虑、恐惧、紧张、愤懑等反应。

(三)影响挫折感的因素

影响挫折感的因素很多，主要体现在以下几个方面。

1. 要有迫切感和动机的强烈度

挫折感的产生与否和个体的需要、动机等因素密切相关，需要越迫切，动机感越强烈，受到阻碍后，挫折感越强。

2. 自我期望值

对任何事物的自我期望与现实都可能有一定的差距，如果不从实际出发，只考虑主观愿望，人为拉大二者之间关系，就会产生挫折感，具体表现为以下三种情况。

(1) 期望值绝对化——自己只能成功，不允许失败。

(2) 过分概括化——以偏概全，只见树木不见森林，即使是喜忧参半的事情，看到的也只是消极的一面。

(3) 悲观引申——因小失大，犯了一个小错误，就对自己全盘否定。有些人遇到一些小挫折，就把后果想象得非常糟糕、可怕。夸大后果的结果是使人越想越消沉，情绪越陷越恶劣，最后难以自拔。

3. 归因不当

对某种行为的原因进行解释推测，而归结出与事实不符的原因，易产生挫折感。

4. 个人抱负水平的高低

抱负水平是指达到目标规定的标准。抱负水平高的人比抱负水平低的人易产生挫折感。例如，甲、乙、丙三名同学考试都是 80 分，甲非常满意；乙觉得和自己预料的差不多；而丙同学感到失败。从而可知丙同学抱负水平最高，乙次之，甲相比较最低。

二、挫折的类型

(一)一般性挫折和严重性挫折

按挫折的程度可将挫折分为一般性挫折和严重性挫折。一般性挫折是指人们在一些不太重要的事情上遇到的挫折，通常对人的影响较小，持续时间不长。严重性挫折是指人们在与自己关系密切和意义重大的事情上受到的挫折，常常引起强烈的情绪反应，对人的影响较大。

(二)暂时性挫折和持续性挫折

按挫折持续的时间可将挫折分为暂时性挫折和持续性挫折。暂时性挫折是指持续时间较短的挫折，一般情况下，随着挫折情境的改变，挫折感和挫折反应会自然消失。持续性挫折是指持续时间较长的挫折或连续发生的挫折，通常挫折情境持续时间较长并具有稳定性，使人处于长期、持续的紧张状态和挫折感之中。持续性挫折对人的影响较大，可能导致当事人对挫折适应不良，甚至改变性格特点。

(三)实质性挫折和想象性挫折

按挫折的现实性可将挫折分为实质性挫折和想象性挫折。实质性挫折是指实际存在的挫折。想象性挫折是指挫折并没有实际发生，是当事人对未来受挫情境和后果的想象。想象性挫折有时会给当事人带来很大的消极影响，使人在没有受到实际挫折的情况下，极度紧张和焦虑，有时甚至可能导致行为紊乱和精神崩溃。

(四)外部挫折和内部挫折

按挫折产生的原因可将挫折分为外部挫折和内部挫折。外部挫折是指由于外部条件的限制所产生的挫折。内部挫折是指由于自身条件的限制所产生的挫折。

(五)理想挫折、工作挫折、婚恋挫折等

按挫折的内容和性质又可将挫折分为理想挫折、工作挫折、婚恋挫折等。理想挫折是指在追求理想的过程中一再受阻而产生的挫折。工作挫折是在工作过程中遭遇的种种不顺利而产生的挫折。婚恋挫折是指婚姻、恋爱中受到困扰而产生的挫折。

需要注意的是，对挫折的分类不是绝对的，而是相对的和有条件的。就现实生活中的某一具体的挫折而言，往往是相互交叉和相互渗透的。如失恋，从挫折程度上看，可能是严重挫折，也可能是一般挫折；从内容和性质上看，既是婚恋挫折，又是理想挫折；从持续时间上看，可能是暂时性挫折，也可能持续性挫折。

三、挫折产生的原因

引起挫折的因素是多种多样的，既有客观的因素，也有主观的因素；既有内在的因素，也有外在的因素。

(一)客观因素

引起大学生挫折的客观因素包括自然环境因素、社会环境因素、学校环境因素和家庭环境因素四个方面。

1. 自然环境因素

自然界的一切事物，都按照自己的固有规律发展着。一方面，人们不可能穷尽对自然界所有事物的认识；另一方面，即使认识了也不可能绝对地征服自然。因此，作为每个在自然环境中生存发展的人，必然会遇到自然因素制约，产生种种挫折。自然因素是指非人力所能及的一切客观因素。例如，台风、地震、洪水、事故等。

2. 社会环境因素

社会环境影响表现为当今社会变革的影响与多元价值观的冲击。随着社会主义市场经济的建立和发展，竞争机制的引入，生活节奏加快，人际关系日益复杂，现代西方各种思潮汹涌而来，人们面临传统观念的变革、价值体系坐标的重新选择、新的生活方式的适应等一系列问题。对于青年学生来说，正处于人生最活跃、最丰富多彩的时代，但社会阅历浅，心理应对和承受能力普遍较弱，而且往往一叶障目，不见泰山。各种各样的社会刺激如果在短时间内连续不断地以激烈的方式作用于青年学生，又缺乏引导和解脱，则极易引发青年学生心理与行为的严重失调。

3. 学校环境因素

学校环境的影响主要表现为校园文化的偏差与思想教育的滞后。学校文化作为亚文化对青年学生心理健康的影响直接而深远。近年来，由于学业负担的沉重和就业压力的加大，校园文化出现气氛不浓、品位不高、频度不足、质效不佳的现象，许多学生社团组织名存实亡，校园人际关系也变得庸俗化和难以协调，如果有些教师对学生的认同层次较低，就会导致学生对自身要求的降低。理想与现实之间的反差，使不少学生心理难以平衡，产生心灵的孤独感、寂寞感与强烈的不适应感，导致挫折的出现。

4. 家庭环境因素

家庭环境影响表现为家庭生活经历的失范与角色转换的冲突。家庭是人才的启蒙学校，可以说，一个人心理的奠基阶段就在于幼时的家庭教育。家庭的教育方式，家长的教育态度与内容，家庭成员间的亲疏关系，对青年学生的心理状况都有重要影响。有关研究表明，青年学生的不少心理问题是与家庭生活的不良背景、早期不良家庭生活经历联系在一起的。大学生中独生子女在家里被视为掌上明珠，受到父母过分的纵容和溺爱，长期接受"包办制"服务，大多生活自理能力较差，自我服务意识淡薄，依赖他人的惯性过强。由于缺乏必要的生活实践磨炼，在由接受他人服务向自我服务、服务他人的角色转换过程中，他们大多无法完全依靠自己的力量来处理好一系列复杂的实际问题，从而陷入极端的苦恼和矛盾冲突中。

此外，家庭经济状况对学生的心理也形成了一定的影响。上学缴费制度的实施，使一些本来家境贫寒的农村家庭陷入困境。即使是城市家庭的学生，近年来由于国有企业不景气，政府机构改革，下岗职工增多，家庭的经济来源同样面临很大的压力。

(二) 主观因素

主观因素是指大学生自身能力与认识的方面引起的因素。青年学生在由不成熟趋向成熟的心理发展过程中，由于心理发展的不平衡性、两面性和两极性的特点，造成心理上的不平稳状态，因而他们常常强烈地体验到内心所发生的种种矛盾和冲突。我国心理学家张增杰把这些自我矛盾归结为：闭锁性所导致孤独感与强烈交往需要的矛盾，独立性与依赖性的矛盾，强烈求知欲与识别力低的矛盾，情绪与理智之间的矛盾，以及愿望、幻想与当前现实的矛盾。这些矛盾统一的方向将决定青年学生的心理发展方向。但青年学生在出现这些心理矛盾和冲突时，会感到极大的不平衡和痛苦，长期的内心矛盾或内心矛盾冲突的强度过大，缺乏必要的疏导，就容易心理失衡。

1. 个体条件

这是因个体身高、容貌、体力、智力、能力、情绪、意志、性格以及某些生理缺陷等个人条件因素引起的挫折。主要有两个方面。

第一，因受个体条件的制约和限制不能达到目标。例如，某高校女大学生在人际交往中由于其貌不扬或性格内向而处于劣势，无法在交际场合展示自己的才华，甚至正常交友也受影响，使自己陷入孤寂境界。

第二，可能因个体条件卓越的影响而给大学生个体带来挫折感。人们常说"树大招风"

"枪打出头鸟"；古人云"木秀于林，风必摧之；堆出于岸，流必湍之；行高于人，众必非之"，说的都是这个道理。一名大学生给心理辅导老师写了一封信，诉说内心挫折感受，请求老师帮助。这位大学生写道："不知为什么，自从我当选学生会主席以后，一下子被孤立起来了，连平时相处得不错的同学也与我拉开了距离，好像我做了不可饶恕的坏事，我成了他们的仇人，我现在太寂寞了，好像这个世界没有人存在似的，我实在受不了事实给我带来的压力和痛苦……"

2. 需要冲突

需要是个体生活中感到欠缺而力求获得满足的一种内心状态，是有机体自身或外部条件的要求在脑中的反映。形成需要必须具备两个条件：一是个体感到缺乏什么东西，有不足之感；二是个体期望得到什么东西，有求足之感。在现实生活中，人们的一切活动，都是为了满足自身某种需要和实现人生某种追求。但是，由于客观条件的限制和阻碍，人们需要的满足和追求的实现，总是很有限的。当需要不能满足时，就会使人产生沮丧、失意、焦虑等消极的情绪反应，这就产生了挫折。需要越强烈，越迫切，它所产生的行为动力也就越大，遭受挫折时的反应也就越强烈。反之，需要比较微弱，也不太迫切，它所产生的行为动力也就比较小，遭受挫折时产生的反应也相应较弱。

3. 动机冲突

动机冲突是指个体在有目的的活动中，出现两个或多个目标互相冲突或有两个或多个彼此排斥的愿望造成的矛盾状态。例如，周末跳舞是一件很美好的事情，但这会耽误学习时间，影响竞争力。这样的情况，在做出选择，满足一方面动机的同时，都会使另一方面的动机得不到满足。如果这种心理矛盾持续太久，太激烈，就可能引起痛苦、焦虑和不安。从实际生活经验来看，动机冲突主要有以下四种类型。

(1) 双趋式冲突。即个人在一定活动中，同时有两个并存的目标，而且个人对这两个目标具有同等的吸引力。在"二者不可兼得"的情形下，必须取舍一个目标时，心理上自然会产生一种难以抉择的冲突状态。例如，星期天想去拜访一位多年不见的同学，又想去影院看一部刚刚上映的故事片，如果去访友就误了看电影，而看了电影之后，再去同学家，又为时太晚，左右为难，不好决定。一位学生既想做好社会工作或社团活动，又想取得优异的学习成绩等，都属双趋式冲突。

(2) 双避式冲突。即两个目标同时对个人具有威胁性，而且受条件限制，个人必须选其一才能避免另外的威胁。如有的学生不想用功读书，又怕考试不及格，就会出现"二者必居其一"的心理冲突，属双避式冲突。

(3) 趋避式冲突。即同一个目标既能满足个体的需要，对个体有吸引力，同时又会给个体带来心理上的威胁，对个体有着某种伤害性。这时趋近这一目标和逃避这一目标的动机同时存在，并且相互冲突。例如，女大学生喜欢吃零食，但又怕吃了发胖；学习有困难的学生既想向成绩优异者求教，又怕遇到冷遇和拒绝；想参加某项考试或比赛，又害怕失败等，都能构成趋避式冲突的情境。

(4) 双重趋避式冲突。有两个目标与个体发生联系，而每一个目标既可以有益于个体，同时又会有不利于个体的时候，就出现双重趋避式冲突。例如，某大学毕业生，一方面想响应国家号召到边疆去，同时又怕那里生活艰苦；另一方面想按父母要求回家乡工作，同时又担心家乡没有合适的工作，造成学非所用，发挥不出自己的知识才能。这位毕业生就陷入了双重趋避冲突的情境。

在大学生活中，动机冲突是经常发生的。动机冲突也就是选择的冲突，人的一生始终处在选择中，小到购物、游玩，大到择偶、就业、确定生活道路。选择时所面临的冲突常使一些大学生犹豫不决，左右徘徊。尤其是那些有重大意义或原则性意义的矛盾，人们往往会经历激烈的动机斗争，从而产生内心紧张和焦虑不安。如果作用强度较大或持续时间较长，就会引起生理或心理上的不良反应。

4. 抱负水平

学习、生活上遇到了困难，个体是否体验到挫折，以及体验的深度、产生挫折反应的强度，与其抱负水平密切相关。

所谓抱负水平，是指个体对自己所要求达到的目标或标准，即自我要求的水平。一般来说，确定的目标或标准高，则抱负水平高；确定的目标或标准低，则抱负水平低。这个自定的目标或标准，仅仅是个人对自己所达到的成就的一种愿望，与从事该活动后的实际成就不一定是符合的。在现实生活中，我们经常看到这种现象：假如一个人的抱负水平很低，他固然容易达到目标，但它会使人变得懒惰、厌倦、不求进取，并且他的身心潜能实际上处于被埋没的状态，会错过很多成功的机会，从而会产生由于空虚、苦闷、不满足感所造成的挫折感；反之，如果抱负水平过高，远远超过实现的可能性，即使付出了艰辛的努力和长久的耐力仍然不能实现，就会使人产生失败感，挫败人的自信心和自尊心。

5. 心理承受力

个体的挫折感与其心理承受力大小有很大关系。心理承受力是指个体对社会生活中的重大变动在心理上的可接受性、适应性与耐受性。心理学研究表明，人对挫折的承受力受其身体的健康状况、个性的影响，但更主要的是受个体过去挫折的经历以及对挫折的主观认知与判断的影响。一般来说，身体强壮的人比身体瘦弱的人更能容忍挫折；具有胆汁质型气质的人遇到挫折将沉不住气，而具有黏液质型气质的人对挫折的承受力要大一些；性格开朗、乐观、坚强，有自信心的人，对挫折的承受力较强，而性格孤僻、懦弱，胸怀狭窄的人，对挫折的承受力就低，往往经不起挫折，在挫折面前失去应对的能力；虚荣心严重的人，对挫折的知觉敏感性高，承受力低；待人处事斤斤计较的人比豁达大度的人对挫折的承受力要小些；具有远大理想、坚定的信念，积极的人生观、世界观的人，其挫折承受力就高于那些斤斤计较个人得失、缺乏理想和信念，对人生持消极态度的人；经历过艰难困苦的人，对于挫折的承受力常常强于一帆风顺的人。

四、挫折与身心健康

(一)挫折与紧张状态

在日常生活中，我们免不了经受一些带有刺激性的不如人意之事，如生离死别、事业挫折等，会使人郁郁寡欢，闷闷不乐，甚至生理、心理发生病态变化。生理心理学研究表明，挫折所导致的紧张状态对个体有威胁性的影响，它能击溃个体的生物化学保护机制，从而降低抵抗力，易为病菌所侵袭。这是因为，人体处于紧张状态时的反应，从生理上来看，原本是为了防止身体受损，是一种防御机制，但是这种防御反应如果不适当，也就是对紧张状态的适应过度或不恰如其分，反而会因此而生病。这一类疾病统称为适应性疾病，或紧张状态病。它不是指某一种疾病，而是指紧张状态在其中起着突出的致病作用的一系列疾病。

(二)挫折导致生理疾病

美国华盛顿大学教授霍尔姆斯和拉赫领导的研究小组，根据对5000多人的病历分析和社会调查所获得的资料，编制了"社会再适应估价量表"，表中按照紧张事件影响的严重性，顺次列举个人生活中的43种关键性的变化，每一种变化又从0到100分别进行计分，每分称为一个"生活变化单位"，以反映生活变化与疾病之间的关系(见表8-1)。

表8-1 社会再适应估价量表

序号	生活事件	生活变化单位	序号	生活事件	生活变化单位
1	配偶死亡	100	23	子女离家	29
2	离婚	73	24	触犯刑律	29
3	夫妻分居	65	25	突出成就	28
4	坐牢	63	26	妻子开始或停止工作	26
5	家庭亲人死亡	63	27	入学或停学	26
6	受伤或疾病	53	28	生活条件改变	25
7	结婚	50	29	生活习惯改变	24
8	失业	47	30	与上级有矛盾	23
9	复婚	45	31	工作时间或条件改变	20
10	退休	45	32	搬家	20
11	家人患病	44	33	更换学校	20
12	怀孕	40	34	娱乐改变	19
13	性机能障碍	39	35	宗教活动改变	19
14	家庭增加新成员	39	36	社会活动改变	18
15	调换新工作	39	37	小量借款	17
16	经济状况改变	3	38	睡眠习惯改变	16
17	好友亡故	37	39	家庭收入变化	15
18	工作职业改变	36	40	饮食习惯改变	15
19	夫妻不和	35	41	假期	13
20	大量借贷	31	42	圣诞节(过年等)	12
21	抵押或信贷到期	30	43	轻度违法	11
22	工作责任的改变	29			

霍尔姆斯和拉赫等人的研究发现，生活变化单位与健康密切相关。假如一个人在一年之中的生活变化单位总和不超过150单位，在来年便可能健康安泰；总和若为150～300单位，50%的人会在来年有患病的可能；总和若超过300单位，则有70%的人可能在来年患病。

拉赫认为，许多躯体疾病是由于生活事件降低了机体的自然抵抗力，再加上遗传和环境条件促成的。

研究发现，生活变化单位的升高与心脏病发作猝死、心肌梗死、意外事故、运动损伤、结核病、白血病、糖尿病等的发生有显著关系。一些研究还发现，每5个经历过人生剧变的人中，就有4人在剧变后两年内患病；而未经剧变的人，每3人中只有1人患病。研究还发现，最健康的人是那些对婚姻、家庭和职位都感到满意的人，而在婚姻破裂、家庭负担过重或对工作感到灰心失望而又无法摆脱的人中，疾病发生率最高。

(三)挫折导致心理和行为失调

个体由于遭受挫折，引起情绪紧张、苦恼、失望等消极反应。如果是重大的挫折，则会引起情绪状态的剧变，直接导致神经系统特别是大脑功能处于紊乱、失调状态，严重影响个体心理和行为的变化。

1. 影响个人对成功和失败的态度

经常遭受挫折的人，常常把失败归因于自己无能、愚笨或个性中的缺点、弱点，并且总是认为自己不行，不会成功的；而把成功归因于运气、机会、命运、他人的权力、自然界的力量等外在的因素，失去对自己的努力应有的信心。

2. 影响个人的抱负水平

经常遭受挫折的人，过低估计自己的能力，过高估计各种困难，信心不足，从而降低个体的抱负水平，影响积极性，难以达到预定目标，最后可能变得胸无大志、得过且过、无所作为。

3. 影响个人能力的发展

经常遭受挫折的人，使个体的情绪处于不良状态下，大脑会释放一种使人身心疲劳的有害物质，从而影响个体分析和解决问题的能力。这种人常以"脑子笨""我不行""适应不了"等借口来逃避面临的难题或挑战性的问题。

4. 影响个人的行为表现

经常遭受挫折的人，常使人体处于应激状态下，感情易冲动，控制力差，往往不能约束自己的行为，不能正确评价自己行动的意义，不能估计到自己行动的后果，以致言语偏激，甚至发生攻击行为，违反社会规范，严重的则会触犯法律。

(四)挫折对身心健康的积极意义

挫折造成长期高度的情绪紧张和心理压力是对人体有害的，但这并不是说凡是紧张和压力就一定有害。在一定的条件下，适度的紧张和压力是必要和有益的。人在适度紧张和压力的情况下，身体内会产生一系列的生理变化，使身体释放更多的能量，以应对当前的问题。这时人的注意力会更加集中，思维更加敏捷，反应速度加快，力量也会更大。可见，遭受挫折后，适度的紧张和压力对于人的身心健康是有积极意义的，主要表现在两个方面。

一方面，有助于个体修正自己的行为、目标、认识和处世方法。挫折犹如一帖清醒剂，它常常在个体偏离目标或脱离实际之时，亮出红牌警告，使个体清醒过来。例如，工作出了差错，很可能说明自己知识、能力有缺陷；遭到别人的猜疑、压制，很可能是在人际关系问题上自己不够注意方式方法；考试成绩不理想，很可能是自己放松了学业。

另一方面，可以促使个体最大限度地动员身心潜能，使自己的知识经验、技能技巧和智力能力达到激活状态，从而有利于冲破阻碍，实现目标。人在紧张状态下，有可能遭受挫折之时，常常会做出惊人之举。比如急中生智，想出平时想不出来的好主意，像诸葛亮的"空城计"，就是情急智生的妙策，出奇制胜，化险为夷。当然，在紧张局面结束，危险消失之后，身体的变化又能够自动地复原、恢复平时的状态，即平衡状态，人的健康也不会受什么影响。

可见，挫折不仅能给人们带来痛苦和不幸，也能带给人们经验和磨炼，使人学会更好地应对挫折造成的紧张状态，保持最佳的心理状态，促进身心健康地发展。

第二节 大学生的挫折反应

大学生在学习、生活和社会活动中，不可避免地会遭遇挫折。面对挫折，大学生的心理平衡往往会遭到破坏。在多数情况下，他们感到困惑、不适应，甚至是痛苦的体验。出于人的自我保护的本能，大学生在受挫折以后，就会自觉或不自觉地采取某种活动方式消除或减轻内心的不平衡或压力。这种挫折后的行为反应具有的摆脱痛苦、减轻不安、平衡心理的自我保护机制，通常称为心理防御机制或心理自卫机制。心理自卫机制常常可起到缓冲心理挫折、减轻焦虑情绪的作用，包括不成熟的原始消极的反应方式和成熟的积极的反应方式。

一、不成熟的原始消极的反应

原始消极的行为反应也是大学生受挫以后常常表现出来的行为特征。常见的有以下几种表现。

(一)攻击

当个体受到挫折时，常常会引起愤怒情绪，出现攻击行为。攻击有直接攻击和转向攻击两种形式。

直接攻击是个体受到挫折后，把愤怒的情绪和行为直接指向造成其挫折的人或物。这种攻击性的强烈程度与挫折程度的大小成正比，挫折越大，攻击性越强。直接攻击常常发生在容易冲动、自控力差的个体身上，或发生在年龄较小的学生身上，或发生在相对愚昧无知，缺乏修养者的身上。

大学生的直接攻击形式有三种：一是怒目而视，反唇相讥；二是谩骂或伤害；三是毁坏公物以泄怨恨。直接攻击虽能暂解心头之气，但由于这与社会规范、公众舆论相悖，所以结果往往事与愿违，不仅解决不了问题，而且可能造成性质更为严重的挫折。

转向攻击是把愤怒的情绪发泄到自我或与挫折源不相关的其他人或其他事物上。

大学生的转向攻击通常是在以下三种特定的情境下发生的：一是个人觉察到引起挫折

的真正对象不能直接攻击或碍于自己的身份不便攻击时，便把愤怒的情绪发泄到其他的人或物上去，这就是我们通常所说的迁怒。例如，一名大学生受到老师批评后，回到宿舍对同学大发雷霆以发泄自己的情绪。二是挫折的来源或障碍难以分辨，或是由于若干较小挫折的积累，也可能是由于自身疾病或疲劳等原因，而找不到直接攻击对象，于是将攻击对象转向随机出现的、无关的人或物上去，即"迁怒"于"替罪羊""出气筒"上。例如，一名学生刚加入某个社团组织，常常会莫名其妙地受到攻击，原因就在于他是"新"来的。三是受到挫折后，个体对自己缺乏信心而感到自卑，于是把攻击方向转向自身，产生自责甚至自虐。例如，某学生受到挫折后，骂自己，打自己的嘴巴，这就是把攻击转向自己的一种表现。

(二)冷漠

这是一种与攻击行为相反的行为反应。它指个体在遭受挫折以后表现出对挫折情境漠不关心或无动于衷的态度及行为。这是一种比攻击更为复杂的心理反应，它对身心健康的损害是很大的。冷漠并非不包含愤怒的情绪成分，只是个体把愤怒暂时压抑，以间接的方式表现出来而已。这种现象表面显得冷淡退让，内心深处则往往隐藏着很深的痛苦，是一种受压抑的情绪反应。

如果个体在遭受挫折后采用攻击方式能够克服挫折情境，那么以后就会更多地采用攻击方式；反之，如果采用攻击方式来对付挫折情境反而遭受更大的挫折，那么以后就可能采取逃避的方式，如不能逃避，就只能以冷漠的方式应对了。一般来说，冷漠反应多出现在以下情况：一是长期遭受挫折；二是对遭受挫折感到无助无望；三是心理上恐惧不安或生理上痛苦难忍；四是个体心理上产生攻击与压抑的矛盾冲突。

(三)退化

退化又称"回归"，是指当个体受到挫折时，往往会表现出一种与自己的年龄和身份很不相称的幼稚行为。退化是一种由成熟向幼稚倒退的反常的行为表现方式，本人往往不能清醒地意识到。例如，已成年的大学生，受到老师批评或与同学发生争执时，可能会失声痛哭，以哭来表达对挫折的处理，以求得到他人的同情和照顾。有的大学生遇到挫折后蒙头大睡，或装病不起，都是常见的退化行为。

易受暗示性也是退化的一种表现。其典型行为表现是人在受挫后，对自己丧失信心而盲目地相信别人或盲目地执行别人的指示。例如，有的大学生受到挫折后，不假思索地听信别人的谣言；有的大学生极易被他人所左右，让干啥就干啥，甚至不惜为了别人而犯错误乃至犯罪。

(四)固着

固着又称病态固执，是指个体在受到挫折后，采取刻板的方式盲目重复某种无效的行为。尽管反复进行这些行为并无任何效果，于事无补，但仍要继续这种无效的行为，而不能以其他更适当的行为取而代之。例如，有的大学生学习方法很不科学，致使学习成绩总是很差，当别人提出应当改进不当之处后，却仍然我行我素，不予理睬。心理学研究表明，严厉的或长时间的惩罚，会造成挫折情境从而产生固着症状。同时，固着往往与对犯错误者的批评教育方式的不妥有直接关系。一般来说，如果采取简单粗暴的强硬手段，人为地使犯错误者感受到一种强烈的挫折，则会导致其继续坚持原来的错误，甚至出现比原来更严重的错误行为。

(五)逃避

逃避是人在受挫和预感受挫时表现出来的一种消极行为反应。在现实生活中，大学生受挫或预感受挫，便会逃避到自认为比较"安全"的情境中。

逃避主要有三种表现方式。其一，逃到另一"现实"中。这种情况在大学生中比较常见。例如，某大学生过去在学习上一直很努力，但由于种种原因受到挫折后，他往往不从主观上分析原因，而一改过去刻苦学习为漫不经心、得过且过，同时在娱乐、谈朋友上倾注大部分精力，他是以学习之外的活动避开因学习压力给自己带来的焦虑与不安。其二，逃向幻想世界。大学生在受挫以后，往往沉溺于不合实际的幻想之中，以非现实的想象方式来应付挫折。其三，逃向疾病。在日常生活中，人们对一个人的行为总是有一定要求的。但如果对象是一个病人，社会对他的各种要求就可能暂时取消或减轻，对他的过失，也不会做严格的计较。如有的学生遇到困难就会出现身体不适，其实不是身体真的有病，没有什么器质性病变，而是一种机能性障碍。这些人不自觉地(也可以说是无意识地)将心理方面的困难，转换成身体方面的症状，借以逃脱他人及自己的责备，来维护自我的尊严。

(六)反向

反向是指对内心的一种难以接受的观念或情感以相反的态度与行为表现出来。

一般来说，个人的行为方向和他的动机方向是一致的，即动机发动行为，促使行为向满足动机的方向进行。但是，人受挫后，自己的内在动机不能为社会所容忍，因而他不敢正面表露自己的真实动机，于是便从相反的方向表现出来。这种把自己一些不符合社会规范、不被允许的愿望和行为，以一种截然相反的态度或行为表现出来，以掩饰自己的本意，避免或减轻心理的压力的行为反应就是反向。例如，一些自卑感很强的大学生，往往在同学中以高傲自大、夸夸其谈等自我炫耀的方式掩盖自己内心的自卑和孤独。有的大学生对某异性大学生非常倾慕，然而由于害怕遭到拒绝而装出一副不屑一顾的样子。

反向行为由于与动机相互矛盾，因而表现得过分夸张做作。它虽然可以在一定程度上掩饰个体的真实动机，但是掩饰包含着压抑，长期运用会从根本上扭曲自我意识，使动机与行为脱节，造成心理失常。

(七)压抑

压抑是指当一个人的某种观念、情感或冲动不能被超我接受时，就被潜抑到无意识中去，以使个体不再因之而产生焦虑、痛苦。

压抑的行为反应在大学生生活中比较常见。压抑是行为主体的一种"主动遗忘"，它和由于时间延续过久而发生的自然遗忘不同，它只是个体把不为社会所接受的本能冲动、欲望、情感、过失、痛苦经验等不知不觉地从现实意识压抑到潜意识中去，使之不侵犯自我或使自我避免痛苦。但是这些被压抑的东西，并没有消失，它在日常生活中往往不知不觉地影响人们的正常心理和行为，并且一旦出现相似的场景，被压抑的东西就会冒出来，对个体造成更大的威胁与危害。它不仅影响个体的正常活动，而且会引起心理异常和心理疾病。

(八)合理化

合理化又称文饰作用，是指无意识地用一种通过似乎有理的解释或实际上站不住脚的理由来为其难以接受的情感、行为或动机辩护以使其可以接受。

文饰行为反应在大学生学习、生活中时常发生。文饰行为反应表现有两种形式。其一，"酸葡萄"行为反应。在伊索寓言中，有一只饥饿的狐狸，它看到一串串甜熟的葡萄，垂涎欲滴，但因葡萄架过高，三跃而不得食，为了维护自己的面子，就对身边的动物说"葡萄味酸，非我所欲也"。可见，"酸葡萄"反应是一种借着减少或否定难以达到的目标的优点，而夸大目标的缺点来维护心理平衡的一种防御手段。其二"甜柠檬"行为反应。有一只狐狸原本想找些可口的食物，但寻觅不着，只找到一个酸柠檬，这实在是一件不得已而为之的事，但它却说"柠檬味甜，正我所欲也"。"甜柠檬"反应的特点在于夸大既得利益的好处，缩小或否定它的不足之处。

文饰方式虽然是人们面临挫折时自觉或不自觉地采用的一种心理防御机制，但它除了暂时缓解内心冲突，保持暂时的心理平衡之外，对心理发展更多的是起消极作用。因为文饰自我的理由往往是不真实或次要的理由，起着自我欺骗和自我麻痹的作用，影响了实事求是地面对现实和做积极的改变。因此，长期、过分地使用这种方式，会使自己不去认真吸取教训，放弃对自我的认识和改造，以至于降低积极适应环境的能力。

(九)投射

投射是受挫者把自己内心的不被允许的愿望、冲动、思想观念、态度和行为，转嫁于他人或其他事物上，以摆脱自己内心的紧张心理，从而保护自己，并为自己的行为辩护。例如，某大学生上课迟到了，老师批评了他，可是这名大学生却这样回答老师："我们的班长还在后面呢。"以此减轻内心的紧张感和压力。

投射作用与文饰在性质上较接近，同样是以某种理由来掩饰个人的过失，但二者是有区别的。在一般情况下，运用文饰行为反应的人都能了解自己的缺点，主要是找个冠冕堂皇的理由为自己的缺点辩护。例如，有的大学生考试失败了，明明是自己不用功，却说老师教得不好，或出题不明确、评分不公正等。运用投射行为反应的人否认自己具有不为社会认可的品质，反而将它加之他人予以攻击。例如，自己作风不正派或想有不正派的行为，反而猜测他人有不轨行为，或说是别人引诱造成的。

原始性消极行为反应方式是与主体较低素质修养相联系的，具有极大的盲目性和冲动性，这类行为反应虽在一定时期、一定程度上可能缓解受挫的大学生的紧张心理，但这种行为反应缺乏积极的社会价值，其后果是一方面对大学生个体身心发展十分不利，甚至诱发精神疾病；另一方面也可能危害社会和他人。

二、成熟的积极的反应

一般来说，挫折会使大学生表现出痛苦、不安、焦虑的情绪状态。大学生成熟的积极的行为反应，可使大学生心理挫折得到一定缓冲的同时，还可能表现出自信、愉快、进取的倾向，从而有助于大学生更好的战胜挫折。

(一)表同

表同是一个人在遭遇挫折时自觉地效仿他人优良品质和获得成功的经验及方法，使自己的思想、信仰、目标和言行更适应环境、社会的要求，从而在主观上增强获得成功的信念，具备战胜困难的勇气。大学生在学习、生活中常常把一些历史名人、自强不息的模范人物，某些歌星、影星，甚至自己身边的同学，作为自己表同的对象。那些与自己家境条件、经济状况、社会经历极为相似或相近的名人、学者，更是他们表同的对象。大学生可以从他们的人生经历、奋斗精神，甚至风度、仪表等方面获得信心、力量、勇气，奋发进取，战胜挫折。

(二)升华

升华是指一个人因种种原因无法达到预定目标，或者个人的动机与行为不为社会所接受时，用另一种比较崇高的、具有创造性和建设性的、有社会价值的目标来代替，借此弥补因受到挫折而丧失的自尊与自信，减轻挫折所造成的痛苦。

困境和挫折，绝非人们所祈求的，因为它能给人带来心理上的压抑和焦虑。善于心理自救者，却能把这种情绪升华为一种力量，引向对己、对人、对社会都有利的方向，在获得成功的满足的同时，也清除了心理压抑和焦虑，达到积极的心理平衡。

我国古代的文王拘而演《周易》、孔子厄而作《春秋》、屈原放逐赋《离骚》、左丘失明写《国语》、孙子膑脚修《兵法》、司马迁受辱著《史记》等，就在于他们在灾难性的心理困境中以升华而拯救了自己，塑造了强者的形象。

一些貌不惊人的大学生，由于长相、身材的影响往往使他们在最初的社会交往中受到制约，于是他们在学习、个体思想道德修养上下功夫，学习成绩出类拔萃，品德优秀，为同学所瞩目也是升华的结果。

(三)补偿

在社会生活中，由于主、客观条件的限制和阻碍，使个人的某一个目标无法实现时，行为主体往往以新的目标代替原有目标，从而以现实取得的成功体验去弥补原有失败的痛苦，这就是人们受挫后的补偿行为反应，即人们常说的"失之东隅，收之桑榆"。例如，某大学生数学成绩欠佳，于是便着力使外语水平名列前茅；某大学生恋爱失败了，便用功学习，用好的成绩补偿失恋的痛苦等。上述大学生由于补偿，相应减轻了消极情绪的压力。

应该注意的是，补偿的行为反应并非都具有积极意义。由于个体要实现的目标有高尚与平庸之分，挫折后对补偿的选择也有进取和沉沦之别，因而决定了补偿有积极与消极之分。如果补偿选择的新目标和活动符合社会规范和人的发展需要，这时的补偿反应行为是积极的、有益的。上述提及的大学生得以补偿的行为反应就属于积极的补偿行为反应。如果补偿选择的新目标和活动不符合社会规范或于身心有害，那么这种补偿的反应行为即使暂时获得了心理平衡和心理满足，也无助于心理健康的发展，有时还会导致自暴自弃，甚至堕落犯罪，危害他人与社会。

因此，积极的补偿反应行为是值得赞赏与提倡的，它事实上是对人潜力的开发与发展，当人认为自己的挫折是由自身的生理或心理缺陷所致时，就会用积极的行为和手段来实现自己所确定的目标，恢复自信。

(四)幽默

幽默是指以幽默的语言或行为来应付紧张的情境或表达潜意识的欲望。它与诙谐、说笑话还不完全一样。幽默仍然允许一个人承担及集中注意力于困窘的境遇上，而诙谐、打趣的话却容易引起分心或是从情感的问题上移开。

当处境困难时，人格比较成熟、心理修养较高的大学生往往以幽默来化险为夷，对付困难的情况，在不伤大雅的情形下，转达意图，处理问题，把原本困难的情况转变过来，大事化小，小事化了，摆脱困境，维护自己的心理平衡，渡过难关。

(五)积极认知

任何事物都有积极和消极两个方面。有时候，同一客观现实或情境，如果从一个角度来看，可能引起消极的情绪体验，使人陷入心理困境；如果从另一个角度来看，就可以发现它的积极意义，从而使消极情绪体验转化为积极情绪体验，走出心理困境。

因此，在审视、思考、评判某一客观现实或情境时，要学会转换视角，换个角度看问题，常常会使人感到痛苦不堪的心理困境转眼化为乌有。如面对鲜花与掌声便想：与我才华相若甚至超我之上者何止一二，我能脱颖而出实是一种幸运，人就会宁静；面对冷嘲热讽便想：这不正是从另一个方面肯定了自己存在的价值吗？人就会超脱；面对流言蜚语便想：这不正是对自己心理承受能力的一次绝好锻炼吗？人就会释然；面对爱情失意就想：既然失去的已难以挽回，总这样痛苦何益，谁又敢肯定属于自己的知音没在前边等待自己的到来呢？人的痛苦情绪就会缓和。

第三节 挫折承受力及其培养

挫折承受力标志着一个人的环境适应能力。这种能力不是先天的，是在后天的社会实践中学习和锻炼的结果。在整个人生道路上，失败和挫折是在所难免的，因此，提高挫折承受力，不仅能使人意志更加坚强，人格更趋成熟，而且有能力应付充满挑战和机遇的社会。对于正处在学习和成长中的大学生来说，培养和提高挫折承受力就显得尤为重要。

防御机制

一、什么是挫折承受力

(一)挫折承受力的含义

挫折承受力是指个体在社会实践过程中遭遇挫折情境时，能否经得起打击和压力，迅速排解和摆脱困境而使自己避免心理和行为失常的一种耐受能力。亦即个体适应挫折、抵御和应付挫折的一种能力。一般来说，挫折承受能力强的人，往往挫折反应小，挫折时间短，挫折的消极影响较小；挫折承受能力弱的人，则容易在挫折面前不知所措，挫折的不良影响较大，而且易受伤害，甚至导致心理和行为的异常。

挫折承受力的大小反映了一个人的心理素质和健康水平。许多人的心理问题就是由于遭受挫折而又不能很好地排解和调适造成的，增强挫折承受力，是获得对挫折的良好适应和保持心理健康的重要途径。

(二)挫折感和挫折阈限

挫折感是指个体在目标行为过程中，认识并感受到自己的动机性行为受到阻碍后所引起的心理状态和情绪反应。个体是否受挫，不取决于旁观者的意见，而在于当事人对自己的动机、目标与结果之间关系的认识、评价和感受。如对某人构成挫折的情境和事件，对另一个人不一定构成挫折；对某人来说是严重的挫折，对另一个人则可能是轻微的挫折。因此，挫折感实际上是当事人对干扰、阻碍刺激的一种主观反应。

实验心理学用感觉阈限的值来标志人的感觉能力，即人的每一种感觉都是在适宜刺激作用于特定的感觉器官时产生的，如果刺激强度太弱或太强都不会产生感觉。心理学把刚刚能够引起感觉的最小刺激量叫作感觉的"感觉下阈"，将那种能够引起感觉的最大的刺激量叫作"感觉上阈"。例如，刚刚引起听觉的声音强度是0分贝，120分贝以上的声音不再会引起人更强的听觉经验，而且会引起痛的感觉，是"上阈"。同理，挫折感也有范围，我们把挫折感的范围叫作挫折阈限。我们把刚刚能够引起个体产生挫折感的最小刺激量叫作挫折阈限的"下阈"，把个体在一定时间内所能承受的挫折感的最高限度叫作挫折适应极限，即挫折阈限的"上阈"。一般来说，挫折本身的性质和分量与挫折感的程度和分量成正比，即挫折本身的性质越严重，挫折本身的强度越大，挫折感就越强。

但挫折阈限不能等同于人的感觉阈限，尤其是对于不同的个体来说会有明显的差异。这是因为，个体是否体验到挫折，或者说其绝对挫折阈限的高低，不能单纯地决定于挫折本身的刺激量，更主要的是取决于个体对挫折情境、挫折事件的主观认识与感受。

二、挫折承受力的影响因素

面对挫折，一个人挫折承受力的大小或强弱既受个体身心方面因素的制约，又受社会环境因素的影响，具体表现在如下几个方面。

(一)个体的生理条件

一个人的抗挫折能力首先受个体生理条件的影响。一般而言，身体健康、发育正常的人能更有效地战胜挫折，保持正常的工作、学习和生活；而疾病缠身、有生理缺陷者抵御挫折情境的有效性就会大大降低。这是因为挫折会引起个体的生理和情绪反应，给个体带来一定的身心紧张和心理压力，体弱多病者会因此而加重病情，甚至可能导致意外；身体健康者虽然也可能身心紧张，但其反应方式和反应强度都可能不及体弱多病者。调查发现，体弱多病者丧偶后的一年内发病率比身体健康者高78%，死亡率高三倍多。

(二)个体的过去经验

有人做过一个有趣的动物实验，他们对一组幼小的白鼠给予电击及其他挫折刺激，使其产生紧张感，然后让它们同另一组没有受过挫折刺激的白鼠一样正常发育。长大以后，这组受过挫折刺激的白鼠就能很好地应付挫折引起的紧张状态。而另一组没有受过这类刺激的白鼠，长大后遭受痛苦刺激时就显得怯懦和行为异常。

对人来说也是如此，在婴幼儿时期所接受的刺激，可能使其成年后的行为更富有适应性和多变性。相反，一直顺利、极少受挫的人，由于没有足够的机会学习和积累对待挫折的经验，其自尊心往往过于强烈，对挫折的承受力也就很低。但是，如果婴幼儿时期遭受的挫折太大、太多，就会阻碍其挫折承受力的发展，可能会导致其形成自卑、怯懦的特征。

(三)个体的认知因素

认知是我们对周围事物的了解所产生的看法、想法和观点，也即是人的认知活动。挫折反应正是通过人们的认知而作用于情绪所导致的心理和行为反应。由于认知不同，同样的挫折情境，对个体所造成的打击和心理压力也不同。一般认为，虚荣心强的人对挫折的知觉敏感性高，承受力相对较低。

(四)个体的期望水平

高校是一个竞争相当激烈的场所，大学生进入高校后，一些大学生往往在各方面，特别是在学习上给自己提出了非常具体而又很高的要求。一些大学生经过奋斗达到目标，成为佼佼者。但也有相当一部分大学生由于种种原因而达不到目标，对目标期望过高，此时挫折感也会增强。

(五)个体的个性因素

个性是个体所具有的带有一定倾向性的、比较稳定的、独特的各方面心理特征的总和。个体的能力、气质、性格、需要、兴趣、世界观等对挫折承受力都有重要作用。

能力强、开朗、乐观、坚强、自信的人，挫折承受力就强；性格孤僻、心胸狭窄、内向、懦弱的人挫折承受力就弱。当个体对某事物兴趣浓厚时，挫折承受力就强。如诺贝尔研究炸药的过程中，多次发生爆炸事故，弟弟被炸死，他自己也多次身处绝境，但他愈挫弥坚，终获成功，这皆缘于他浓厚的兴趣。

(六)社会环境因素

个体所处的社会生活环境对个体的挫折承受力也具有重要的影响。一个人若生活在良好的、人文化的社会环境中，在遭遇挫折时会得到广泛的社会支持，自然就会大大增强战胜挫折的勇气和信心，提高挫折承受力；一个人若生活在一个一盘散沙、人际冰冷的环境中，当遭受挫折时定会倍感凄凉，挫折承受力就会大大降低。

三、提高大学生挫折承受力的必要性与重要性

生活的经验告诉我们，一个要成就大事业的人，必须先经历种种痛苦、磨难、挫折，才能有所作为；反之，那些一遇到小小的挫折便怨天尤人，整天被焦虑忧伤的阴影所笼罩而不能自拔，前怕狼，后怕虎，自暴自弃，甚至走向绝路的人注定只能一无所成。因此，能够忍受挫折的打击，保持正常的心理活动，既是大学生良好社会适应能力和心理健康的标志，也是大学生成才的关键。

(一)大学生人格完善的需要

一方面,当代的大学生出生于21世纪,他们没有像父辈们那样经历过艰辛生活的磨炼,学习和生活环境相对优裕。而且由于他们的父辈们饱受了生活的苦难,不想让儿女再受累吃苦,经常有意无意地保护孩子,免受困难和挫折。这在为他们提供较好成长机遇的同时,又在客观上减少了他们面对挫折与承受挫折的机会。另一方面,当代大学生是应试教育体制下培养出来的,升学的压力在相当程度上迫使他们放弃了应有的轻松与快乐,甚至连节假日正常的娱乐也减少至最低的限度。这种教育模式,使不少学生心理的成长缓慢而单一。踏入大学校门后,大学生们的成长环境发生了根本性的变化,他们必须独自面对复杂的环境,必须按照自己的价值尺度和认知能力做出正确的选择与判断。在这种新的环境下,那些心理成长缓慢的大学生往往显得无所适从,稍遇挫折就消极逃避,推卸责任。如有的学生可能因为未能当选学生会干部而怨天尤人,自暴自弃;有的学生可能因为一次交往失败而就长期自我封闭;有的学生在考试结束后发现自己已不再拔尖便开始郁郁寡欢,甚至自我否定;有的学生离家才几个月就三番五次地哭鼻子要回家;等等。这种对挫折的承受能力是令人担忧的,如果不加以控制,不仅会影响他们社会化的进程,而且也不利于大学生健康人格的成长。

(二)大学生成才的需要

与相对稳定的校园环境相比,大学生毕业后面临的社会环境将是充满竞争和挑战的市场经济环境,他们要挑起建设社会主义市场经济的重任。但当代的大学生是在中国改革开放、综合国力显著增强、人民生活水平迅速提高、社会发生较大变化的环境中成长起来的。一方面,他们获得了比前几辈大学生丰富得多的物质文化生活的保障,接受了比前几辈大学生优越得多的小学、中学教育;另一方面,由于家庭的溺爱,他们往往缺乏生活经验,缺乏应有的抵抗挫折的能力,并且容易产生脱离现实的虚幻想法,将生活过于完美化,稍有挫折,便产生消极的心理反应,导致情绪恶化或厌世。在当今这个竞争异常激烈的时代里,如果大学生们没有遭受挫折的思想准备、没有抵抗挫折的能力将很难在这个复杂的社会中站稳脚跟,寻求发展。

(三)社会发展的需要

21世纪是竞争的时代。从各国综合国力的竞争来看,其实质是科学技术和人才的竞争。人才是一个国家发展最重要的资源,但现代意义上的人才不再是那些高分低能的"高才生",而是德、智、体、美全面发展,具有良好的心理素质和社会应变能力的人。如果大学生缺乏应有的挫折承受能力,就不可能为社会做出多大贡献,也不可能成为社会主义现代化建设事业的合格人才。因此,增强大学生的抗挫折能力是当今社会发展的需要。

四、大学生挫折承受力的培养

现代社会充满竞争、挑战与风险,也充满机会。因此,一名大学生要想有所作为、有所成就,就必须具有正确对待挫折、战胜挫折的挫折承受力。培养、提高大学生的挫折承受力应注意如下几个方面。

(一)创造良好的学习、生活环境

大学生是社会中的一个特殊的社会群体。他们虽然身体已完全发育成熟，但心理发展尚未完全成熟；他们刚刚步入社会，缺乏正反两方面社会经验的体验，更缺乏如何面对挫折、战胜挫折的勇气、方法。大学生在遭受挫折时，其行为反应可能是某种有强烈情绪性的非理智反应。这些反应与他们在正常状态下的不良行为有着根本的不同。因此，社会、学校对受挫以后大学生的行为表现应持宽容态度。首先，应对受挫的大学生予以深深的同情、理解，把他看作一个需要帮助的人，并尽可能营造一个有利于大学生摆脱困境的环境和氛围，帮助他战胜挫折。其次，对大学生受挫后的某些消极行为反应予以谅解。大学生受挫以后，受应激情绪支配，甚至表现出某种攻击行为，对此，应给予充分地理解、尊重，并且给予应对挫折的指导方法。

(二)提升挫折认知水平

心理学研究表明：一个人越是能够获得与挫折事件相关的信息，就越能够有效地处理它，越是参加到他怕面对的挫折情境中去，就越能够有效地应对这种情境。可见，个体对挫折的反应和承受能力不仅取决于挫折情境本身，更重要的是取决于其对挫折的认知。既然挫折是社会生活的组成部分，是不可避免的人生经历，大学生就应该正确地认识挫折、战胜挫折，并把挫折作为成功的阶梯。

要正确地认识挫折，首先应该认识挫折的两重性：一方面，挫折对人有消极的影响，如挫折会影响个体实现目标的积极性，降低个体的创造性思维水平，损害个体的身心健康；另一方面，挫折也有积极的作用，如挫折能增强个体情绪反应的力量，增强个体的容忍力，提高个体对挫折的认识水平。因此，辩证地看待挫折的两重性，就能够变不利因素为有利因素，化消极因素为积极因素，促使挫折向积极的方面转化。另外，大学生还应学会对客观事物、挫折情境的正确认识。例如，有的学生因一次考试不及格就悲观失望，甚至自暴自弃，这种表现是由于他的错误认知导致的。人生的道路总是崎岖不平、丰富多彩的，一次的失败并不能够代表他的全部，人生成才的道路、成功的机会是很多的，只要自己努力，就会有一个崭新的未来。

(三)引导大学生进行有效的自我调适

战胜挫折，社会、学校等外界环境是很重要的。但是，在众多的挫折中，许多挫折是大学生自己主观因素导致的，要真正战胜挫折，最终还是要依靠受挫的大学生自己。

1. 正确认识挫折

正确认识挫折，是大学生战胜挫折的先导和前提。从我国大学生现状来看，大学生对挫折的认识与态度上的偏差普遍存在。因此，要战胜挫折，大学生要克服如下对挫折的错误认识。

(1) 主观性。要正确认识事物，需要主观与客观、认识与实践相统一起来。然而，在现实活动中，常常发生主观与客观、认识与实践相分离的情况，从而导致错误认识。这种情况在一些受挫的大学生身上有时表现得十分明显。一方面，由于他们初涉社会，难以分析、把握和评价复杂社会现象；另一方面，他们内心处于青年期特有的一系列心理变化与矛盾之中，因而他们遭受挫折以后，往往不能对挫折进行客观分析，以主观判断和评价面对挫折，从而得出了不符合事实的消极结论，加重了挫折感。一位大学生这样描述他上大学后的挫折感："刚接到入学通知书时，几个晚上都不能平静，在自己的心底把大学的生活做了美好的安排。可是进来没有一个月，这些梦就被打破了，现实使我很失望……"在这位大学生的头脑中，他主观想象着大学生活应该是丰富多彩、充满快乐，大学学习应该是轻松愉快、人际环境温暖和谐，青春应该伴着鲜花和太阳，奏着优美旋律……他在思想上对大学生活甚至连感性认识都没有，对挫折毫无准备，因而当他置身于大学环境中，面对学习、生活、人际关系等各方面的压力时，只能主观地把现实置放于理想的背景上，其结果，必然会引起深深的挫折感。

(2) 片面性。不少大学生遭受挫折与他们认识上的片面性有直接的关系。在现实生活中，一些大学生若在某件事情上失败了，就认为自己"没用"，是个失败者、弱者；碰到一点不幸，就觉得自己"命运不济""前途渺茫"；某一次考试不理想，就认为自己头脑笨，不是读书的材料，将来肯定不会有什么大的前途；某个同学对自己不友好，就觉得自己人缘太差，缺乏交际能力；一次失恋，就断定自己不讨人喜欢，对异性没有吸引力；等等。这种以一两件事来评价自己整个人，评价自身价值的认知，其结果往往会引起强烈的挫折反应，导致自责、自卑、自弃心理，产生焦虑和抑郁情绪，容易走上自我否定、悲观失望的狭路。

(3) 夸大性。由于缺乏社会经验和挫折经历，现实生活中一些受挫大学生往往夸大挫折及其对个体的影响，把小事无限夸大，甚至夸大到不可收拾的地步。在高校发生的一些大学生自杀行为，相当大的一部分与当事人认识上的这种错误的思想有关。

2. 善于调节自我抱负水平

在现实生活中，不少大学生在学习等方面的挫折都与自我抱负水平的确立不当有关。因此，大学生必须学会根据自己的实际能力正确设定生活的目标，调整自我抱负水平，并在前进中及时调整自己的目标。如果在目标实施过程中，发现自己设定的目标不切实际，前进受阻，就要及时调整目标，以便继续前进。对那些远大目标，要把它分解成中期、近期和当前目标。这样，既可以在成功中体验到愉快和满足，逐步增强自信心，又能在失败、挫折后不断总结经验教训，最终战胜挫折，取得最后的成功。必须指出的是，大学生在确立自我抱负水平时，应注意把自己的目标与社会的客观环境条件、社会利益等因素综合加以考虑，这样才能做出有助于自身，更有助于社会的成就来。

3. 确立合理的自我归因

在生活中，人们对行为的成功与失败进行归因是一件很平常的事，然而在这一过程中形成的归因倾向则对人的心理承受力有很大的影响。心理学家研究表明，在归因中，有些人倾向于情境归因，认为外部复杂且难以预料的力量是主宰行为的原因。例如，一名学生认为自己成绩不好主要是由于教师教学水平或是考卷难度太大引起的。有些人则倾向于本性归因，即认为自身的努力、能力是影响事情的发展与行为结果的主要原因，如一名学生认为自己成绩不好是由于自己学习不够努力造成的。一般来说，进行本性归因的学生对自己的行为与学习有更多的自我责任定向与积极态度。但是从对失败的归因方面来看，由于他们倾向于把原因归于主观因素，所以容易自我埋怨、自我责备。如果这种自责、悔恨过多，就会给他们带来挫折感和心理损伤。因此，大学生首先要学会多方面收集关于事件的信息，了解困难的原因所在；其次要学会进行合理的归因，避免归因的片面性，学会实事求是地承担责任，克服过分承担或完全推诿责任的倾向，避免过多自责带来的挫折感。再次要积极采取措施，主动改变影响挫折情境的因素，从而有效应对挫折。例如，在学习过程中发现最近学习效率不高，通过分析之后，在解决内在问题的同时，可以尝试改变学习地点、学习时间，或改变学习科目的顺序、学习结构等，从而避免学习效率不高给自己带来的心理压力和困扰。

4. 正确认识自我和评价自我

由于当代的大学生大多没有经历过艰苦生活的磨炼，社会阅历不够丰富，他们往往对自我的认识与评价不到位，要么高估，要么低估。他们一般有着极高的成就动机，总想出人头地、大展宏图，因而对自己的目标定位过高。但是，社会环境总是非常复杂的，面对激烈的竞争压力，大学生又缺乏迎接挫折与困难的心理准备，常常在挫折面前表现得信心不足而迷惘无措，情感表现得敏感、脆弱。因此，大学生必须正确认识自我和评价自我。

正确地认识自我和评价自我，首先是指大学生应根据自己的学习、成长要求，恰当地分析自身的长处和不足，对自己的不足要有充分的理解，这样才能扬长避短、取长补短，实现自我价值。其次，要根据自己的外部条件和内在条件的变化及时调整自己的期望水平、抱负水平，避免一些无谓的"碰壁""撞墙"行为。

5. 构建成熟的心理防御机制

心理防御机制是挫折发生后人在内部心理活动中所具备的有意或无意地摆脱挫折造成的心理压力、减少精神痛苦、维护正常情绪、平衡心理的种种自我保护方式。心理防御机制的意义有积极和消极之分，其积极的意义在于能够使主体在遭受困难与挫折后减轻或免除精神压力，恢复心理平衡，甚至激发主体的主观能动性，激励主体以顽强的毅力克服困难、战胜挫折；其消极的意义在于使主体可能因压力的缓解而自足，或出现退缩甚至恐惧而导致心理疾病。

受挫后的心理防御机制有很多，有利于大学生成长的积极的心理防御机制表现为升华、补偿等。升华的心理防御机制能够使大学生在遭遇挫折后，把内心痛苦化为一种动力，转而投入到有益的生活、学习中，这无疑是人们在遭受挫折后的最佳反应。补偿、文饰、幽默等心理防御机制能使大学生获得心理平衡，保持自尊，减轻内心的痛苦和焦虑，因而也不失为受挫后较理想的心理防御方式。另外，合理的情绪宣泄也是缓解大学生受挫后心理紧张和焦虑，保持其身心健康的有效机制。总之，构建成熟的心理防御机制，不仅有助于大学生提高自身的心理健康水平，也有助于大学生自信心的培养与意志力的磨炼。

(四)授予耐挫方法

古人云，授人以鱼，不如授人以渔。耐挫力差的学生，一是很少受到挫折，二是缺少耐挫的方法。

1. 重德才轻名利法

重视德和才,加强自我品德修养,积极向伟人学习,努力提高学习成绩和工作能力,淡泊名利,这样就会不为名利所动,心平如镜,自然增强耐挫能力。

2. 名言警句调节法

在书本扉页、床边、墙上等较显眼的地方贴上有针对性的名言、警句、格言,以提醒自己,控制过激情绪,并激励自己上进。

3. 转移法

当受到挫折、思想负担过重时,要学会转移精神上的压力,缓解情绪。例如,大声唱歌,到户外散步,找好朋友倾诉,画画等。这样就能逐渐遗忘挫折带来的痛苦,开阔胸襟,缓解精神压力,以便寻找更好的解决受挫的办法。

4. 宽容法

要正确认识自己,若一味苛求自己,往往会给自己加重精神压力,以至于削弱耐挫能力,造成自责、自罚的内疚心理。要明白,世上没有常胜将军,不面对富有挑战性的任务就不会有进步,并且能真正认识受挫的价值,受挫有助于从正反两方面掌握知识,只有从正反两方面汲取知识才是健全的、准确的、清晰的,应把受挫看作一种推动力,增强忍耐力,不怕受挫,在哪儿跌倒,就在哪儿爬起,遇到挫折要学会适当宽容自己。襟怀坦荡,合理的宽容是良好的自我修养的艺术,是正确进行心理调适的有效方法。

5. 调整目标法

当一种动机和行为由于自身条件或社会因素的限制,经过再三尝试仍不能达到目标时,就要调整目标或降低要求并改变行为方向,以减缓心理上的冲突,增强前进的勇气和信心。积极引导学生进行自我分析、自我反思、自我剖析、全面认识、评价矫正,在实现目标的实践中找出自己以前目标中"理想的自我"与"现实的自我"的矛盾,确立符合自己现实的目标,达成新的成功体验,树立新的符合自己实际的较高的目标,以此调节、控制自己的耐挫心理。

6. 群体活动法

通过群体活动,采用"一帮一"等形式,把不同情况的学生结成互帮对子,共同克服困难,增强耐挫能力。通过课外活动等增强其集体荣誉感,使其在集体活动中受到教育,体会到自己也是集体中不可缺少的一员,增强其信心,提高其耐挫能力。

7. 比较法

教育学生要与周围同学进行横向比较,提高竞争意识,也要善于纵向比较自己的过去和现在,只要有进步,哪怕慢,也不要自卑和气馁,不要痛恨自己,永远不要自暴自弃,要不断鼓励自己,正确认识自己的短处,并能和自己的短处和平共处,心理压力自然减轻,就增强了耐挫能力。

📖 **拓展阅读**

逆 商

除了智商、情商外，近年来又流行一个新概念：逆商(adversity quotient，AQ，全称为逆境商数，一般译为挫折商或逆境商)。IQ、EQ、AQ 并称 3Q，成为人们获取成功必备的法宝。有专家甚至断言，100%的成功 = 20%的 IQ+80%的 EQ 和 AQ。

逆商是指人们面对逆境时的反应方式，即面对挫折、摆脱困境和超越困难的能力。大量资料显示，在市场经济日趋激烈的今日，大学生创业成功与否，不仅取决于其是否具有强烈的创业意识、娴熟的专业技能和卓越的管理才华，而且在更大程度上取决于其面对挫折、摆脱困境和超越困难的能力。因此，高校教育工作者在实施创业教育的过程中，应该把大学生的逆商培养作为着力点。积极进行大学生的逆商培养，使其在逆境面前，形成良好的思维反应方式，增强意志力和摆脱困境的能力，从而提高大学生创业的成功率。

(资料来源：百度百科整理.)

本 章 小 结

"人有悲欢离合，月有阴晴圆缺，此事古难全。"人们在日常生活和工作中，并非总是一帆风顺的。在人的一生中，只要有追求、有欲望、有需求，就会有失败、有失望、有失落。每个人都享受过成功的喜悦，也品尝过失败的沮丧。挫折和成功一样，是一个人成长和发展不可缺少的。人们不仅要有迎接成功的准备，还要有面对挫折的勇气。大学生在成长的道路上总会面临学习、生活、交友、就业等问题需要去面对、去处理，同样不可避免地会遭遇各种各样的挫折。因此，正确认识挫折和失败，提升应对挫折的能力，是大学生自我保健的重要内容。

本章主要讲述了挫折的定义、挫折产生的原因、影响挫折产生的因素，大学生面临挫折时所表现的反应形式，以及培养良好的挫折承受能力的方法。

思考与练习

1. 什么是挫折？其产生的条件是什么？
2. 影响挫折产生的因素有哪些？
3. 简述挫折对身心健康的影响。
4. 应对挫折的成熟方式有哪些？
5. 如何提高大学生的挫折承受力？

实 践 课 堂

故事启示

下面是林肯总统做总统前的经历，从中我们学到了什么？

美国总统林肯一生遭遇无数打击，然而他败而不馁，一直没有放弃自己的追求，他一直在做自己生活的主宰。

1809 年，林肯出生在寂静的荒野上的一座简陋的小屋里。

1816 年，7 岁，全家被赶出居住地，他必须工作以抚养家人。

1818 年，9 岁，年仅 34 岁的母亲不幸去世。

1827 年，18 岁，自己制作了一艘摆渡船。

1831 年，22 岁，经商失败。

1832 年，23 岁，竞选州议员，但落选了，想进法学院学法律，但进不去，工作也丢了。

1833 年，24 岁，向朋友借钱经商，年底破产，接下来花了 16 年，才把这笔钱还清。

1834 年，25 岁，再次竞选州议员，成功当选。

1835 年，26 岁，订婚后即将结婚时，未婚妻病逝，因此他的心也碎了。

1836 年，27 岁，精神完全崩溃，卧病在床 6 个月。

1838 年，29 岁，努力争取成为州议员的发言人，没有成功。

1840 年，31 岁，争取成为被选举人，落选了。

1843 年，34 岁，参加国会大选，又落选了。

1846 年，37 岁，再次参加国会大选，这次当选了。前往华盛顿特区，表现可圈可点。

1848 年，39 岁，寻求国会议员连任，失败了。

1849 年，40 岁，想在自己州内担任土地局长，被拒绝了。

1854 年，45 岁，竞选参议员，落选了。

1856 年，47 岁，在共和党的全国代表大会上争取副总统的提名，得票数不到 100 张。

1858 年，49 岁，再度参选参议员，再度落选。

1860 年，51 岁，当选美国总统。

【附录】心理测试 8：和谐健康的自我状态测试，扫描下方二维码。

真正的爱情是表现恋人对他的偶像采取含蓄、谦恭甚至羞涩的态度，而绝不是表现在随意流露热情的过早的亲昵。如果你以人就是人以及人同世界的关系是一种充满人性的关系为先决条件，那你只能以爱去换取爱，以信任换取信任；如果你想欣赏艺术，你必须是一个有艺术修养的人；如果你想对他人施加影响，你必须是一个能促进和鼓舞他人的人。

——马克思

第九章　恋爱与心理健康

本章学习目标

➢ 了解爱情的本质、爱情的发展及爱情的相关理论。
➢ 明确大学生恋爱心理形成的阶段、恋爱的特点、恋爱的类型等。
➢ 掌握如何树立健康的爱情观，正确对待爱情。

核心概念

恋爱(love)　心理健康(mental health)

引导案例

悲情"网恋"

小小，女，20岁，某高校二年级学生。几个月前，她在网上认识了一个"情投意合"的网友，情不自禁陷入了"网恋"之中。从此，她与对方经常网络相约、情话绵绵到深夜，但白天精力不足，学习不集中，导致成绩直线下降。没过多久，"网上恋人"约她见面，对方请她吃大餐，两人情意绵绵后，在酒店发生了性关系。之后，"网上恋人"手机停机，微信拉黑，消失得无影无踪，小小陷入绝望，以致出现精神问题。

案例分析

爱情是人类最美好的情感，也是每个人一生中最大的追求与满足。能够获得美满的爱情，能够全身地去享受爱情的甜蜜，也是所有社会人在人生长河里所期盼的。虽然爱情是人世间最美妙的事情，遨游于知识海洋中的大学生们，往往要面临着一个亘古常新的课题——

爱情，它不知不觉地、悄悄地潜入你的心扉，撞击你的心灵；然而，爱情既可以是醇美佳酿，给人以莫大的幸福和欢乐，也可以是涩水苦果，给人带来无穷的痛苦和烦恼，所以在大学里，需要培养爱与被爱的能力。

本章重点介绍爱情的本质、爱情的理论等相关的基本知识。在学习的过程中，要仔细阅读教材，通过学习，了解爱情的本质、爱情的发展、爱情的相关理论，明确大学生恋爱心理形成的阶段、恋爱的特点、恋爱的类型等，懂得爱是一种能力，是责任，是承担，掌握如何树立健康的爱情观，正确对待爱情。

第一节　恋爱心理概述

一、爱情的本质

爱情是古今中外人们研究的永恒的话题：哪个少年不善钟情，哪个少女不善怀春？爱情这个古老而又充满魅力的主题，被人们蒙上了一层层神秘的面纱，古往今来，多少文人墨客乃至学者专家都试图揭开其层层面纱，探究其内在本质。

(一)爱情的含义

古希腊哲学家苏格拉底认为：爱情是爱一切的善，是一种动人的欲望。

英国哲学家休谟认为：爱情是人的自然本性，是美貌、肉欲、好感三种情感的结合。

德国哲学家黑格尔认为：爱情是男女双方心灵和精神上的统一。

奥地利精神分析学家弗洛伊德认为：爱情是性本能的表达与升华。

保加利亚剧作家瓦西列夫在《情爱论》中说："爱情是作为男女关系上的一种特殊的审美感而发展起来的，爱情创造了美，使人对美的领悟能力敏锐起来，促进对世界的艺术化认识。"

俄国文学评论家别林斯基说："爱情是生活中的诗歌和太阳，但是在我们这个时代，如果想把幸福大厦仅仅建立在爱情之上，并在内心指望自己的一切意愿都得到充分满足，他将是不幸的。"

美国人本主义心理学家卡尔·罗杰斯说："爱是深深的理解和接纳。"

美国著名社会心理学家马斯洛认为："爱的需要涉及给予和接受爱，我们必须懂得爱，必须能教会爱、创造爱、预测爱。"

美国人本主义哲学家弗洛姆认为："爱是我们对所爱者生命与成长的主动关切，没有这种关切就没有爱。"

著名才女张爱玲富有诗意地这样来描述爱情："在千万人之中，遇见想遇到的人；在千百万年之间，无垠的荒野，没有早一分钟，也没有晚一分钟，偏偏在这里遇到了你，只能淡淡地说一句：哦，原来你也在这儿。"

苏联著名教育家苏霍姆林斯基对爱情的富有想象力的描述最让我喜欢,他在《论爱情》的著作里,是如此传神、如此细腻地描写了人类的爱情。

什么是爱情?……当上帝创造世界的时候,他把一切动物散布到大地上,教会他们传宗接代。上帝划给男人和女人土地,教会他们建造窝棚,交给男人一把锹,交给女人一把种子。"你们一起过日子吧,生儿育女吧,我回去忙家务活,一年后再来看你们日子过得怎样。"上帝对他们说。

刚好一年以后,一天的早上,太阳从东方升起,上帝同大天使加里尔夫一起来到人间。他看到窝棚旁边坐着一对男女,前面的庄稼已经成熟,他们身旁放着一个摇篮,摇篮里躺着一个婴儿,男女二人一会儿仰望蓝天,一会儿两人对视。当他们两人的目光相遇的一刹那,上帝看到了一种意想不到的美和一种奇特的力量,这种美胜过蓝天和太阳,胜过大地和田野,胜过上帝创造的一切。

上帝为之惊讶:"这是什么?"上帝问大天使。

"是爱情。"

这就是爱情。

经过这样美好的描述后,苏霍姆林斯基总结道:"爱情是人的永恒的美,永恒的力量,人类一代接替一代,我们每一个人最终会变成一堆骨灰。但是,爱情却永远是人类生机勃勃、代代相传的最坚实的纽带。"

可见,爱情是在性爱基础上高度升华而成的人类崇高的社会性情感,是两性的一种特殊的社会关系。

(二)爱情不同于喜欢

从范围来看:喜欢的对象是广泛的,爱情的对象是单一的。

从经验的性质看:喜欢产生的是满足、愉悦的体验,而爱情产生的是一种依恋与关怀。

从目的看:喜欢的目的是从喜欢的对象那里获得满足与愉悦,是一个"取"和"得"的过程;爱情是以别人为出发点,其目的在于"给"和"予"。

从持续的时间看:对人、物的喜欢往往带有情景性,情景改变会导致对喜欢对象的情感的改变;爱情则是稳固的,对爱情的表白是"愿等你到海枯、到石烂,愿陪你到天涯、到海角"。

(三)爱情的性质

1. 依恋性

陷入爱情的人,充满了对对方的依赖和思恋,以至于茶不能思,饭不能进。

××:我爱你,爱极了你!我知道每一个属于你的时空里,都溢满着对于我的思念和牵挂,早晨你望着窗台上绿得发油的橡树的叶子出神,仿佛每一条脉络都是数得清的相思和眷恋。白日里你在充满着虚假和欺骗的人海中独自真真地笑,为你的纯得透明的野百合似的恋人;夜晚你站在宿舍楼前静静地守候,替沉浸在书海的那个小女孩弹去额前发梢的些许疲倦和倦意。(夏天阳主编:《爱你一次爱不够》)

从古至今,尽管人们用着不一样的语言和词句,却表达着同一样的情感,那就是:爱人,我想你,我想时时看着你,听着你,触摸着你,一刻也不离开你。

2. 关注与奉献性

关怀对方的情感状态，感到对方快乐就是自己最大的快乐，愿意为对方的快乐牺牲和奉献自己的一生。因为有了这种特质，才有了很多捧着恋人的头颅走向刑场的战争时期的爱情故事，也才有了不惜跳入坟墓和心上人同生死的梁山伯的传说，也才有了郁达夫在给恋人王映霞的信中所表达的情感：两月以来，我把什么都忘掉。为了你我情愿把家庭、名誉、地位，甚而至于生命，也可以丢弃，我的爱你，总算是切而且挚了。(桑逢康著：《仙侣怨偶》)

即使有名的郁达夫，在爱情来临时也不会偏离爱情的运行图式。对爱人的关怀与奉献，清晰地表达在字里行间。

3. 亲密与排他性

恋爱双方强烈的心理依恋必然导致亲密，而对于亲密的渴望成了爱情中最热烈、最美丽的向往，他们希望两人心心相印，希望两人不分你我，希望你的思想变成我的思想，希望我的意志变成你的意志。

爱人，你也感到那份孤独了吗？那就把手伸给我，让我们紧紧地连在一起，永不分开，把我那孤单但丰富有力的手珍重地交付给爱人，在任何时候、任何地方，都响彻着另一颗心深沉的祝福、厚重的共鸣。

元代词人管道升《我侬词》中这样描绘了爱情的亲密无间。"尔侬我侬，忒煞情多，情多处，热如火。把一块泥，捻一个尔，塑一个我。将咱两个，一齐打破，用水调和。再捻一个尔，再塑一个我。我泥中有尔，尔泥中有我。与尔生同一个衾，死同一个椁。"

这种心理上的亲密，也导致身体上的亲密，但它总是以具有浪漫色彩的深情的凝视、紧紧地拥抱、轻轻地亲吻、甜甜的牵手为表征的。

爱情在表达亲密的同时，还具有强烈的排他性。可以说，爱情从某种意义上说是自私的，具有一对一的对应关系。男女双方一旦确立了恋爱关系，就要在内心深处珍惜这份情感，这是社会道德所提倡的，也是有利于自己发展的正确态度。正如我国教育家陶行知所言："爱之酒，甜而苦，两人喝，是甘露；三人喝，是酸醋；随便喝，要中毒。"

二、爱情的发展

爱情的发展有一个过程，并非一蹴而就；而且其发展是多因素影响的结果，有其内在的机制。爱情发展得如何，会影响其作用的发挥；而爱情作用发挥得好坏，又反过来影响爱情的进一步发展，具体分述如下。

(一)爱情的形成过程

爱情因个体交往的对象为异性而成为人际情感的一个特殊部分，其在情感需求上除了普通的人际交往、归属与爱的需要外，又增加了性欲、奉献与满足等需要。从一般情况来看，仍遵从人际情感的形成过程。有关研究表明，人际关系的发展经历了 5 个阶段(见图 9-11)。

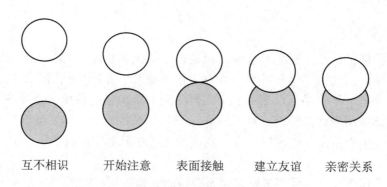

图 9-1 人际关系的发展(Levinger&Snoek，1972)

第一阶段：互不相识。彼此陌生，甚至均未注意到对方的存在。

第二阶段：开始注意。单方(或双方)注意到对方的存在，单方(或双方)也可能知道对方是谁(如同校同学)，但从未接触过。

第三阶段：表面接触。单方(或双方)受对方吸引，与之(或彼此)接近，可能通过在校上课、课外活动、学生干部的工作交流等途径，开始表面接触。此阶段形成极表面的人际关系，但会彼此留下对今后进一步交往很重要的第一印象。若第一印象不深、不好，彼此间的关系便可能停留于此。这也是所谓的一般人际关系。

第四阶段：建立友谊。双方关系的性质发生实质性变化，已建立人际间的信任感、安全感，有较深的情感投入，开始发展彼此的友谊关系。双方在心理上将对方视为知己，愿意与对方分享感受、体会，谈论的话题涉及自我的许多方面，相互提供真实的评价反馈信息。可以是同性知己，也可以是异性知己。

第五阶段：关系亲密。交往双方的共同心理领域大于相异的心理领域，彼此的心理世界高度(但不是完全)重合，情感融合的范围也覆盖了大多数的生活内容。此时便进入关系亲密的人际关系阶段。若为同性，则是莫逆之交；若为异性，便为爱情关系。

但是，对于恋爱情感来说，还有第六阶段，那便是在今后生活中彼此关系的中断与否，也即爱情关系中的去留阶段。此阶段中，若能长期保持亲密关系，双方相知相悉、相爱相助，则为爱情关系中的留存阶段；若不能继续保持亲密关系，逐渐疏远，相互隔阂，甚至反目为仇，则为爱情关系中的分手阶段。

在整个爱情关系发展的六个阶段中，都不同程度地体现了恋爱情感的不同层次体验。第一、二阶段是恋爱情感形成发展的萌芽时期，是朦朦胧胧、似曾相识的情感体验。第三阶段是恋爱情感形成发展的初期，以交往需要满足为主的情感体验，对彼此初步印象是否深刻、满意与否会影响今后的交往。第四阶段是恋爱情感形成发展的中期，有着爱与被爱、尊重需要满足的情感体验。第五、六阶段为恋爱情感发展的后期，又可将第五阶段视为恋爱情感后期中的深入期，此时的恋爱情感将得到进一步亲密的发展，有着更多的包括性欲、奉献等需要满足的情感体验。将第六阶段视为恋爱情感后期中的持续期，此时恋爱双方的亲密关系若能维持一生，便会有持续一生的、多重需要满足的情感体验。若很快中断彼此间的亲密关系，则情感体验维持的时间、表现的极性因人而异，因中断原因而异：时间可能会长，可能会短；可能是正性的情感体验，有愉快的回忆、甜蜜的体验，也可能是负性的情感体验，挫折、沮丧、痛苦、绝望。

(二)爱情的发展机制

提出智力三元论的美国耶鲁大学教授、当代著名的心理学家斯腾伯格，提出了爱情三因论，论述了爱情的发展。他认为爱情有以下三种成分。

1. 动机的成分

动机主要有性动机或性驱力。性动机或性驱力的产生，除了生理上的需求——性欲，还有外在的诱因，因为即使恋爱者个体并无内在的性欲需求，仅凭外在的恋爱对象本身的刺激，也会引发动机，如异性之间身体、相貌的彼此吸引等。

2. 情绪的成分

情绪是由刺激引起的身心激动状态，有喜、怒、哀、惧、爱、恶、欲之分。而在此七情之中，属于爱情的情绪，除了爱与欲之外，可能夹杂着其他的成分，凡是有过恋爱经验者，都体验过所谓"酸、甜、苦、辣"的爱情滋味。

3. 认知的成分

爱情中认知的作用，对情绪与动机两种成分而言，是一种控制因素。如果分别将动机与情绪视为电流与火花，认知就是开关或调节器。它可斟酌爱情之火的热度予以适度调节，认知是爱情行为中的理智层面。

由于三因素的共同作用，两性间的爱情发展表现出不同的亲密关系与热烈程度。就好比红、绿、蓝三原色可组成不同的颜色一样，爱情是人类心理上的色彩世界，每对恋人所调出的恋爱情感的色彩，取决于他们如何处理自己的动机、情绪、认知。斯腾伯格又进一步将动机、情绪、认知三因素与各自单独作用产生的两性关系与恋爱情感，分别称为热情、亲密与承诺，这意味着以情绪为主的两性关系是热情的，以动机为主的两性关系是亲密的，以认知为主的两性关系是承诺的、守约的。这三种不同的爱情关系及其在两性间维持时间的久暂，可用曲线表示(见图9-2)。

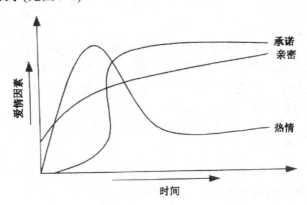

图9-2　爱情三因论图示(引自Sternberg，1988)

有一项关于恋人分手原因的调查结果有助于理解爱情三因论(见图9-3)。

从结果来看，显示两点意义：其一，男女生均认为彼此相处日久生厌是他们分手的首要原因。由此可见，所谓"相看久不厌"的境界很难维持。原因可能是，他们之间的关系偏于爱情三因论中的热情，而未培养出亲密与承诺两种爱情关系。其二，除彼此厌烦之外，其他所有分手原因都是彼此的"差异"所造成的。相似性与相补性(不相似性)均为彼此吸引的原因。分手时这两种特性均失去作用，其原因若不是因日久生厌而改变了人的知觉，就是在初交时因感情的因素遮盖了眼睛，未把对方与自己的异同点看清楚。

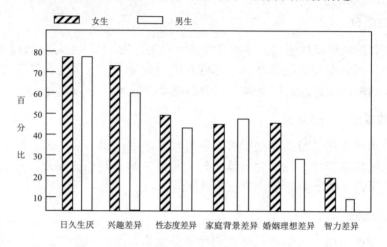

图9-3　情侣分手原因分析

爱情三因素理论对爱情本质的理解给我们许多启示。

一是爱情的动机的成分，表明爱情有其生理的基础，由性驱力所致，包括身体、容貌。随着性生理的发育成熟，必然有性的冲动与欲望。爱情以生理成熟为基础。

二是爱情使人有强烈的情绪体验，如幸福、快乐、痛苦、悲伤等。情绪体验会有变化，有时激情澎湃，像热恋中的人，有时可能平淡无奇。

三是爱情有理性的一面，不仅仅是情感体验。承诺、责任感是爱情的重要成分。

每个人的三种成分所占的比例各不相同，从而使我们看到了多姿多彩的爱情世界。

三、爱情的理论

迄今为止，心理学家、行为科学家都没能客观地解释人类的爱情。人们常常将亲密的情感分为两种：伴侣的爱和罗曼蒂克的爱。伴侣的爱由相互关照并从共同度过的时光中产生了感情；罗曼蒂克的爱则具有以下特点：一是存在于文化概念中，二是存在生理唤醒，三是存在与文化相适应的爱的对象。

(一)爱情态度理论

人格心理学有关爱情的理论与个人生命成长的发展相联系，但更重视人格所蕴含的稳定、不变的特质，也就是强调个人生命线的持久、稳定的方向。

爱情态度理论由罗宾提出，他认为爱情是对某一特定的他人所持有的一种态度。这种理论将爱情归为社会心理学的人际吸引，并能使用一般测量方法研究爱情。他假设爱情是可以被测量的独立概念，可视为一个人对特定他人的多面性态度，他从文艺著作、普通常识及人际吸引的文献资料中，寻找拟定叙述感情的题目，经过项目分析、信度、效度考验而建立爱情量表和喜欢量表。他发现爱情与喜欢有质的差别，而其爱情量表中包含三种成分：一是亲和与依赖需求，二是帮助对方的倾向，三是排他性与独占性。

(二)约翰·艾伦·李的爱情彩虹图

加拿大社会学家约翰·艾伦·李将男女之间的爱情分成六种形态：情欲之爱、游戏之爱、友谊之爱、依附之爱、现实之爱及利他之爱。

1. 情欲之爱

情欲之爱建立在理想化的外在美，是罗曼蒂克、激情的爱情。其特点是一见钟情式，以貌取人，缺少心灵沟通，热烈而专一，靠激情维持。

2. 游戏之爱

游戏之爱视爱情为一场让异性青睐的游戏，并不会投入真实的情感，常更换对象，且重视的是过程而非结果；不承担爱的责任，寻求刺激与新鲜感。

3. 友谊之爱

友谊之爱是指如青梅竹马般的感情，是一种细水长流型、稳定的爱。这种爱情以友谊为基础，在长久了解的基础上滋长着，能够协调一致解决分歧，是宁静、融洽、温馨和共同成长的爱情。

4. 依附之爱

依附之爱对于情感的需求非常大：依附、占有、嫉妒、猜疑、狂热、在恋爱中情绪不稳定。这种爱表现出控制对方情感的欲望强烈，将两人牢牢地捆在爱情这条绳索上。

5. 现实之爱

现实之爱会考虑对方的现实条件，以期让自己的收获增加且减少付出的成本的爱情。这类爱情理性高于情感，是受市场调节的现实主义态度。

6. 利他之爱

利他之爱带着一种牺牲、奉献的态度，追求爱情且不求对方回报。自我牺牲型爱情是无怨无悔、纯洁高尚的。

四、大学生恋爱的动因

大学校园是妙龄男女集中的地方，恋爱现象自然是难免的。大学生恋爱的主要动因有以下几个方面。

(一)生理发育成熟

大学生在校的年龄一般为18~23岁，这个年龄段的青年都处在青春期的后期。他们的性生理发育已完全成熟，性意识增强，心理极度躁动不安，渴望与异性交朋友，恋爱欲望强烈，积极构思配偶对象的理想模式并试图尽快付诸恋爱实践。一旦遇到接近理想的异性同学，便会以各种借口、寻找各种机会进行试探和追求。

(二)情感需求

大学生都是经过十年寒窗之苦、奋力拼搏才进入大学校园的。中学阶段由于升学负担沉重而暂时被压抑的、丰富的青春期情感，此时得以爆发。自我形象逐渐清晰，自我意识日益增强，情感需求渴望得到满足，而恋爱则是其情感满足的一种重要方式。

(三)从众心理

高校中经常出现一种现象：同宿舍里的几个同学，一旦有人谈恋爱，其他人很快就都谈恋爱，这是从众心理的反映。有些同学暂时没有谈恋爱的需求，如果没有其他同学的影响，可能不会萌发恋爱的念头，但是当看到身边的同学在谈恋爱，就会激发其恋爱的意识和行为。某大学外语系的一名女生说："现在反对谈恋爱的人极少，一个谈了，大家都很欣赏、羡慕，尤其是恋人的亲密无间，使得暂且找不到合适对象或还没有人向其求爱的孤独者有一种危机感。"

(四)社会家庭影响

社会上大男大女"老大难"的信息不时传到高校，对大学生产生了一定的影响。许多同学担心自己毕业走上工作岗位后找不到合适的对象，也会加入大男大女的行列。由于男女择偶标准的差异，女大学生更担心自己"知音难觅"，成为孤家寡人。一些家长也出于这种担心，希望自己的子女在大学期间谈好对象，以解除后顾之忧。这种外在压力对大学生恋爱之风起了推动作用。

(五)价值观念的变化

社会的变迁和发展引起了人们价值观念的变化，部分大学生价值取向中的消极因素反过来影响他们的生活态度。如淡化政治意识，回避社会问题，学习动力不足，甚至玩世不恭，一味追求享乐，于是就用谈情说爱来弥补精神上的空虚。

(六)外来文化影响

对外开放的进行和中西方文化的交流，也对大学生的恋爱产生了一些不利的影响。海外影视、书籍等大众传播媒介中男女拥抱、接吻等镜头、描述日益增多，猛烈地冲击着中华民族传统的伦理道德。一些大学生在接受专业知识的同时，也接受了不少西方性文化观念，异性的交往和性的渴求被认为是自然的正常现象，谈恋爱也就成为天经地义的事情。

(七)引导失误

很多学校对大学生谈恋爱都采取"既不提倡，也不反对"的模糊态度，缺乏必要引导，其实这是一种消极回避的做法。由于校方态度模糊，就给学生留下很大的余地：既然"不反对"，何乐而不"谈"呢？因而，学生不求"提倡"，但求"不反对"。由于他们得不到必要和正确的引导，不知如何对待爱情，只能根据自然需要，盲目地去谈去爱。

五、对大学生恋爱的评价

大学生恋爱问题已经成为一个不容忽视的问题。对大学生恋爱的评价，长期以来一直存在着争议，且褒贬不一。我们认为，必须对大学生恋爱有一个科学的认识，进而加以引导，才能解决所存在的问题。

(一)大学生恋爱是一种无可厚非的正常现象

大学生生理上已经进入性成熟时期，心理上也进入恋爱阶段，必然会逐步萌发出爱情意识，并在其整个精神世界中占据主要而突出的地位。一旦出现适宜的条件，爱情意识便会迅速转入恋爱实践。男女青年聚集的大学校园就提供了这种适宜的条件，因而，大学生恋爱也就成为一种自然的正常现象。

(二)不同的情况要区别看待

大学生恋爱是一种无可厚非的正常现象，这是从一般意义上来说的，但并不意味着对各种情况一概而论。相反，大学生恋爱的利弊，需要根据具体的人做出具体的分析，才能得出正确的结论。

恋爱对大学生道德观、学习、事业等的影响和作用都具有两重性。一般来说，高尚的爱情对道德观念的形成、对学习和事业都有促进作用，而庸俗的爱情会对道德观念、学习和事业产生不良影响。可从以下几个方面来分析大学生是否适合谈恋爱。

① 动机是否正确。动机支配行动，动机影响结果，幸福的爱情源于纯洁的爱。如果一个人的恋爱动机仅仅是追求外貌、金钱和地位，甚至仅仅是为了玩玩而谈，就不可能建立真正的爱情。

② 有无共同理想和信念。要获得真正的爱情，两个人必须有共同的理想和信念，应该忠贞互爱，心理相融，并具备心理协调能力和处理爱情与事业关系的必要的经验与自觉性。

③ 对学习的影响。处理好学习与恋爱的关系，会促进或至少不妨碍专业学习。如果处理不好，学习成绩直线下降甚至"开红灯"，就必须暂停恋爱或适当降温。

④ 能否保持良好的人际关系。正在恋爱的学生，往往会与原来的伙伴疏远，甚至脱离集体，整天只有两个人在一起，造成同学间的隔阂，影响团结。对此需要予以格外注意，因为人际关系最终会影响恋爱本身。

⑤ 年级高低。低年级的大学生最好不要马上谈恋爱。他们虽然在生理上已经成熟，但心理还不够成熟，缺乏独立生活的经验，感情色彩很浓，缺乏必要的正确的思维，容易造成恋爱挫折。加之低年级是大学的基础阶段，搞不好会影响整个大学期间乃至一生的学习。

决定大学生是否可以谈恋爱的因素还有很多，只有在全面考虑、深思熟虑以后，才能做出正确的选择。一名大学生是否适宜谈恋爱，还要看他是否可以用理智控制情感。

(三)大学生恋爱需要教育和引导

初涉爱河的大学生对恋爱问题的处理在很多方面是缺乏经验的，因此，加强对大学生恋爱的教育和引导已刻不容缓。这些教育措施包括：科学的性教育，人生观和人格教育，恋爱观教育，丰富业余生活、陶冶情操，建立咨询中心，开展咨询活动等。

第二节 大学生恋爱心理的表现

一、大学生恋爱心理形成的三个阶段

恋爱是培植爱情的过程，选择什么样的爱人、什么时候步入恋爱阶段，不但受各种因素的影响，也决定着恋爱的进程。

(一)对异性的敏感、疏远期

随着第二性征的出现，青少年开始认识到两性之间的差别。到了十一二岁(女孩比男孩一般要提早一两年)，孩提时代两小无猜的男女伙伴开始疏远了。在日常生活和学习中，男女青年之间很少说话，不理不睬，如同路人，各自心里却产生不安与羞涩。偶尔看到有男女同学在一起，其他人便会起哄、嘲弄，同桌的男女同学往往在桌子上画一条"三八线"以示男女有别、互不侵犯。之后，逐渐过渡到对年龄相近的异性的亲近。这种情况的出现属于正常现象，标志着男女青年性意识的觉醒，刺激着他们产生对异性接触的好奇感，促使他们渴望了解许多关于自身及男女相互之间的秘密。

(二)对异性的亲近向往期

一般到十三四岁，随着性意识的发展，青年男女从疏远转变为彼此接近。他们开始注意异性对自己的态度，常以友好的态度对待异性，并在异性面前表现自己，以期博得异性的好感。这一时期的特点是男女间的相互显示和相互吸引，表现在注意打扮自己，愿意同异性接触，对异性的关注特别敏感，总认为异性的目光在盯着自己，在集体场合有意无意地在异性面前显示自己的特长和优点，或故意打打闹闹，以引起异性的注意和博得异性的青睐。在好朋友中大谈有关爱情的趣闻逸事，表达自己对爱情的看法和追求。有的摘抄文学作品中对爱情的精彩描述和有关格言诗词，在床头挂起自己的异性偶像相片，唱爱情歌曲等；有的男女生在表现自己的同时，还发起各种试探或主动进攻，如有意接近对方，寻找借口与对方单独相处，主动为对方帮忙，以含蓄的方式表达自己的心意和试探对方的意图；也有的同学干脆递纸条写情书，明确求爱。不过，这一阶段的青年们亲近的对象具有广泛性、不稳定性，理想主义色彩浓厚，是一种不成熟的恋爱心理，有人称此阶段为泛爱期。

(三)浪漫的恋爱期

泛爱期的自然延续，便是恋爱期。这一时期性亲近的对象由广泛性转到专一关注某一异性身上，理想主义色彩有所减弱，对现实有所考虑。恋爱期又分为初恋和热恋两个阶段。

1. 初恋

当发出的爱情信息得到肯定的回答时，便是初恋的开端。这时的心情是异常兴奋和激动的，印象也是最深刻的。初恋的特点是新奇性、纯洁性和含蓄性，初恋的过程往往是双方相互了解和考验的过程，一旦成熟便进入热恋阶段。

2. 热恋

经过初恋的相互考验，男女恋人之间改变了初恋的矜持和拘束，渴望亲热，通过亲近达到相互间性吸引的满足。这个期间往往是难舍难分的时期，需要用理智控制情感，不然容易发生失控越轨行为，造成不良的后果。

二、大学生恋爱的特点

大学生恋爱，除了具有一般青年恋爱过程中所具有的排他性、冲动性、强烈性、直觉性和依存性以外，还具有自己独有的特点。

(一)恋爱的浪漫色彩浓厚

大学生的恋爱，对爱慕之情、人生看法谈得较多，而很少甚至根本不讨论结婚、家庭、婚礼等具体问题，这是由大学生的客观条件限制所决定的。大学生恋爱的这种浪漫色彩掩盖了实际存在着的矛盾，因此缺乏挫折的磨炼，比较脆弱。一旦遇到问题，恋爱关系容易破裂，这是大学生恋爱成功率较低的重要原因之一。

(二)恋爱的自主性较强

大学生谈恋爱，都是自己做主，个性特点强，不信奉什么统一的模式。社会上的青年在明确恋人关系前，一般征求家人的意见，甚至第一次见面就在家里进行；明确恋人关系后双方家长来往密切，成人指导贯穿于各个环节。大学生则不同，自己看准了就去追求，甚至确定关系后家长都不知道，而且大多是瞒着老师进行。

(三)恋爱的盲目性较大

有些大学生把在校期间谈恋爱作为一种取得生活经验的实践活动，也有的学生对异性有好奇之心，千方百计想跟异性接触，他们甚至在与对方恋爱中连究竟爱什么、为什么爱都没有弄清楚。有的学生一学期谈了好几个，甚至互相攀比，看谁找得多，看谁的对象漂亮。

(四)恋爱的公开性

随着西方文化和生活方式的冲击，传统观念覆盖下的两性关系的帷幕被撩开。过去许多高校明文规定禁止大学生谈恋爱，因而，谈恋爱属于"地下活动"，恋爱双方既不愿让其他同学知道，更不希望让老师知道。现在，校方虽没有明确赞同，也不再一味禁止。大学生的恋爱活动便由地下转为公开。

(五)恋爱的情感随意性

现代大学生谈恋爱一扫传统的以含蓄、内在、深沉为美的形式，与之相反的是在公开场合下，手拉手，肩并肩，整日形影不离，甚至搂搂抱抱，招摇过市，致使旁人不得不退避三舍。在校园的幽静之处，常常可以看到拥抱、接吻等情感表达方式。有的同学甚至对婚前性行为持认可或宽容态度，偷吃禁果的男女同学并不罕见，由此还造成了某些严重后果。这些不良行为不仅造成很坏的影响,还影响了大学生的正常学习和身心健康。

三、大学生恋爱的类型

在众多的大学生恋爱中,不同的理想、信念、思想、人生观和心理素质形成了不同的恋爱类型,概括地说有以下几种。

(一)情欲型

一些大学生受青春期性本能的驱使或受描写性爱的影视文学作品的影响,控制力较弱,进行模仿尝试,追求性刺激,以满足性欲为目的与异性同学交往、恋爱。有的学生甚至把恋爱当作娱乐,逢场作戏,玩弄异性。这些学生只注重异性的外表,追求感官上的愉悦。这种恋爱忽视或无视爱情内涵中所应有的社会性因素,是一种不健康的恋爱类型。

(二)功利型

这是一种非常势利的实用主义恋爱类型。有的同学恋爱首先看的是对方的物质条件,如看中对方父母或亲戚的名利地位,或利用恋爱因素,希望在毕业分配上得到照顾等。这类大学生往往基于利益而恋爱,在此之前已把对方算计得一清二楚,把恋爱当作谋取功利的手段,没有爱情可言。

(三)慰藉型

处在青春期特殊年龄阶段的大学生,正值心理断乳时期,常常发生与自身和与社会的冲突,渴求社会和他人的理解,有一种莫名的惆怅和孤独感。当周围的氛围不能满足这种心理需求时,有的学生往往以恋爱的方式向异性伸出求援的手。在外人看来,他们是在谈情说爱,其实他们不过是在寻找心理慰藉,以排除内心的孤寂。

(四)友情型

有的恋人原先是邻居或中学同学,本来就有感情基础,双方考上大学后,凭借天时、地利发展恋爱关系。这种恋爱关系发展较稳定,成功率也较高。也有一些同乡同学,虽然长期交往,但感情上缺乏共鸣,尽管一方有些美意,最终也难以发展为爱情。这部分同学基本上能较好地处理爱情或友情与学业的关系。

(五)理想型

这些同学往往缺乏理性思考,对爱情充满理想色彩,一旦认定某个异性与自己理想中的偶像相吻合,就会不顾一切地去追求,并甘愿为之牺牲一切。这类同学把爱情理想化了,情感比较脆弱,一旦遭到挫折便会非常痛苦,并易导致心理疾病。

(六)志趣型

这些同学把感情融洽、志趣相投、事业成功作为爱情的基础。这种注重事业和精神生活的恋爱,恋爱双方道德高尚、互相尊重,行为端庄大方。感情热烈而举止文明,注重思想上的沟通，以和谐的精神生活和事业的共同追求为满足。这些同学一般对事业、理想、能力、气质、品德等方面都有较高的要求，能自觉地克制自己的感情，处理好恋爱与学业的关系。

四、大学生恋爱中的常见心理

大学生恋爱是一个复杂的心理过程。在这个复杂的过程中，每一个细小的环节都是心理反应的结果。下面对大学生恋爱的一些常见心理进行分析。

(一)审美心理

爱美之心人皆有之。大学生的恋爱也是一种对美的追求。美是具有时代特征的。美又是一种客观存在，爱情又以异性间的吸引为基础，因此，在恋爱中男女双方对美的看法往往在很大程度上同"生理效应"标准相联系。绝大多数男子都喜欢线条柔和、体态丰满、五官清秀的姑娘，绝大多数姑娘都喜欢体魄强健、肌肉结实、轮廓分明的男子，这就是生理标准在起作用。然而，人的审美是有个性差异的。不同的人对同一个审美对象会有不同的美学评价。如一个男生认为某个女生很美，另一个男生却可能认为这个女生很一般。因此，美是相对的，而非绝对的。

大学生恋爱，不仅会考虑外在的特征美，而且更多地会考虑对方的行为美和心灵美。一般来说，行为是心灵的反映，可以通过一个人的行为来判断其心灵的美与丑。心灵的美与丑，足以改变一个人自然面貌给人的印象。一个长相很美的人，因为行为和心灵可恶，会渐渐地被看作十分丑陋；一个长相不美的人，由于其行为和心灵高尚，会渐渐地显得可爱。

(二)择优心理

择优心理是大学生恋爱中普遍具有的心理，一般来说，交际广的同学择优心理强一些，自认恋爱条件较差的同学择优心理弱一些。应该肯定，大学生恋爱中对异性进行一定的比较、选择是无可非议的，问题的关键在于用什么样的标准去择优。不论是社会上还是学校中，由于择优标准偏差所造成的恋爱失败的例子是不胜枚举的。有的女子要求对方身高不低于一米八，有的男子把女方相貌俊俏、身材苗条作为必要条件，有的强调对方家庭条件、社会地位……结果耽误了自己的青春。

当然，不是说择优就不考虑外在条件，但过分强调外在条件会冲淡爱情的感情内涵。正确的择优标准，应该注重内容和尺度两方面。

就内容而言，择优主要看价值观、道德水平、情趣修养和个性。如果两个人在这些方面差异很大，没有相容性，即使别的条件再好，也无法建立幸福的爱情。

就尺度而言，优是相对的，须同自身的实际状况相适应。把年龄相貌、文化程度、经济条件等非感情因素都排除在恋爱过程之外，是不现实、不客观的。因此，提出要求时要考虑自身的条件，不能太脱离自己的实际情况，否则好高骛远，势必会遭受失败。

(三)嫉妒心理

在恋爱中产生嫉妒心理是非常普遍的。当得知自己喜爱的人同其他异性关系密切时，一种难言的痛苦滋味涌上心头，这便是嫉妒。嫉妒心理在大学生恋爱中的表现多种多样，归纳起来有两种不同性质的嫉妒：一种是自然性的嫉妒，另一种是变态性的嫉妒。

自然性的嫉妒是一种正常的心理活动，它的出发点和归宿都是爱情。哲学家瓦西列夫认为："由于意识到可能失掉亲爱的人而感到潜在的忧虑，渴望亲密的关系永远美满，这种嫉妒是爱情的一个组成部分。"当一名大学生爱上一位异性以后，嫉妒对方去爱另一个人，这不是一种消极的情感，这种自然性的嫉妒常常是爱的表现。相反，如果一个人丝毫没有嫉妒心，感到无所谓，那就可能是不爱对方的表现。

变态性的嫉妒一般表现为无端猜疑、充满敌意和怀恨报复，它不同于自然性的嫉妒。从表面上看，变态性的嫉妒的出发点和归宿似乎也是爱情，但实际上它恰恰是同爱情背道而驰。爱情必须互相信任，而变态性的嫉妒正是对信任的蚕食。因此，如果说自然性的嫉妒能通过无形的感情纽带促使双方相互追求、珍惜爱情，那么变态性的嫉妒只会破坏双方关系，导致感情的破裂。

(四)掩盖心理

大学生在恋爱过程中，总是自觉或不自觉地把优点显示出来，而把缺陷和不足隐藏起来，这种心理过程就是掩盖心理。由于担心自己在某些方面条件不理想，会遭到恋人的不满，因而有意隐瞒对方，这叫作有意掩盖。还有一种叫作无意掩盖，就是无意识地把美好的一面表现出来，而回避有缺陷的一面。事实上，大学生恋爱中的掩盖心理不是单方面的。感情炽热的恋人都希望各自的行为能赢得对方的欢心。恋人见面之前都要修饰一下外表，无非是为了给对方以愉悦的感觉；说话拣对方爱听的讲，做事拣对方喜爱的做，无非是为了让对方喜悦。无意掩盖是自然发生的，有意掩盖则是人为的。恋爱中不应提倡有意掩盖，因为爱情需要真诚，需要信任。过多掩盖会带来很多后遗症，往往是爱情失败的根源。

(五)从众心理

大学生恋爱中的从众心理是指恋爱活动受众人评价和行为的影响。这种从众心理表现在恋爱过程的很多环节上。

有的大学生本想进入大学后认真学习，多学知识，立志将来做一番事业，暂时不想考虑恋爱的事情。但当他看到周围的同学一个个都谈上了恋爱，自己就会产生疑惑，进而听到大家对恋爱的赞赏时，原先的信念就会动摇，很快会成为恋爱大军中的一员。这种从众心理也是造成大学生谈恋爱在某些寝室或班级比较集中的重要原因。

在对恋爱对象的评价上，从众心理也起着很大的作用。原先认为一个对象很漂亮，如果周围的同学都说不漂亮，久而久之，你也会感到她确实很一般而放弃追求；如果大家都说某个同学如何如何美，你就会渐渐地感到她确实很美，她对你的吸引力就会加强。

应该承认，恋爱是一种社会行为，会受到周围人的评价的影响。但恋爱更是两人之间的志趣相投和感情吸引，所以要正确分析和对待外部评价，不要让从众心理主宰了恋爱的进程，从而造成判断失误。

(六)晕轮效应

恋人之间常有晕轮效应。俗话说"情人眼里出西施",这就是晕轮效应的结果。有的大学生同时被几个人追求时,有可能飘飘然起来,也会出现自我评价过高的倾向。其实,一个大学生被几个异性追求,可能是多种因素的影响,并不一定等于其自身条件优越。

在对恋人的评价上,晕轮效应也经常产生影响。当恋人的某些条件比较优越时,就很容易忽视对其他条件的体察。如看到长相漂亮的异性就忽视其内在的素质而一见倾心等。同样,当看到恋人某些条件比较欠缺时,又会抹杀其他方面的优势。如在恋爱过程中,偶尔发现对方的某个缺点,由此而对其全盘否定。因此,晕轮效应容易造成评价和判断的偏差,是心理不成熟的表现。

五、大学生恋爱的心理变化

完整的恋爱一般要经历初恋和热恋两个阶段,而不完整的恋爱则只经过初恋便结束了。大学生恋爱,在这两个阶段有着不同的心理变化,这种变化是非常明显的。

(一)初恋阶段的心理变化

初恋是心理最敏感的时期,往往一个细小的举动就会引起双方心绪的强烈颤动,产生情感上的共鸣;每一次感官的触动,都犹如一股暖流袭来,使双方震动、倾倒和陶醉。因此,有的初恋者喜上眉梢,春风得意;有的初恋者废寝忘食,精神恍惚;有的初恋者神魂颠倒,如痴如醉。这与恋爱者的性格、情操、阅历、知识、修养都有很大的关系。初恋是美好的、甜蜜的,它是第一次对异性爱的体验,双方的内心往往充满了一种新奇的兴奋和激动,不仅是在一起的时候,就是有时暗自想起见面时的情景,也会兴奋不已;初恋是强烈的,它是爱欲积聚的爆发,是青春力的点燃,处于初恋阶段的人总是心情愉快,喜悦之情溢于言表而不自知;初恋是纯洁的,它完全以感情的吸引力为纽带,而很少考虑感情以外的相关因素,每一个大学生都十分珍惜自己的初恋,对它寄托着全部的希望、幻想和深情,他们总是用最美好的词句记录和描绘初恋的时光;初恋又是含蓄的,相恋的双方彼此心领神会,而旁人还蒙在鼓里。

初恋一般要经历"醉我——疑我——非我——化我"四个阶段。

醉我:就是对方的相貌、仪表、风度、气质、品格、才能、理想等肉体和精神的魅力深深地吸引自己。此时,总有一种从未有过的捉摸不透的亲近欲和冲动。

疑我:因为我被对方深深吸引了,所以拼命地在对方面前自我显示,以引起对方的注意,常用只可意会、不可言传的微妙眼神和动作向对方示意,但是对方对我是否有意呢?于是我就进入反复评价这种爱的可能性的怀疑期。这期间,常会做些必要的试探以助判断。

非我:终于知道对方也在爱自己的时候,激动不已,兴奋而紧张,一切都不像平时的我了,故称非我。非我阶段,常常会做出情不自禁的喜悦表情和动作,呈忘乎所以之状。

化我:此时单独的我已不存在,无论是读书学习,还是穿戴住行都像是为对方的,甚至认为大自然、周围环境也都是为对方存在的。

(二)热恋阶段的心理变化

在初恋的基础上，双方经过一段时间的感情交流，对彼此的志向、个性、人品、修养、兴趣等有了一定的了解，在感情交融、志趣相投的情况下，爱情进展到了更充实、更热情、更有具体内涵的阶段，这是爱情所经历的本能与觉悟、感情与理智有机转化和相互结合的过程，热恋是爱情走向成熟的标志。经过初恋期的相互了解，双方思想感情日趋一致，心理高度相容，能够在相互接触中比较确切地表达自己的情感，并力求得到周围人的认可和赞许。从初恋到热恋，必须也应该有一个时间量和情感量的积累。初恋是珍贵的，但爱情发展的一般规律表明，热恋同样是珍贵的，大学生一旦进入热恋阶段，就会在心理上刻下难忘的印痕，即使转移了恋爱目标，原有的热恋体验仍具有较大的影响。

六、大学生中常见的恋爱心理障碍

(一)单恋

单恋俗称单相思，是指以一方对另一方的一厢情愿的倾慕与热爱为特点的畸形爱情。单恋往往是一场误会，是年轻人爱情错觉的产物。

大学生中的单恋现象比较常见，且较多地出现在性格内向、敏感、富于幻想、自卑感强的学生身上。"落花有意，流水无情"，这种体验是很痛苦的，有些人处理不好就容易出现以下三种情况。

第一，依旧痛苦地眷恋，深陷于自己编织的情网中。这种爱是无力的、不幸的。

第二，恋爱不成，反目为仇。当发现挚爱的回报是冷漠，有些脆弱的人就会出现心理上的失衡，进而愤怒、憎恨，以致对自己的暗恋对象进行报复。

第三，自信心受挫，悲观失望乃至自杀。

单恋通常表现为三类：一是自作多情，明知对方不爱自己，还一味地追求与纠缠；二是误会，错把友情当成爱情；三是深爱对方怯于表白，从而苦苦思念。

那么，如何从单恋的痛苦中走出来呢？

如果是处在恋爱的年龄阶段，并且对方也是单身一人，向意中人明白表达爱慕之情是摆脱单相思的直接方式；如果单恋的对象已经有朋友或成家，就不能盲目地表达爱慕之情，而是应尽早理智地收缩情感。

(二)失恋

痴情者被恋人抛弃，就是失恋。以痛苦为主要特征的失恋者是很复杂的。起初是不愿承认这是事实，独自回忆、辩解、幻想、痴心、苦闷、坐卧不宁。由于失恋是获得爱情又失去，因而产生的挫折感往往比单恋更强烈。对爱的绝望和深深的孤独感、虚无感是失恋者常见的心理体验。如果不能及时排除或转移这种情绪，心理就会失去平衡，以至于出现以下不良反应。

第一，转为单相思，对抛弃自己的恋人仍一往情深，如痴如醉，整日沉浸在对往事的回忆中，产生不切实际的幻想。

第二，同恋人反目为仇。有的人失去理智，无法控制激情，产生报复心理，造成害人害己的结局；有的人从此愤世嫉俗，对一切都看不上眼，甚至对所有的异性都充满怀疑和憎恨。

第三，陷入自卑和迷茫中，从此心灰意冷，离群索居，绝望轻生。

一般来说，失恋要经历三个过程：震雷般的重击感、烦躁不安的痉挛感和冲动平息的过程。前两个联合体是失恋的危险期，少则三五天，多则十天半月，闯过危险期，才能恢复心理平衡。

要想更快、更有效地摆脱失恋的痛苦，需要学会积极地宣泄情感，不去做过多的纠缠；学会正视现实，进行理智的分析；学会积极转移，自立自强。

第三节　正确对待爱情

一、对恋爱中各种疑惑的解答

1. 为什么没有谈恋爱的时候特别想谈恋爱，谈恋爱的时候又觉得没什么意思？

任贤齐在《心太软》这首歌里，回答了这个问题，在歌中他唱道："相爱总是简单，相处太难。"相爱需要相互理解、相互宽容。请记住：在爱一个人优点的同时，要包容他的缺点。

2. 如何解决追女朋友或男朋友追不到的烦恼？

用"追"字来代表恋爱过程实在是很妙，这个字很生动地勾画出一方对另一方的倾慕和祈求。

人是一种很敏感、警觉性很高的动物，当一个人在觉得有人在背后追踪他的时候，他就会莫名其妙地跑，追得越快，跑得越快，如果这时追的人停下脚步，逃的人也可能停下来。在追的过程中往往是你追我赶，越追不到手，就越舍不得放手；你追得越紧，他就跑得越快。结果越追越远，直到追不上为止，所以不要造成被追逐的一方不敢停下来的情形，要给对方冷静回顾的机会，因为无论是男人还是女人都有这样的一种倾向，他们多半会逃避那些追他们的，而不会去逃避那些站着不动的人。要追追停停，给对方思考的时间。

3. 怎样才能够讨女孩子的喜欢？

如果要让女孩子对你好的话，你就要让她看出你是一个正直有为的好青年，与其在她们面前献殷勤，不如拿出你的成绩，表现出你的风度，展现你的人格魅力。

4. 该不该表达对他的感情？

作为男女同学来说，如果一方对另一方表示爱情而被拒绝的话，那结果是连友情也不存在了，所以假如你没有十足的把握，最好的办法还是先留住友情，在友情的基础上慢慢发展爱情。

5. 我和男友(女友)在一起总是吵架，他(她)和我在一起总是不开心，我愿意让他(她)开心，怎么办？

他/她立志的时候你鼓励他/她，他/她消极苦闷的时候你安慰他/她，他/她在被别人轻蔑的时候你尊重他/她，他/她失望的时候你帮他/她找到希望，使他/她常能在你这里找到自尊、自信，这样，他/她在你这里肯定就是快乐的。请记住：不要苛求对方，更不要苛求爱情。

6. 我和男友(女友)处了一段时间了，但是我总觉得他(她)不够完美，是不是有完美的人在前面等着我呢？

在美国，有个人非常优秀，可是七十多岁了都没有结婚，大家就问他："你找了三四十年了，难道就没有找到一个你喜欢的人吗？"他说："我找到了。""那为什么不结婚呢？""她同样也在寻找一个完美的男人。"这样的回答能不能给你一些启发呢？

7. 爱他在心，口难开，中国人不是说沉默是金吗？

沉默是埋在地下的金子，开口是流动的金子。埋在地下的金子是没有价值的，只有流动的金子才有价值。如果想要表达自己的感情，一定要开口。

8. 怎么知道"我是否喜欢他呢"？小测试告诉你。

请根据自己的实际情况，对下面每一条陈述做出判断，完全正确的记1分，相对正确的记0分，完全不正确的记-1分，大家看一下是否对另一个异性有了爱情。

第一条：他似乎总在我心里。
第二条：如果他离开我，我会感到失望。
第三条：我做什么事使他幸福的时候，我也会感到幸福。
第四条：我很想了解他的一切。
第五条：当我看见他时，我有时会兴奋得身体颤抖。
第六条：我不愿意跟任何人在一起，只愿意和他在一起。
第七条：我喜欢研究他的方方面面。
第八条：在我看来他是完美无缺的恋爱对象。
第九条：我希望他了解我，包括我的思想、我的恐惧和我的希望。
第十条：如果我认为他爱上了别人我会嫉妒。
第十一条：他在我眼前时，我热切地希望接触他，也希望他接触我。

大家看看自己的得分，如果在8分以上，就有了爱情的性质，分数越高，说明你爱得越深。

9. 该用什么样的态度对待爱情？

对待爱情应该持一种随缘的态度，正如徐志摩所说："得之我幸，不得我命，如此而已。"当然，很难有人做到如此洒脱，但在爱情上要明白一个道理：爱情不是努力就可以得到的，我们只能决定我们做什么，但是我们决定不了我们将得到什么。

10. 男女两性在对待爱情上存在着哪些差异？

首先，在择偶自主意识和主动性上存在着两性的差异。由于社会的长期历史原因，在人类社会男女之间的交往中，男性总是扮演主动追求者的角色，而女子则为涉猎的对象和社交场合的中心。但是女子在与男性交往中更易适应对方的个性，男性如果显得被动，她便会很快调整自己的定位，显得主动、积极，打破局促、冷清的场面。

其次，在择偶要求上也存在着两性的差异。男性往往很注重貌，要求对方体态匀称、相貌姣好、性情温柔、情感细腻、作风正派及年龄偏小，要有女人味；而女性往往很注重才，要求对方有事业心、能力强、为人善良、温柔体贴、有信心、深沉稳重及年龄偏大，要有男子气。

最后，在择偶方式上也有差异。男性在择偶时往往敢于率先表白自己的情感，有的甚至在与女性接触不久，便产生了爱慕之情，进而大胆地追求，因此，择偶方式比较外向和热烈；而女性的择偶方式则比较含蓄和深沉，她们善于多方面综合评判对方，更多地把握交往过程的分寸和进展，在表露自己的情感时，常常采取曲折、间接的方式。所以说，男子比女子更易一见钟情，也更易掉进情网。

11. 在心理交往中，男女的沟通方式有什么不同？

在言语沟通上，男性常用强硬的、敌意的词，用语比较粗鲁，说话理智性、逻辑性较强；而女性常用温和的、柔情的词，用语比较文雅，说话直觉性强、感情色彩较浓。例如，女性很善于委婉表达自己的思想情感，经常用"吗、吧、啊、嘛、呵"等词软化谈话气氛，而且使沟通富于人情味。善于运用含蓄的方法表明心迹的也是女性，她们常借物抒情，魅力横生。

男女在词语沟通上的态度也有性别的差异。女性常是一个很好的听众，她们倾听的态度非常认真，会适时地对对方的谈话做出赞同、惊讶、疑问的反应，填补了谈话的空隙，使对方谈兴更浓。而且她们从不轻易打断对方的讲话，也不轻易地发表相左的意见。而男性则恰恰相反，插话、沉默、反对比较常见。

在非词语沟通上，女性比男性更胜一筹。女性总是比男性更爱微笑，而且她们很善于用表示她们的赞赏、反对、喜爱、讨厌等各种感情，准确、生动地传递信息。同是微笑，她们却赋予了众多的意义，友好、喜悦、歉意、不满等，都可以"一笑了之"。眼神的接触也是女性比男性多而主动，她们常用眼神来激发交往和保持交往。至于姿态，男性通常是千篇一律的，而女性的姿态则丰富多彩，有大方式，有害羞式，也有自由式。

二、正确地对待爱情

(一)恋爱的误区

1. 恋爱能消除孤独感

所谓孤独感是个体无法与他人建立实质联系的状态。青年男女因其心理发展阶段的特点，最容易感到孤独。有时孤独感产生于一个人独处时，有时甚至在群体活动中也会产生。有的大学生看到别人出双入对，更感到孤独难耐。因此，一旦爱情降临，便紧抓不放，以此来驱赶孤独。他们要求自己的恋人时时刻刻陪伴自己，一旦不能如愿便感到更加孤独。他们感到十分困惑，恋爱为什么不能消除孤独感呢？其实，他们的孤独感不仅仅是因为恋人不在身边而产生的，还有更深刻的心理原因，那就是他们性格中的依赖性。

2. 为爱情而活

由于青春期的心理特点，对美好爱情的追求成为主要的心理需求。"爱情第一"的观点在相当一部分青年学生中流行，似乎有了爱情就有了美好的未来，否则前途就暗淡无光。

于是，花前月下、卿卿我我、出双入对成为校园一景。有的学生因为谈恋爱而荒废了学业，有的学生因为失恋而产生了心理危机，原因之一就是把恋爱当成了生活的主要目标。

恋爱是人生的重要组成部分，但不是生活的全部内容，生活中还有更重要的东西。恋爱的前景如何，在很大程度上与生存状态有关。如果一个人沉溺于爱的甜蜜，忘记了还有更重要的事要做，就会损害他的现实生存状态，他的恋爱前景也就令人担忧。正确处理恋爱与学业的关系，可以形成两者相互促进的良性循环，增加恋爱的激情，增强学习的动力。

3. 过高估计恋人的优点

中国有句话叫"情人眼里出西施"，英国有句话叫"爱情是盲目的"，都是在描述这种情况。在热恋的情绪状态中，感到对方什么都好，分别之后魂牵梦萦，在思念中回味，恋人的形象在主观想象中被加权，显得更加完美。盲目的爱情中自然潜伏着危机，因为它脱离了现实。随着两人接触增多，了解加深，理智感日益增强，情绪性逐渐降低，想象和现实的距离越来越大。如果没有足够的精神准备，这种"情人眼里出西施"式的恋爱将会陷入僵局。有的同学对心理学老师说："我的爱情成了一锅夹生饭，我和女朋友分别后就想，见了面就烦。"造成这种情况的主要原因是过高地估计了对方，并用想象加以美化。一旦现实打破这种完美的想象，就会使爱情陷入困境。

4. 偏爱身体的魅力

身体魅力是两性交往中的重要吸引因素，特别是在短暂接触时作用更大。但是，一个人的魅力是身心两种吸引的统一体。随着恋爱双方了解的深入和接触时间的延长，身体魅力逐渐退居次要地位，人格魅力的作用在增长。如果一个人只有身体魅力，只有外形美，是不会有长久魅力的。显而易见，偏爱身体的魅力会将恋爱引向歧路。

5. 赌气

大学生在恋爱中难免发生种种误会，双方又都比较敏感，容易受到伤害。受到伤害后又不愿意给对方解释的机会，双方就会赌气。赌气的表现：故意说不喜欢、不愿意、不高兴等，造成更多误会和冲突，最后可能毁掉恋爱。人与人之间交往时发生误解是常见的现象，并不可怕，出现了误会应该给对方解释的机会，一旦陷入僵局，双方都有责任主动采取措施，打破僵局。

(二)树立正确的恋爱观

恋爱观是指对待择偶和爱情的基本看法和态度。大学生应树立的正确的恋爱观有以下几点。

1. 提倡志同道合的爱情

恋爱观是一定社会条件下的经济关系和道德关系的产物，是具有明显的阶级性的。大学生的恋爱观应该是理想、道德、义务、事业和性爱的有机结合。在恋人的选择上最重要的条件应该是志同道合，思想品格、事业理想和生活情趣等大体一致。马克思和燕妮的崇高爱情就是建立在志同道合的基础上的。正因为如此，他们的爱情才经受住了艰难困苦的考验。

2. 摆正爱情与事业的关系

爱情是人生内容的一部分，但不是人生的全部，它应该服从于事业，促进事业的发展。真正的爱情是人生中的伟大因素，但它并不是唯一因素，除了爱情以外，生活中还有许多其他的人生意义。大学生应把事业放到更重要的位置，摆正事业与爱情的关系，不能把宝贵的时间都用于谈情说爱而放松了学习。没有事业的爱情如同在沙漠中播种，缺少坚实的根基和土壤，迟早会枯萎。只有将爱情同事业结合起来，爱情才有旺盛的生命力。

3. 懂得爱是一种责任和奉献

大学生进入恋爱状态之前就应该懂得，爱不仅是得到，更重要的是一种责任和奉献。在社会生活中，对于个人具有两个方面的责任：一方面是个人对社会应尽的责任和个人对家庭、父母、孩子、朋友和爱侣的责任；另一方面的责任属于私人生活的性质，是社会干预最为微弱的生活领域，是完全需要道德及审美的修养和自觉的责任感来维持的。

不成熟的爱情是"我爱，因为我被人爱"，成熟的爱情是"我被人爱，因为我爱人"；不成熟的爱是"我爱你，因为我需要你"，成熟的爱是"我需要你，因为我爱你"。所有的爱情都包含着一份神圣的责任，这种责任不是义务，不是外界强加的，而是内心的自觉，即为自己所爱的人承担风霜雨雪，而不仅是感官上的愉悦与寂寞时的陪伴。

(三)正确处理友情与爱情的关系

男女大学生在共同的校园生活中，进行着频繁的交往，彼此之间有好感，建立起友谊，这是非常自然的事情。爱因斯坦曾说过："世间最美的东西，莫过于有几个头脑和心地都很正直的真正的朋友。"心理学家认为，男性的阳刚气质和女性的阴柔情感，是某种心理现象的互补，促使男女双方之间有互相接触和了解的欲望，当这种欲望付诸行动时，往往会产生友谊，结为朋友，并可能发展为爱情。友情和爱情虽然有相通之处，但友情毕竟不等于爱情。大学生在与异性接触的过程中，必须处理好两者的关系，以免陷入烦恼的漩涡。

(四)培养爱情的道德意识

爱情的道德意识首先是指选择对象的道德标准。一个人的思想品德、能力、性格、身材、外貌、家庭和经济条件等都可能成为选择对象的标准。大学生应把对方的道德品质放在首位。爱情的道德意识还表现在爱侣间彼此忠诚的高尚道德感上。爱情需要专一，那种朝秦暮楚的爱情不会长久，也不会幸福。恋爱双方彼此忠诚、尊重、信任、理解，这是爱情和婚姻成功的要素。最后，爱情的道德意识还表现在为对方承担恋爱过程中的道德义务。在恋爱过程中应本着为对方负责的态度，不使对方受到精神创伤，要使爱在理智的支配下有节制地发展，控制性冲动。

(五)提高恋爱受挫承受能力

大学生恋爱受到各种因素的制约，因而，在追求爱情的过程中，遇到如单恋、失恋、爱情波折等种种挫折是在所难免的事情。这些挫折对大学生的挫折承受能力是一种考验。如果承受能力较强，便无关紧要；如果所受到的挫折超过承受能力而得不到合理的情绪疏导，就有可能造成不良后果。一般来说，爱情波折可以通过相互谅解或友人调解而获得解决,而单恋或失恋的痛苦却难以轻易地被驱走。它包含着一种超强的情绪过程,这种情绪与恋爱的情绪方向相反,但强度却大致与之成正比,即爱之愈深,痛之愈切。

对待爱情挫折的正确方式是增强理智感和提高挫折承受能力。爱情虽然是生活的重要组成部分,但并不是生活的全部。当爱情受挫后,要用理智来驾驭感情,摆脱或消除烦恼和痛苦的思绪,在新的追求中确认和实现自己的价值。如果在恋爱中出现挫折,不要沉浸在苦恼与悲痛之中,而应保持冷静的头脑。爱情是双方的,不是一厢情愿的,所以应该尊重对方选择爱人的权利,通情达理。而且,"天涯何处无芳草",没必要纠缠住一个人不放。可多与同性朋友进行交往,向他们倾诉内心的烦恼。不要再过多涉足以前常与恋人待在一起的地方,改变一下环境,或者参加体育、娱乐活动,以此来转移对挫折的注意力。也可把挫折加以升华,把热情投入到事业中去,把由爱情挫折所带来的痛苦和紧张情绪慢慢地释放出来,使之成为开创事业的一种动力。

三、矫正恋爱中的不良行为

行为是受人的心理支配的,是心理活动的外在表现。大学生的恋爱行为是其恋爱心理作用的结果。在大学生的恋爱中,有些不良行为与社会的要求格格不入,应予必要的矫正。

(一)亲昵过度

处于恋爱过程中的大学生,由于性心理的作用,与恋人有一些亲昵的举动,这是一种生理和心理的本能,是爱的重要表达方式。它不仅能满足爱的生理需要,而且是促进爱情发展的心理动因。但是这种亲昵行为应适度,不要超过界限,否则会产生不少消极的影响。有的大学生在双方还没有建立起感情的时候就一厢情愿地进行亲昵行为,结果引起对方的反感;也有的大学生采用粗俗的甚至野蛮的亲昵行为,与给人带来愉悦的、高雅的亲昵需求形成极大的反差;更有甚者,不注意环境和场合,大庭广众之下勾肩搭背,招摇过市,极不文明。作为有较高文化修养的大学生,在恋爱过程中一定要掌握和控制好亲昵的尺度与温度,保持一种适度的羞涩感,做到文明恋爱。

(二)三角恋爱

三角恋爱,就是一个人同时与两个异性发展恋爱关系。三角恋爱在一部分大学生中时有发生。所谓"普遍培养,重点选择",是一种极不道德的恋爱行为,是对纯洁、专一的爱情的亵渎。由于性爱的排他性特征,三角恋爱会产生极为不良的后果。争风吃醋、反目为仇、行凶报复等恶性案件的发生大都是三角恋爱引起的。因此,大学生在恋爱中必须防止三角恋爱。当得知对方在搞三角恋爱时,要头脑冷静,认真分析,帮助对方改正错误或果断地中止与对方的恋爱关系,切莫因优柔寡断、痛苦烦恼而影响学业。

本 章 小 结

爱情是古今中外人们研究的永恒的话题。人们用世界上最美的语言来描述它,说爱情是首诗,爱情是首歌,爱情像涓涓的流水,爱情像巍峨的高山……古往今来,多少关于爱情的动人故事影响着一代又一代青年。

每个人的心中也许都有一本爱情字典，虽然答案可能各不相同，但有些显然是共同的部分，即爱情离不开男女之间的性爱，爱情是一种强烈的内心情感体验。概括地说，所谓爱情，就是一对男女之间基于一定的社会关系和共同的生活理想，在各自的内心形成的对对方最真挚的倾慕，并渴望对方成为自己终身伴侣的最强烈的感情；是两颗心灵相互向往、吸引、达到精神升华的产物；是人类特有的一种高尚的精神生活。

本章主要介绍了爱情的本质、爱情的发展、爱情的相关理论，论述了大学生恋爱心理形成的阶段、恋爱的特点、恋爱的类型等，通过学习让大学生懂得爱是一种能力，是责任，是承担，掌握如何树立健康的爱情观，正确对待爱情。

拓展阅读

罗密欧与朱丽叶效应

莎士比亚的经典名剧《罗密欧与朱丽叶》描写了罗密欧与朱丽叶的爱情悲剧。剧中罗密欧与朱丽叶相爱，但由于双方有世仇，他们的爱情遭到了极力阻碍。但压迫并没有使他们分手，反而使他们爱得更深，直至殉情。在现实生活中也常常遇到这种现象，在一定范围内，父母或长辈干涉儿女的感情，反而使他们之间的感情加强。也就是说，如果出现干扰恋爱双方爱情关系的外在力量，恋爱双方的情感反而会更强烈，恋爱关系也会变得更加牢固。这种现象就被心理学家称为"罗密欧与朱丽叶效应"。

(资料来源：百度百科整.)

思考与练习

心理影片赏析《暗恋·橘生淮南》

此影片讲述了一个关于暗恋的故事。成绩优秀、生性骄傲的洛枳，一直暗恋幼时有过一面之缘的同学盛淮南，而盛淮南对此却全然不知。高中毕业后，洛枳发现自己和盛淮南竟在同一所大学，两人意外相识并越走越近，因为成长的记忆与现实的压力产生了摩擦，洛枳依然不敢表白心迹，让洛枳对于这场漫长的暗恋，不知该如何安放？

这是一部相当值得回味的影片。独特的视角，不一样的创作手法，揭示了暗恋过程的苦涩和纠结。从这部影片中我们看到了什么？你还得到什么启示？

实 践 课 堂

爱情究竟是什么？

下面是一位大学生对爱情的感悟。

有时候，爱情就好像一个妖精，你若不够坚强，她便悄然念动一些恶咒来使你更加痛苦，而我们却无法使用我们惯常的逻辑和理智来进行抵抗，因为爱情是非理性的东西，如果你妄想去分析，她会让你饱受挫折，并且丧失掉最后的一点自信。比较好的方法是依靠忍耐、时间和自生的力量。你若不够坚定，她便又在你耳边低声呢喃，吹气若兰，撩动你的发梢，轻拨你的心弦，使你陶醉，然后陷入激流中迷局般的漩涡。这样的情况，有些人曾经体会，于是有些人便说：爱情是无聊的东西！是真的吗？好像从来没有人给出这个问题的绝对答案。爱情如此神秘，只因不了解的人尚不敢去揭开她的面纱，而了解了的人却又沉默了。在爱情面前，语言成了多余；在爱情面前，人人都是小孩，经验往往胜于才智，沉默却更让人领悟。

思考：你对爱情是怎么认识的？

【附录】心理测试9：恋爱态度量表，扫描下方二维码。

人格是一个浩瀚而神秘的系统，人的内心世界就像宇宙一样，人生最伟大的探险就是对内心世界的探索。

——瑞士心理学家　荣格

第十章　人格与心理健康

本章学习目标

➢ 了解人格的本质、人格的特征、人格结构的相关理论。
➢ 明确影响人格形成与发展的因素。
➢ 掌握健康人格的基本特征以及如何培养大学生健康的人格。

核心概念

人格(personality)　　心理健康(mental health)

人格

内向性格带来的困扰

我的性格一直比较内向，不能在很短时间内和人相熟。前天，我来心理中心做了一个个性方面的测试，结果显示我就是一个性格内向的人。但我一直希望自己像性格外向的人那样，整天乐呵呵的，开朗活泼，比较容易和周围人相处，周围人也很愿意和我相处，但我总是做不到。

还有，我觉得将来毕业后走入社会，性格内向一定会吃亏。现在的社会，只有性格外向才吃得开。譬如说参加毕业生招聘洽谈会，我觉得性格外向的人会在短时间内给招聘方留下很好的印象。

我很想改变，但总是做不到，改不掉。现在我很自卑，总觉得前途渺茫，没有希望。

我也问过我周围的同学，问他们是否讨厌我的性格，他们都说没觉得有什么特别不好之处，也没觉得我很内向，但测试结果证明我就是一个内向的人。

我有一两个和我关系很好的朋友，但我现在觉得我的交友面太窄了，俗话说，多个朋友多条路，但我却不能和周围很多人建立朋友关系，缺少亲和力。

(资料来源：豆瓣小组整理.)

这位同学的困扰涉及对自我性格的认知和评价。

现代心理学把性格看成是一个人在个体生活过程中所形成的对现实稳固的态度，以及与之相适应的习惯了的行为方式。一般认为，遗传是性格形成的自然条件，环境影响对性格起重要作用。就该同学而言，在对自我性格的认知和评价上存在如下问题。

一是对性格的内向和外向认知绝对性。片面认为内向性格一定吃亏，外向个性就绝对好。没有对两种性格倾向各自的优缺点形成客观全面的认知。从而在认知上只看到内向个性的缺点和外向个性的优点，因而产生自我性格上的自卑。

二是在对自我性格上的改进努力过程中，由于自我认知的片面性，以及自我性格的遗传先天因素的制约，因而单纯片面向外向型性格方面努力，实际上是陷入了努力方向上的误区。没有认识到，对自我性格可以发挥主观能动性进行不断的完善和改造，但所有的改造都只能是在先天遗传因素基础上的改进，而不可能是性格从内向到外向的完全改变。

本章重点介绍人格的本质、人格结构的理论等相关的基本知识以及影响人格形成与发展的因素。在学习的过程中，要仔细阅读教材，通过学习能够了解人格的本质、人格的特征、人格结构的相关理论，明确影响人格形成与发展的因素，掌握健康人格的基本特征，以及如何培养大学生健康的人格。

第一节 人格概述

一、什么是人格

"人格"一词是我们日常生活中的高频词汇，我们经常说"他具有高尚的人格""他出卖了自己的人格""他具有健全的人格"等。"人格"一词涵盖了法律、道德、社会、哲学等领域。而人格一词最初来源于古希腊语 persona，是指演员的面具，面具会随着角色的变化而不断变化。后来此词被用作描述人的心理。心理学上的人格内涵极其丰富，但基本包含两方面的意义：一方面是个体在人生舞台上所表现出的种种言行，人格所遵从的社会准则，这就是我们可以观察到的外显的行为和人格品质；另一方面是内隐的人格成分，即面具后面的真实自我，是人格的内在特征。

关于人格有着不同的解释，美国著名人格心理学家高尔顿·奥尔波特对人格的定义做了统计，发现心理学家关于人格的定义不下 50 个。在对此总结的基础上，他指出"人格是一个人内部决定他特有的行为和思想的身心系统的动力组织"。奥地利情感系统理论提出者沃尔特·米歇尔则把人格定义为：人格是心理特征的统一，这些特征决定人的外显行为和内隐行为，并使它们与别人的行为有稳定的区别。

由于人格是个体在与环境相互作用过程中所表现出来的独特的行为模式、思维方式和情绪反应，所以，如果个体能与社会环境相适应，就具有正常的人格。反之，如果个体的情绪反应、言行举止、态度、信仰体系和道德价值特征等都与周围环境格格不入，人际关系紧张，则可能患有人格障碍。

二、人格的特征

(一)独特性

个体的人格是在遗传、成熟、环境、教育等先、后天环境交互作用下形成的。不同的遗传、存在及教育环境，形成了各自独特的心理特点，我们经常所说的"人心不同，各如其面"就是指的这个意思。如有的人开放自然，有的人顽固自守，有的人沉默寡言，有的人豪爽，有的人谨慎等。环境会使某一人格品质在不同人身上表现出不同的含义。如独立性这一人格特质，作为在缺乏父母爱护的家庭中成长的孩子，独立带有靠自己努力的含义；而在一个民主型家庭成长的孩子，独立则作为健康人格培养的重要部分。

(二)稳定性

人格的稳定性是指那些经常表现出来的特点，是一贯的行为方式的总和。俗话说："江山易改，本性难移。"一个人的某种人格特质一旦稳定下来，要改变是较为困难的事，这种稳定性还表现在人格特征在不同时空下的一致性。

(三)统合性

人是极其复杂的，人的行为表现出多元性、多层次的特点。各种人格结构的组合千变万化，因而使人格表现得色彩纷呈。在每个人的人格世界里，各种特征并非简单地堆积，而是如同宇宙世界一样，是依据一定的内容、秩序与规则有机组合起来的动力系统。人格的有机结构具有内在一致性，受自我意识的调控。当一个人的人格结构的各方面彼此和谐一致时，人们就会呈现出健康的人格特征，否则就会出现各种心理冲突，导致"人格分裂"。

(四)功能性

人格是一个人生活成败、喜怒哀乐的根源。正如人们常说的"性格决定命运"。人格决定了一个人的生活方式，甚至有时会决定一个人的命运。人们常常使用人格特征解释某人的言行及事件的原因。

三、人格结构的理论

关于人格的结构，心理学家进行过许多论述，这里主要介绍两个在心理学领域影响较大的人格理论。

(一)弗洛伊德的人格理论

1923年，奥地利精神病医师、心理学家弗洛伊德出版了《自我与本我》一书，正式建立了他的人格构成理论。他认为人格是由本我、自我、超我三部分构成的。

本我是人格中最原始、最模糊、最不容易把握的部分，由一些与生俱来的冲动、欲望或能量构成，信奉快乐原则，像一个任性的孩子。

自我是人格中理智又现实的部分，产生于本我。按现实原则行事，像一个成熟的中年人。它应付外界现实、感受本我需要、接受超我监督。

超我是人格中的良知部分，它超越生存需要，渴望追求完美。超我按道德原则行事，像一个铁面无私的老法官。超我是道德化的自我，弗洛伊德称它为"良心"。超我是人格结构中最高的监督和惩罚系统，负责对本我和自我的行为是否符合道德标准进行监督和惩罚。超我是习俗教育的产物，以现实原则为基础，它确立道德行为的标准。超我衡量是非善恶，代表理想，追求完美，可以自主活动。它的主要功能是：抑制本我的不符合外界要求的各种活动，尤其是那些由性本能和死亡本能支配的活动；诱导自我用符合外界规范的目标取代其他比较低级的目标；自主活动，追求理想，不断完善自己的人格。此外，超我还为自我提供榜样，用以判断一个人的行为是否优秀，是否应当受到赞扬。

弗洛伊德把自我与本我、超我与外界的关系，比喻为"一仆三主"的关系。自我既要服从外界规范，又要尽量满足本我要求，随时需要调节本我与外界的矛盾，压抑和抵抗本我的某些要求。同时，自我的一举一动都在超我的严密监控之中，不论外界和本我给自我带来了什么困难，超我都要求自我按照它规定的行为规范进行活动。否则，超我就会惩罚自我，使它产生紧张情绪，表现出自卑感和罪恶感。

弗洛伊德认为，人格的三个系统并不是孤立存在的，而是相互作用构成的统一整体。同时，本我、自我、超我之间的界线也是相当模糊的，不可能像国境线那样清清楚楚。此外，自我和超我虽然是已经从本我中分化出来的人格结构，但是，它们在一定条件下同样还可以回归到本我当中。如果三个系统保持平衡，人格就能够健康发展；如果三个系统的平衡关系遭到破坏，个人往往会产生焦虑，最终导致人格异常或精神病。

(二)伯恩的人格结构理论

1964年，加拿大临床心理医生埃里克·伯恩博士在其专著《人们玩的游戏》一书中，提出一种新的人格结构理论。该理论认为，人格是由"儿童自我状态""成人自我状态"和"父母自我状态"三种自我状态构成的。这三种自我状态大体上与弗洛伊德的"本我""自我""超我"相对应。每种状态都有其独立性，在任何情况下，人的行为都受到这三种人格状态或其中之一的支配。

1. 儿童自我状态

儿童自我状态是一个人的人格中感受挫折、无依靠、欢乐等情感的那一部分，也是好奇心、想象力、创造性、自发性、冲动性和新发现引起的激动等的源泉。

儿童自我状态是人格中主管情绪情感的部分，同时人们的欲求、需要和欲望大部分也由它掌管。可见，儿童自我状态表现出的大多是原始的、具有动机或动力性的东西。如果一个人的儿童自我状态薄弱，就是一个缺乏活力的、刻板的人。

儿童自我状态的表现都是即兴式的，不负责任、追求享乐、玩世不恭、遇事无主见、逃避退缩、自我中心、不管他人。这种人讲起话来总是："我要……""我想……""我不管……""我不知道……""我就是要……""我有什么办法……"

2. 成人自我状态

成人自我状态是人格中支配理性思维和信息的客观处理部分。它掌管理性的、非感情用事的、较客观的行为。当一个人成人自我状态起主导作用时，往往表现为：冷静、处事谨慎、尊重别人，喜欢探究为什么、怎么样等，其语言特征为："我个人认为……""我的想法是……"

3. 父母自我状态

父母自我状态是人们通过模仿自己的父母或其他在其心目中具有父母一样的权威的人物而获得的态度和行为方式。父母自我状态提供一个人有关观点、是非、怎么办等方面的信息。

父母自我状态以权威、优越感为标志，是一个"照章办事"的行为决策者。通常以居高临下的方式表现出来，表现为统治人、训斥人等权威式的作风并具有两面性：一方面是慈母式，如同情、安慰；另一方面是严父式的批评、命令。当一个人的人格结构中父母自我状态成分占优势时，他的行为表现为：凭主观印象办事，独断专行，滥用权威。这种人讲起话来总是："你应该……""你不能……""你必须……"

对一个心理健康的人来说，三种自我状态处于协调、平衡的关系中，共同起作用。在不同的情境中，哪种自我状态起主导作用，要视当时的具体情况而定。

如果一个人的行为长期由某一种自我状态支配，那么，他就是一个心理不健康者。一个由父母自我状态支配自己行为的人，总是处于父母自我状态的人，往往把周围的人当成孩子看待。一个总是处于成人自我状态的人，通常被称为是容易惹人生厌的人，他与周围的人可能相处得格格不入，因为其人格中关心他人的父母自我状态和天真活泼的儿童自我状态的侧面都被抑制了。总是处于儿童自我状态的人一辈子都像个孩子，永远也不想长大。这种人从不独立思考，从不对自己的行为承担责任。当然，在日常生活中，有的人虽然以某一种自我状态占优势，但他也是正常的。比如，我们常见有的人富有理性，有的人更具责任感，而有的人更浪漫些等，都属正常现象。

四、人格的内容

人格包括个人的人格心理特征和人格倾向性两个相互联系的方面。

人格心理特征包括能力、气质、性格，这些心理特征在不同程度上受先天遗传因素的影响，相对比较稳定。

人格倾向性包括需要、动机、兴趣、价值观、思想，等等，主要在后天社会化过程中形成，集中反映了人性独特的一面。

可见，人格是由不同成分构成的一个结构系统，不同成分从不同侧面反映个体的差异。气质与性格是人格的重要方面。

(一)气质

心理学中所说的气质，并非日常生活中所指的一个人的风度或仪表，而是俗称的"脾气"。每个人都有各自不同的性情脾气，如有的人活泼好动，反应机敏；有的人则安静沉稳，反应迟缓；有的人情绪容易激动，一触即发；有的人则性格柔弱，不露声色。这都是一个人气质的表现，它体现了人与人个性差异的另一个侧面。

1. 气质的定义

气质是指一个人与生俱来的、人的心理活动典型而稳定的动力特征。

首先，气质是人的心理活动的动力特征。所谓动力特征是指心理活动的强度(情绪体验的强度、外显动作的强度、意志努力的程度等)、速度(知觉、思维反应的速度、情绪体验产生的速度等)、稳定性(注意的稳定性、情绪的稳定性等)以及心理活动的倾向性(心理活动倾向于外部或内部)，等等。

当然，任何人遇到有兴趣的事情，总会精神振奋、干劲倍增；对不感兴趣的事情，则精神不振、情绪低落。这种由活动的动机、目的及兴趣引起的心理活动的动力性表现不属于气质特点。气质的动力特征主要受个体生物性的制约。

其次，气质具有天赋性。这是因为气质主要是人的神经系统基本特性的表现，是与生俱有的。人出生后就带来了个人气质的特点，例如，有的乳儿好动，有的则安详；有的乳儿活泼，有的则文静；有的乳儿灵敏，有的则迟钝；等等。因此，人生来并不是一张白纸，而是各有不同的底色，这个底色即为气质。

最后，气质是人的典型的、稳定的心理特点。由于气质是个体出生时就固有的，且每人都有其不同的气质特点，因此，它给人的全部心理活动染上独特的色彩，它是典型的。由于气质的天赋性受高级神经活动制约，所以它是稳定的，一旦形成就难以改变。俗话说"江山易改，秉性难移"，这里的秉性就是气质。尽管随着环境、教育的改变，个人自身修养的提高，人的气质也会发生某些改变，如活泼好动的人变得安详稳重了，好发脾气的人变得能控制自己的情绪了，但这仅仅是外部表现的改变，是气质的掩蔽现象，其内部产生质的变化则是很难的。

2. 气质的心理特性

气质的心理特性反映一个人气质在其心理活动和行为上的各方面表现特点，它既是动力特征的具体表现维度，也是进一步划分气质类型的心理依据或心理指标。它主要包括以下几个方面。

(1) 感受性。这是指人对外界刺激产生感觉的能力。可以根据人们产生心理反应所需要的外界刺激的最小强度的大小来判断感受性的高低。

(2) 耐受性。这是指人在经受外界刺激作用时，在作用时间和作用强度上所表现出的承受程度。可以从人们是否能够长时间或在高度紧张条件下进行有效心理活动，判断其耐受性的高低。

(3) 不随意反应。这是指人在各种刺激作用下引起的心理各方面的指向性。可以从人们在某些刺激作用下引起的不随意注意的指向性或不随意反应的指向性方面，来判断不随意反应的强弱。

(4) 反应速度。这是指人随意发生的心理反应和心理过程进行的速度。可以从人们的言语、识记、思维、动作等方面的速度上来判断其反应快慢。

(5) 灵活性。这是指人对外界信号的改造上所表现出的敏捷程度。可以从人们根据环境变化转换反应的能力上，或从是否能迅速以迂回方式达到目的的行为表现中，判断其灵活性的强弱。

(6) 情绪兴奋性。这是指人的情绪易产生的强烈程度。可从人们在同样刺激下所产生的情绪反应强度上判断其兴奋性的高低。

(7) 可塑性。这是反映人对环境适应的强弱程度。可从人们根据外界事物变化情况而改变自己行为以适应环境变化的快慢上，以及从行事变通还是保守上，判断其可塑性的大小。

(8) 倾向性。这是指人的心理活动、言语和动作反应倾向于外部还是内部。倾向于外部的叫外向性，倾向于内部的叫内向性。

3. 气质类型及生理机制

根据气质在人身上的表现所划分的类型叫气质类型。有关气质类型的理论很多，如体液说、阴阳五行说、血型说、体型说、激素说、高级神经活动类型学说等。在这些学说中，多数是片面的，缺乏科学的根据。这里仅就影响最大的两种学说加以介绍。

(1) 体液说。

体液说是在公元前5世纪由古希腊医生希波克里特提出的。他认为人体内有四种液体：生于脑的黏液，生于肝的黄胆汁，生于胃的黑胆汁，生于心脏的血液。这四种液体"形成了人的气质"。此后，罗马医生盖伦对气质进行了分类，并认为每种气质类型的特点的表现是由于四种液体中的某种液体在体内占的优势决定的。如果机体内四种液体的混合中，以黄胆汁占优势称为胆汁质，以血液占优势称为多血质，以黏液占优势称为黏液质，以黑胆汁占优势称为抑郁质。这显然是缺乏科学根据的，但由于他的提法比较典型，故此法一直沿用至今。

(2) 高级神经活动类型学说。

20世纪初，苏联生理学家巴甫洛夫创立了高级神经活动学说。他认为气质类型是高级神经类型在人的行为方式上的表现。并指出高级神经活动有三个基本特性：强度、灵活性、平衡性。强度是指神经细胞及整个神经系统工作的耐力，表现为能否接受强烈的刺激或承受持久的工作，有强弱之分；灵活性是指兴奋和抑制更迭的效率，有灵活与不灵活之分；平衡性是指兴奋和抑制两种神经过程的相对关系和力量对比的均衡性，有均衡和不均衡的差异。巴甫洛夫根据三个基本特性的不同组合，把高等动物的高级神经活动划分为许多类型。其中，基本的类型有以下几种。

① 强、不平衡型。这种类型的特点是：兴奋过程强于抑制过程，是一种易兴奋、奔放不羁的类型，也称为"不可遏止型"。

② 强、平衡、灵活型。这种类型的特点是：反应灵敏、好动活泼，能较快适应变化了的外部环境，也称为"活泼型"。

③ 强、平衡、不灵活型。这种类型的特点是：较容易形成条件反射，但不容易改造，是一种坚毅而行动迟缓的类型，也称为"安静型"。

④ 弱型。这种类型的特点是：兴奋和抑制过程都很弱，表现得胆小怕事，在艰难工作任务面前，正常的高级神经活动易受破坏而产生神经症。

巴甫洛夫认为，上述四种类型是动物与人共有的，因此，称为一般类型。神经类型的一般类型即为气质的生理基础。这四种类型相当于希波克里特对气质的分类，其关系如

表 10-1 所示。

表 10-1　高级神经活动类型与气质类型

高级神经活动类型			气质类型
强型	不平衡型(不可遏止型)		胆汁质
	平衡	灵活性高(活泼型)	多血质
		灵活性低(安静型)	黏液质
弱型	抑郁型		抑郁质

以上所述的四种类型是最基本的类型，具有典型性。除儿童时期单一的气质类型较多外，多数人属于混合类型。巴甫洛夫的学说不断地为后来研究者所证实，是一种比较科学的器质生理机制理论，至今仍有权威性。

4. 气质类型的特征

在心理学史上，大部分心理学家对气质类型都沿用了古老的"四分法"，即多血质、胆汁质、黏液质和抑郁质。这四种气质类型的人各自的特征如下。

(1) 多血质的人热衷于感兴趣的事业，他们热情，有能力，适应性强，精神愉快，但注意力易转移，情绪易变；他们富于幻想，办事凭兴趣，不愿做耐心细致的工作；他们活泼好动，敏感，喜欢交际，很容易适应新的环境，在集体中善于处事，显得朝气蓬勃。巴甫洛夫把多血质类型的代表，称为热忱和具有显著活动效率的活动家。

(2) 胆汁质类型的人精力旺盛，性情直率，待人热情，容易激动，易感情用事，性急、暴躁、爱发火，在行为上表现出极大的不平衡性。心血来潮时不怕困难，工作热情很高，否则，情绪会一落千丈。心理活动具有迅速而爆发的色彩。

(3) 黏液质类型的人具有较强的自我克制力，生活有规律，不为无谓的事而分心，做事踏实认真，有耐久力，不喜欢作空泛的清谈，交际适度，不卑不亢，但反应缓慢，思维言语动作迟缓，很适宜从事有条理和持久的工作。巴甫洛夫称之为安详的、始终是平稳的、坚定和顽强的实际劳动者。

(4) 抑郁质的人忸怩、怯懦、多愁善感，办事犹豫不决，优柔寡断；反应缓慢，但细心、谨慎、感受力强。生活中遇到波折易产生沉重的感情。善于觉察别人行动中的细微变化，情感细腻，富有自我体验。

5. 气质与实践活动

气质本身无好坏之分。在评定人的气质类型时，不能把某一类型评定为消极的，而把另一种类型评定为积极的。每种气质类型都有其积极的方面和消极的方面。例如，胆汁质的人，精力充沛，耐受力强，但易怒、急躁，难以自制；多血质的人，灵活机敏，反应迅速，容易适应新的环境又有较强的耐受力，但注意力不稳定，兴趣容易转移，对事物的认识不深入，容易浅尝辄止；黏液质的人，相对来讲，反应迟缓，行动缓慢，但有耐心，有恒心，考虑问题细致周到；抑郁质的人信心不足，雄心不大，耐受力差，容易疲劳，但精力集中，情感细腻，谨慎细心。

气质的双重性还表现在一种气质类型在影响人的心理过程的进行和个性品质的形成

上，都存在向好、坏两个方面发展的可能性，在一定的情况下可能具有积极的意义，而在另一种情况下可能具有消极的意义。例如，胆汁质气质类型的人，容易兴奋、易冲动，当别人处于困难境地时，常常见义勇为，鼎力相助。但在人们闹纠纷时，常常由出面劝阻而不由自主地加入到纠纷之中，由旁观者变成参与者。

气质的价值会随着人的个性的其他品质而转移，特别是与性格的道德特征、动机、信念有密切的关系。例如，胆汁质的人，如果接受积极的教育，会形成热情开朗、忠诚耿直、果断坚强、朝气蓬勃、有进取心的心理品质；如果接受了消极的影响，就可能形成任性、暴躁、易怒、感情用事、毫无自制能力的心理品质。

气质不能决定一个人的社会价值与成就的高低。在任何一个领域内的杰出人物中都可以找出不同气质类型的人。如俄国著名文学家普希金属于胆汁质，赫尔岑属于多血质，克雷洛夫属于黏液质，果戈理属于抑郁质。他们虽属不同的类型，但都在文艺领域内取得了杰出的成就。因此，当自己的气质类型对某项工作不适时，不要妄自菲薄，悲观失望，应积极进行自我分析与观察，选择切实可行的方法，直到取得最后的成功。

气质虽然在人的实践活动中不起决定的作用，不能决定一个人的成就大小，但是对人在不同性质的活动中的适应性，甚至活动的效率却有一定的影响。例如，要求做灵活、迅速反应的工作，对多血质和胆汁质的人较为合适，对黏液质与抑郁质的人则较难适应；反之，要求持久、细致的工作，对黏液质和抑郁质的人较为合适，而胆汁质和多血质的人则较难适应。不同气质类型的人在从事上述工作时，工作效率就会有差异，即使取得相同的工作效率，各人的努力程度也会不同。因此，在选拔和培训某些特殊专业工作人员时应特别注意其气质特征。如对飞行员或大型动力系统调度员要提出特定的要求，在选拔与训练特种职业的工作人员时要进行气质类型的鉴定。

(二)性格

1. 什么是性格

"性格"一词最初是由古希腊哲学家奥夫拉斯塔提出的。在当时，性格是用来描述人的道德品质的。它的希腊文的意思是"标志""特征""模型""痕迹"等。在以后的演变中其含义才逐渐丰富、拓宽、延伸，并成为个性中具有核心意义的成分。

在心理学中，一般把性格定义为：性格是一个人在对现实的态度和行为方式中表现出来的比较稳定的、具有核心意义的个性心理特征。

对性格的概念可从三个方面来理解。

首先，性格是表现人对现实的态度和行为方式的个性心理特征。恩格斯认为："人的性格不仅表现在他做什么，而且表现在他怎样做。""做什么"涉及一个人活动的倾向——追求什么或拒绝什么，反映了他对现实的态度；"怎样做"说明一个人如何去追求或拒绝，表现了人的行为方式。这就是说，性格体现在人对现实的态度和行为方式之中。在行为方式中，它既包括行为的方式，也包括行为的动机和内容。行为的方式又包括实践活动的方式和思维、情感、意志等心理活动的方式。这些心理特征在类似的情境中不断地出现，有一定的稳定性，以至于习惯化，便形成了人们独特的性格。例如，有的人对工作总是任劳任怨、认真负责，富有创造精神，有的人则总是挑三拣四、敷衍马虎、因循守旧；当人民的财产受到损失时，有的人心急如焚、挺身保卫，有的人则无动于衷、袖手旁观，甚至幸灾乐祸、趁火打劫。这都表现了人对现实的不同态度与不同的行为方式，都是性格的表现。

其次，性格是个性中具有核心意义的个性心理特征，对其他个性心理特征起支配的作用。人的性格是后天获得的一定的思想意识及行为习惯的表现，是客观的社会关系的反映。因此，性格是一个人本质特征的体现。在性格中占主导地位的是思想与道德品质，它最突出、最鲜明地表现了人与人之间的差异，最集中地体现了个人的精神面貌。性格是个性中具有核心意义的部分，它直接影响着气质、能力的表现特点与发展方向。

最后，性格是比较稳定而独特的个性心理特征。在某种情况下，人对事物的态度与做出的行为是一时的、情境性的、偶然的，不能构成人的性格特征，不是人性格特征的表现。只有那些经常性的、习惯性的表现才属于性格特征，才能称为性格。例如，一个人处理事情总是优柔寡断，偶尔一次他表现出非常果断的举动，不能说这个人具有果断的性格特征。性格具有一定的稳定性，这为我们根据人的性格特征去预测他的行为提供了可能性。

性格不仅是稳定的，又是独特的。性格总是为一个人所特有，而与别人有所不同。即使同一性格特征，不同的人也会有不同的表现。例如，同是鲁莽，张飞表现得"粗中有细"，李逵则表现为"横冲直撞"，不考虑行为的后果。

2. 性格的结构与结构特征

(1) 性格的结构。

人的性格是由各种特征构成的。但这些特征并非杂乱堆积而成，而是有机组合成为一个完整而有序的结构。这个结构包括：性格的态度特征、性格的意志特征、性格的情绪特征和性格的理智特征。

其一，性格的态度特征。

这是指表现在对现实态度方面的性格特征。作为社会中的人，总是不断地接受现实生活的影响，并且总是以一定的态度做出反应。由于客观现实的复杂性和多样性，因而人对现实的态度也是多种多样的。概括起来主要有以下三种。

① 对社会、集体、他人的态度的性格特征。属于这方面的性格特征主要有：爱国与不爱国；关心集体与无视集体；遵守纪律与自由散漫；助人为乐与自私自利；诚实与虚伪；礼貌与粗鲁等。

② 对劳动和工作态度的性格特征。属于这方面的性格特征主要有：勤劳或懒惰；奋发或懈怠；认真或马虎；务实或浮华；节约或浪费；有首创精神或墨守成规等。

③ 对自己态度的性格特征。属于这方面的性格特征主要有：谦虚或自负；自信或自馁；自尊或自卑；严于律己或放任自流等。

其二，性格的意志特征。

人自觉地调节自己的行为方式和水平表明了一个人性格的意志特征。具体表现在以下几个方面。

① 对行为目标明确程度的性格特征。属于这方面的性格特征有：有目的性或冲动性；有独立性或受暗示性；有组织纪律性或放纵等。

② 对行为自觉控制水平的性格特征。属于这方面的性格特征主要有：主动性或被动性；自制性或冲动性等。

③ 在紧急状态或困难情况下表示的性格特征。属于这方面的性格特征主要有：勇敢或胆怯；镇定或惊慌；坚决果断或优柔寡断等。

④ 对自己做出决定，执行过程中的性格特征。这方面的性格特征主要有：坚持或动摇；有原则性地灵活应变或顽固执拗等。

其三，性格的情绪特征。

这是指人在情绪活动中表现出来的性格特征。具体表现在以下几个方面。

① 情绪强度方面的性格特征。这种特征主要表现为情绪对人的行为活动的感染和支配程度以及情绪受意志控制的程度。

② 情绪稳定性方面的性格特征。这种特征主要表现为情绪起伏和波动的程度。

③ 情绪持久性方面的性格特征。这种特征主要表现为情感保持时间的长短程度。

④ 情绪主导心境方面的性格特征。每个人都有主导心境，个人的主导心境鲜明地表现着他对客观现实的一般态度。主导心境方面的特征主要是指不同的主导心境在一个人身上稳定性的表现。

其四，性格的理智特征。

性格的理智特征是指人在感觉、知觉、记忆、思维、想象等方面所表现出来的特点。具体表现在以下几个方面。

① 表现在感知方面的性格特征主要有：被动感知型和主动感知型；分析型和综合型；笼统型和精确型；描述型和解释型。

② 表现在记忆方面的性格特征主要有：主动记忆型和被动记忆型；有信心记忆型和无信心记忆型。

③ 表现在思维方面的性格特征主要有：深刻型和肤浅型；形象思维型和抽象思维型；思维灵活型和思维固执型；思维敏捷型和思维迟钝型等。

④ 表现在想象方面的性格特征主要有：幻想型和现实主义型；主动想象型和被动想象型；广阔的想象型和狭窄的想象型；大胆想象型和想象受拘束型等。

(2)性格结构的特征。

① 性格结构的完整性。

性格各特征之间不是简单地堆积，而是有机地结合，它们相互联系，彼此制约，从而使一个人的性格表现出一定的整体性。例如，对工作或学习认真负责、踏实勤奋的人，往往在意志特征方面表现出较好的坚持性和自制力；一个在行动中一贯勇敢、顽强的人，其主导心境也往往是乐观、开朗的。由于性格特征之间存在着这种内在联系，所以可以根据一个人的某一种性格特征来推知他的其他性格特征。

② 性格结构的多面性与矛盾性。

性格特征在不同场所有不同的组合，从而使一个人的性格表现出一定的多面性与矛盾性。例如，一个战士在战场上是勇敢的、无所畏惧的，在平时的交往中却表现得非常腼腆与怕羞。

茅盾先生曾以作家特有的敏锐的观察力洞察了人的性格的多面性："一个人，他在卧室里对待他夫人是一种面目，在客厅接见他的朋友、亲戚又是一种面目，在写字间见他的上司或下属又是一种面目，他独自关在一间房间里盘算心事的时候，更有别人不大见到的一种面目。"这都表现了人的性格在不同的场合会表现出性格的不同侧面。因此，只有在各种场合多方面考察一个人，才能把握其性格的全貌。

③ 性格的可塑性。

人的性格是在长期的实践中逐渐形成的，它一旦形成就比较稳定。但这种稳定性是相对的，当环境与主观因素发生变化时，已形成的性格就会发生变化。例如，一个开朗、活泼的人，如果遭受了重大的不幸事件，可能会从此寡言、内向。性格的可塑性表明了塑造美好的性格是可能的。

3. 性格类型

性格的类型是指一类人身上所共同具有的性格特征的独特结合。由于性格表现得极端复杂性，在心理学中至今还没有一个公认的、有充分根据的性格分类原则。心理学家们曾以各自的标准和原则对性格类型进行了分类。现将几种有代表性的观点逐一介绍。

(1) 机能类型学说。

机能类型学说是英国心理学家培因和法国心理学家李波提出来的。他们根据理智、情绪、意志在性格结构中占优势的情况把人的性格划分成理智型、情绪型、意志型。属理智型的人，依伦理思考而行事，以理智来衡量一切并支配行动；属情绪型的人，情绪体验深刻，不善于思考，言行举止受情绪左右；属意志型的人，活动目标明确，行为积极主动。除上述典型的类型外，还有一些中间的类型，如理智—意志型等。

(2) 向性说。

向性说是由瑞士心理学家荣格提出来的。这是按照人的心理活动倾向于外部或内部来划分的一种分类学说。凡是心理活动倾向于外部的叫作外倾型，心理活动倾向于内部的叫作内倾型。属外倾型的人对外部事物特别关心，思想开朗、活跃，情绪、情感丰富且外露，善于交际；属内倾型的人则较为沉静，善于思考，比较理智，反应缓慢，处事谨慎，应变能力较差，不善交际。大部分人兼有外倾型与内倾型的特点，属混合型。

(3) 独立—顺从学说。

这是一种按一个人独立性程度来划分类型的学说。独立性强的叫独立型，独立性差的叫作顺从型。独立型的人有坚定的信念，善于独立思考，能独立地发现问题与解决问题，不易为次要的因素所干扰，在紧急困难的情况下表现为沉着冷静，易于发挥自己的力量，往往喜欢把自己的意志强加于别人；顺从型的人易受暗示，容易不加分析地接受别人的意见，依别人的意见行事，在紧急困难的情况下表现为张皇失措。

(4) 文化—社会类型学说。

这是按社会生活方式来划分性格类型的一种学说。德国哲学家、教育家、心理学家斯普兰格根据人们生活方式的六种形式，相应地把性格划分为六种类型。这六种类型分别是：①经济型。经济型的人以经济的观点看待一切事物，从实际的效果来判断事物的价值，追求实惠，以获得财产、追求利润为生活目的。②理论型。理论型的人能冷静而客观地观察事物，力图把握事物的本质，根据自己的知识体系来判断事物的价值，但遇到实际问题时，无法处理，以追求真理为生活目的。③审美型。审美型的人不大关心实际生活，而是从美的角度来判断事物的价值，珍视美的享受与创造，喜欢艺术活动。④宗教型。宗教型的人相信宗教，有感于圣人相救之恩，坚信永存的绝对生命，重视宗教活动。⑤权力型。权力型的人重视权力，并竭尽全力去获得权力，喜欢指挥别人或命令别人，又称为政治型。

⑥社会型。社会型的人重视爱，以爱他人为最高的价值，乐于助人，有志于增进他人或社会的福利。斯普兰格认为，纯粹某种类型的人是没有的，多数人都属混合型。

(5) 特性分析说。

这是按照性格的多种特征的不同结合，把性格分为不同类型的一种学说。吉尔福特以情绪稳定性、社会适应性和社会倾向性为指标，把性格分成十二种特性，根据这十二种特性的不同结合，可以把人的性格区分为 A、B、C、D、E 五种类型。A 型也称为行为型，这种性格类型的人争强好胜，爱占上风，赢得输不得；急性子，遇事易急躁，说话坦率，言不择词，常打断别人谈话；喜怒无常，情绪不稳定，带有外倾型特点。B 型也称为一般型，这种类型的人情绪较稳定，社会适应性较均衡，智力、体力表现一般，主观能动性较差。C 型也称为平衡型，这种类型的人情绪稳定，社会适应性较好，处事沉着有条理，但不善于交际，有内倾型特点。D 型也称积极型，这种类型的人积极主动，社会适应性一般，但善于交际，乐于助人，有较强的组织能力与管理才干，带有外倾型特点。E 型也称逃避型，这种类型的人喜欢独处，常沉浸在内心世界之中，有自己独特的兴趣与爱好，社会适应性差或一般。五种类型的情绪稳定性、社会适应性、心理倾向性情况见表 10-2。

表 10-2 五种性格类型的情绪稳定性、社会适应性、心理倾向性

类型	特征		
	情绪稳定性	社会适应性	心理倾向性
A	不稳定	较差	外向
B	稳定	平衡	平衡
C	稳定	良好	内向
D	稳定	一般	外向
E	不稳定	较差或一般	内向

第二节　影响人格形成与发展的因素

一、人格形成和发展的过程

人格形成和发展的过程，就是人的社会化过程。人作为一个生物性个体，一来到这个世界上，就置身在错综复杂的社会环境之中，从幼年到老年，人格在社会化过程中持续地形成与发展。通过社会化过程，个人从自然人转化为社会人，形成区别于他人的心理与行为特征，即形成和发展自己独特的人格。

心理学针对人格形成和发展过程的讨论，犹如对人格概念的讨论一样，也是众说纷纭。我们无法一一引述，只能就其尤为重要者略述一二。

(一)弗洛伊德的观点

在弗洛伊德看来，存在于潜意识中的性本能是心理的基本动力，心理的发展就是"性"的发展，或称心理性欲的发展。

精神分析论强调性本能、潜意识与情感在发展中起至关重要的作用。心理的发展是有阶段的，生命的最初几年具有十分重要的意义，任何成人阶段表现出来的行为都能在个体的早期经验中找到根源，因此，对儿童早期经验的关注尤显重要。在个体的发展过程中，来自各方面的因素都可能导致心理性欲的发展偏离常态。

弗洛伊德所指的"性"，不仅包括两性关系，还包括儿童由吮吸、排泄产生的快感、身体的舒适、快乐的情感。在儿童的成长过程中，口腔、肛门、生殖器相继成为快乐与兴奋的中心。以此为依据，弗洛伊德将儿童的心理发展分为五个阶段。

1. 口唇期(0~1岁)

婴儿欲望的满足，主要通过口唇的吮吸、咀嚼和吞咽等活动来实现的。婴儿即使不饿，也喜欢含着奶不放，喜欢吸自己的手指也是常见的婴儿行为，所以婴儿的快感多来自口唇的活动。

如果人格发展停滞在这一阶段，就形成口唇性格，这种人往往贪吃、抽烟、酗酒，过于依赖，总希望被照顾(被喂养)，以自己的需要为中心(自恋)，强求别人，缺乏耐心，以及贪婪、多疑、悲观。

2. 肛门期(2~3岁)

这时父母一方面要求孩子定时大小便(这在弗洛伊德所处的那种社会文化中的中产阶级家庭特别普遍)，另一方面本能又要求及时排泄以获得快感。由于要求控制而儿童也具有一定的控制能力，所以这个阶段的快感主要来自排泄时肛门括约肌的伸缩。

如果父母的管制过严，导致人格发展固着，就形成肛门性格，表现为过于守秩序、爱清洁、吝啬、固执、报复心强等。

3. 性器期(4~6岁)

这个阶段的儿童开始关注身体的性别差异，甚至偷看异性同伴或异性父母的性器官，而且触摸自己的性器官以获得快感。这时的儿童会对异性父母产生爱恋，并对同性父母产生嫉恨。这种感情，在男孩为恋母情结，在女孩则为恋父情结。

男孩由于嫉恨父亲，又发现女孩没有那个小器官，以为是被父亲割掉了，于是产生阉割恐惧或阉割情结。为了克服这种恐惧，男孩就转而向父亲学习，以父亲为榜样，这种现象叫作认同。女孩由于发现男孩有的器官而自己没有，于是产生自卑感，并心怀嫉妒，这叫作"阳具妒羡"。如果这个阶段的以上问题不能顺利解决，这些问题(如恋母情结)就会固着在潜意识中，成为以后心理疾病的根源。

人格发展停留在这一阶段，就形成性器性格。在男性，表现为好炫耀自己的男子气概和能力，自夸、好胜、好表现；在女性，为了对抗恋父情结，可能会过分认同母亲和女性形象，一方面以引诱或挑逗的表现吸引男性；另一方面又否认自己有性意图，并表现出天真无邪的样子。

4. 潜伏期(7~11岁)

这一时期的儿童，注意力从自己的身体和对父母的感情转向外部的环境，转向学习和游戏，更多地与同性同伴相处，因此，性心理的发展处于潜伏期。

5. 两性期(青春期以后)

性需求朝向年龄接近的异性，并希望与其建立两性关系，性心理的发展走向成熟，人格也趋向成熟。

因为弗洛伊德强调性本能在人格形成和发展过程中的重要地位，所以他对人格形成和发展阶段的划分被称为心理性欲阶段。弗洛伊德的这种观点影响很大，但是，也遭到了很多批评。尤其是他强调性本能的决定作用和人格早期发展的决定性，难以科学解释人格形成和发展的全过程，经常受到强烈的质疑。

(二)新精神分析理论的代表——埃里克森的理论

新精神分析理论的代表人物之一，自我心理学的倡导者，出生于德国的美国心理学家埃里克森则认为，人格形成和发展的过程持续人的一生，其动力不是什么性本能，而是机体生物学上的成熟和社会文化环境之间的矛盾与冲突。埃里克森提出，人格形成和发展的过程可以分成八个阶段，每个阶段都有一个核心课题。

1. 婴儿期(0～1.5岁)：此阶段的发展任务是获得信任感，克服不信任感

婴儿出生后就有种种生物性需求，要吃、要抱、要睡、要有人逗他等，一旦这些需要得到满足，就会产生对周围的人及世界的信任感。这种对人和环境的基本信任感是以后各阶段发展的基础，尤其是青年期形成同一性的基础。

反之，如果父母照顾不周，环境多变，喂哺习惯失常或对待婴儿态度恶劣等，儿童就会形成一种不信任感，导致对陌生环境的恐惧。

埃里克森认为，儿童的这种基本信任感是形成健康人格的基础，是以后各个阶段发展的基础。这一阶段危机的积极解决，会使儿童形成一种良好的品质，即希望品质。希望是自我的一种功能，将增强个体的自我信心。埃里克森认为，希望就是坚信愿望可以实现。

2. 幼儿前期(1.5～3岁)：此阶段的发展任务是获得自主感，克服怀疑与羞怯感

儿童的动作能力发展很快，必要的认知和语言能力也已具备，还多多少少形成了与父母、同伴社会交往的经验，他开始喜欢独立探索周围世界，蔑视外部世界的控制，显示自己的力量。"我来""我不"成为一些孩子的口头禅。

要使孩子获得自主感，父母要给孩子一定的自由，并鼓励他做力所能及的事。如对儿童限制过多、批评过多、惩罚过多，会使儿童产生对自身能力的怀疑与羞怯感。

这一阶段的危机如果得到积极解决，儿童的自主性就会超过羞怯和疑虑，进而形成一种良好的品质，即意志品质。意志坚强的儿童目的明确，会努力克服困难，取得成功；羞怯和疑虑的儿童则依赖性很强，缺乏果断性，对自己的能力缺乏自信，而这些正是激烈竞争中取得成功的消极因素。

3. 幼儿后期(3～6岁)：此阶段的发展任务是获得主动感，克服内疚感

儿童可以在言语和行动上更广泛地探索和扩充他的环境，主动性大大增强。在主动探索的同时，会与别人的自主性发生冲突，因而会产生内疚感。

由于身体活动能力和语言的发展，儿童有可能把他的活动范围扩展到家庭之外。儿童喜欢尝试探索环境，承担并学习掌握新的任务。此时如果父母或教师对儿童遇到的问题耐心听取，细心回答，对儿童的建议给予适当的鼓励或妥善的处理，则儿童不仅发展了主动性，还能培养明辨是非的道德感。反之，如果父母对儿童的问题感到不耐烦或嘲笑儿童的活动，儿童就会对自己的活动产生内疚感。有时，当儿童的主动性与别人的主动性产生冲突时，也有可能引发内疚感。

在这个时期，儿童已意识到性别差异，并建立起适当的性别角色。另外，游戏在这个阶段也起着重要作用，可用来补偿儿童失败、痛苦和挫折的体验。游戏在这个阶段主要表现为两种形式：一是独角戏或做白日梦；二是寻求同伴共同游戏，演出内心矛盾，从而使危机得到缓解或解决先前遗留下来的某些问题。

这一阶段的危机如果得到积极解决，儿童的主动性就会超过内疚，从而就会形成一种良好的品质，即目的品质。

4. 学龄期(6～12岁)：此阶段的发展任务是获得勤奋感，克服自卑感

儿童开始进入学校，意味着进入了真正意义上的社会。为了努力完成学习任务，也为了不落后于其他同学，儿童必须勤奋地学习；在这一过程中，又时不时渗透着害怕失败的情绪。这种勤奋感与自卑感的并存便构成了本阶段的危机。

如果在学习、游戏等活动中不断取得成就并受到成人的奖励，儿童将以成功、嘉奖为荣，培养乐观、进取和勤奋的人格；反之，如果由于教学不当，或努力不够而多次遭受挫折，或其成就受到漠视，儿童就容易形成自卑感。

该阶段影响儿童活动的主要因素已由父母转向同伴、学校和其他社会机构。教师在培养勤奋感方面具有特殊作用。敏感、耐心、富于指导的教师有可能使具有自卑感的学生重新获得勤奋感。埃里克森指出，许多人对工作和学习的态度习惯可以追溯到本阶段的勤奋感。

这个阶段的危机如果得到积极解决，儿童的勤奋就会超过自卑，形成一种良好的品质，即能力品质。能力就是不会为儿童期的自卑所损害，在完成任务中能自如运用自己的聪明才智。

5. 青春期(12～18岁)：此阶段的发展任务是建立自我同一性，防止同一感混乱

所谓自我同一性是一种关于自己是谁、在社会上应占什么样的地位、将来准备成为什么样的人以及怎样努力成为理想中的人等一系列的感觉。

同一性并不是在青春期才出现的。儿童在学前期已形成了各种同一性，但是进入青春期后，早期形成的同一性已不能应付眼前必须做出的种种选择和决断了。因为青春期儿童身体迅速发展，性成熟开始以及新的指向未来的思维能力的出现，加之即将面临的种种社会义务和种种选择，如异性朋友、职业理想等，就使儿童对原已形成的自我同一性发生怀疑。此时儿童迫切要求了解自我，以形成一个真正独立的自我。如果儿童在前几个阶段中形成了积极的人格品质(如信任感、自主感、主动感、勤奋感)，其解决同一性危机的机会就较多；反之，同一性危机将持续至其人生发展的后继生活之中。

这一阶段的危机如果得到积极解决，青少年获得的就是积极同一性，会形成一种良好的品质，即忠诚品质。

6. 成年早期(18～25岁)：恋爱与婚姻是这一阶段的主要特征，发展任务是获得亲密感，避免孤独感，体验着爱情的实现，积极的成果是爱

亲密感在危急情况下，往往会发展成为一种互相承担义务的感情，它是在共同完成任务的过程中建立起来的。

埃里克森指出，只有建立了牢固的自我同一性的人才敢热烈追求他人并与他人建立亲密的爱的关系。因为他要把自己的同一性与他人的同一性融合在一起，其中包含着让步和牺牲。没有建立自我同一性的人担心同他人建立亲密关系会丧失自我，离群索居，从而有孤独感。

这一阶段的危机如果得到积极解决，个体的亲密感会超过孤独感，就会形成一种良好的品质，即爱的品质。

7. 成年中期(25～65岁)：主要通过生儿育女，获得生殖感，而避免停滞感，体现着关怀的实现，积极的成果是关怀后代

成年人已经建立家庭和自己的事业，有的人已成为父母。如果形成了积极的自我同一性，成人会通过对自己孩子的教育，丰富自己的生活，感到生活的乐趣。也有些父母，很少从教育孩子中获得快乐，而是感到厌烦，对生活不满。

这一阶段的危机如果得到积极解决，个体的繁殖就会超过停滞，从而形成一种良好的品质，即关心品质。具有这种品质的人，能自觉自愿地关心、爱护他人。

8. 成年晚期(65岁以后直至死亡)

在体验了人生的喜、怒、哀、乐之后，这一阶段主要为获得综合的完善感，避免对自己的失望和厌恶感，体现着智慧的实现。积极的成果为体验完成人生的使命感。

这一阶段大约从65岁开始，直至生命结束，属成年晚期。

这个阶段相当于老年期，人一生的主要工作差不多已经完成，容易回忆往事。前面七个阶段都能顺利度过的人，具有充实、幸福的生活，对社会有所贡献，具有充实感和完善感，会怀着充实的感情向人间告别。这种人不惧怕死亡，在回忆过去的一生时，自我是整合的。而生活中有过挫折的人回忆过去时，经常体验到绝望，因为他们的主要生活目标尚未达到，过去只是一连串的不幸。他们感到自己的人生已快终结，再开始已经太晚了。他们不愿匆匆离开人间，对死亡没有思想准备。

这一阶段的危机如果得到积极解决，个体的自我整合会超过绝望，就会形成一种良好的品质，即明智品质。明智是以超然的态度来对待生活和死亡。

埃里克森认为人的自我意识必须经历这八个阶段，每个阶段都不可逾越，但时间早晚因人而异。自我在人生经历中不断获得或失去力量，保证个人适应环境，健康成长。

二、影响人格形成的因素

在一个人的人生发展历程中，有许多因素会影响人格的发展，人格的塑造是先天、后天因素共同作用的结果。研究表明，人格是环境与遗传交互作用的产物。在人格培养的过程中，既要看到个体的生物遗传的影响，更要看到社会文化的决定作用。

(一)生物遗传因素

心理学家关于"生物遗传因素对人格具有何种影响"的研究已经持续很久了。由于人格具有较强的稳定性特征，因此，人格研究者也会注重遗传因素对人格的影响。

双生子的研究被许多心理学家认为是研究人格遗传因素的最好办法，并提出了双生子的研究原则：同卵双生子既然具有相同的基因形态，那么他们之间的任何差异都可以归于环境因素造成的。而异卵双生子的基因虽然不同，但在环境上有许多相似性，如出生顺序、母亲年龄等，因此也提供了环境控制的可能性。系统研究这两种双生子，就可以看出不同环境对相同基因的影响，或者是相同环境下不同基因的表现。研究结果表明：由于同卵双生子具有相同的基因，因此，他们间的任何差异一定是环境造成的；由于异卵双生子在遗传上不同，他们有许多相同的环境条件，故可提供一些有关环境控制的测量。同时研究同卵双生子与异卵双生子，就可能评估相同基因类型下不同环境的作用，以及在相同或类似环境下不同基因类型的作用。

研究结果表明：遗传是人格不可缺少的影响因素，但遗传因素对人格的作用程度因人格特征的不同而不同。通常在智力、气质这些与生物因素相关较大的特征上，遗传因素较为重要；而在价值观、信念、性格等与社会因素关系紧密的特征上，后天环境因素更重要。人格发展过程是遗传与环境交互作用的结果，遗传因素影响人格发展方向及形成的难易。

(二)社会文化因素

人一出生，便置身于社会文化之中并受社会文化的熏陶与影响，文化对人格的影响伴随着人的终生。社会文化塑造了社会成员的人格特征，使其成员的人格结构朝着相似性的方向发展，而这种相似性又具有维系一个社会稳定的功能。这种共同的人格特征又使得个人正好稳稳地"嵌入"整个文化形态里。社会文化对人格的影响力因文化而异，这要看社会对顺应的要求是否严格，越严格，其影响力就越强。影响力的强弱也视其行为的社会意义的大小，对于不太具有社会意义的行为，社会允许较大的变异；但对在社会功能上十分重要的行为，就不允许太大的变异，社会文化的制约作用就越大。但是，若个人极端偏离其社会文化所要求的人格基本特征，不能融入社会文化环境之中，可能就会被视为行为偏差或心理疾病。

社会文化具有塑造人格的功能，这反映在不同文化的民族有其固有的民族性格，不同的地域有着不同的文化传统，不同的文化发展时期有着不同的文化认同。例如，美国人类学家米德等人研究了新几内亚的三个民族的人格特征，结果表明，来自同一祖先的不同民族各具特色，鲜明地体现了社会文化对个体的影响力。居住在山丘地带的阿拉比修族，崇尚男女平等的生活原则，成员之间互相友爱、团结协作，没有恃强凌弱，没有争强好胜，一派亲和景象。居住在河川地带的孟都古姆族，生活以狩猎为主，男女间有权力与地位之争，对孩子处罚严厉。这个民族的成员表现出攻击性强、冷酷无情、嫉妒心强、妄自尊大、争强好胜等人格特征。居住在湖泊地带的张布里族，男女角色差异明显，女性是这个社会的主体，她们每日操作劳动，掌握着经济实权；而男性则处于从属地位，其主要活动是艺术、工艺与祭祀活动，并承担孩子的养育责任。这种社会分工使女人表现出刚毅、支配、自主的性格，男人则有明显的自卑感。

社会文化对人格的影响力一直被人们所认可，它对人格的形成与发育具有重要的作用，特别是后天形成的一些人格特征，如性格、价值观等。社会文化因素决定了人格的共同性特征，它使同一社会的人在人格上具有一定程度的相似性，如民族性格等。

(三)家庭环境因素

家庭常被视为人类性格的加工厂，它塑造了人们不同的人格特征。家庭虽然是一个微观的社会单元，但它对人格的培育起到了至关重要的作用。家庭是社会的细胞，它不仅具有其自然的遗传因素，也有着社会的遗传因素。这种社会遗传因素主要表现为家庭对子女的教育作用，俗话说："有其父，必有其子"，其中不无一定的道理。父母们按照自己的意愿和方式教育孩子，使他们逐渐形成了某些人格特征。

孩子的人格是在与父母持续相互作用中逐渐形成的，富于感情的父母将会示范并鼓励孩子采取更富情感性的反应，因此，也加强了孩子的利他行为模式，而不是攻击行为模式。孩子的人格就是在父母与他们的相互磨合中形成的。孩子在批评中长大，学会了责难；在敌意中长大，学会了争斗；在虐待中长大，学会了伤害；在支配中长大，学会了依赖；在干涉中长大，学会了被动与胆怯；在娇宠中长大，学会了任性；在否定中长大，学会了拒绝；在鼓励中长大，增强了自信；在公平中长大，学会了正义；在宽容中长大，学会了耐心；在赞赏中长大，学会了欣赏；在爱中成长，学会了爱人。这样的说法不无道理。

民主型教养方式，父母与孩子在家庭中处于一个平等和谐的氛围中，父母尊重孩子，给孩子一定的自主权，并给予孩子积极正确的指导。父母的这种教育方式使孩子形成了一些积极的人格品质，如活泼、乐观、直爽、自立、彬彬有礼、善于交往、富于合作、思想活跃等。

由此可见，家庭是社会文化的媒介，它对人格具有强大的塑造力。其中，父母教养方式的恰当性会直接决定孩子人格特征的形成。父母在养育孩子的过程中，表现出了自己的人格，并有意无意地影响和塑造着孩子的人格，形成家庭中的"社会遗传性"。

(四)学校教育因素

学校教育对适龄儿童的人格形成具有重要的作用。学校的生活扩大了儿童的生活范围，丰富了他们的活动内容，对他们也提出了更高的要求与更为实际的工作任务。这样，在知识传授的课堂教学中，可以训练学生习惯于系统地和明确目的地学习，让学生在克服困难的过程中培养勇敢、顽强、坚定的性格特征。

良好的班风能促使学生形成积极性、主动性、独立性和自觉纪律性等优良性格特征。共青团与少先队活动的生动性、趣味性与灵活性，则容易使学生形成好奇、探究、活泼、开朗的性格。

教师是学生学习的榜样，在学生人格形成中起着极为重要的作用。有人研究了教师对学生的态度对学生性格的影响。研究表明：教师的态度是专制的，学生表现为情绪紧张、冷淡、带有攻击性、自制力很差；教师的态度是民主的，学生表现为情绪稳定、积极、态度友好、有领导能力；教师的态度是放任的，学生表现为无组织、无纪律、自由散漫。不仅如此，教师还会以全部行为和整个人格来影响学生。教师的高尚人格，如思想进步、强烈的责任心、富有同情心、谦虚、朴素等，会对学生产生深刻而积极的影响。而学生所不喜欢的教师，他的教育使学生不愿意接受，他的消极人格，如粗暴、自私、神经质等，会对学生产生自暴自弃、不求上进的不良影响。

(五)自我调控因素

上述各因素体现的是人格培养的外因，而外因是通过内因起作用的。人格的自我调控系统就是人格发展的内部因素。人格调控系统是以自我意识为核心的。自我意识是人对自身以及对自己同客观世界的关系的意识，具有自我认知、自我体验、自我控制三个子系统。自我调控系统的主要作用是对人格的各个成分进行调控，保证人格的完整、统一、和谐。它属于人格中的内控系统或自控系统。

自我认知是对自己的洞察和理解，包括自我观察和自我评价，其中，自我评价是自我调节的重要条件。自我观察是对自己的感知、期望、行为以及人格特征的评价和评估。当一个人不能正确地认识自我，只看到自己的不足，觉得处处不如人，就会自卑，丧失信心，做事畏缩不前，甚至失败；相反，过高地评价自己，盲目乐观，也会导致失误。因此，准确地认识自我，实事求是地评价自己，是自我调节和人格完善的重要途径之一。

自我体验是自我意识在情感上的表现，是伴随自我认识而产生的内心体验。当一个人对自己做正向的评价时，就会产生自尊感；做负向评价时，便会产生自卑感。自我体验的调节作用体现在它可以使自我认识转化为信念，进而指导其言行；同时，自我体验还能够伴随自我评价激励积极向上的行为或抑制不当行为。当一个人认识到自己不当行为的后果时，会产生内疚、羞愧的情绪，从而收敛并制止自己的不当行为再次发生。

自我控制是自我意识在行为上的表现，是实现自我意识调节作用的最终环节。当个体认识到社会要求后，会力求使自己的行为符合社会准则，从而激发起自我控制的动机，并付诸行动。当一名学生意识到学习对于自己的发展具有重要意义时，会激发起他努力学习的动力，从而在行为上表现为刻苦学习、不怕困难、持之以恒、积极进取。自我控制包括自我监控、自我激励、自我教育等成分。

第三节　健康人格的形成与发展

一、健康人格的基本特征

健康人格是心理学，尤其是人格心理学研究的重要内容。它是从人的心理状态、精神面貌的角度，探讨人对自身、对周围环境的良好适应和有效改造。健康人格是心理健康的完美状态。

网络孤独

职业生涯规划

心理学家们从各方面描述了健康人格的特征，提出了健康人格的种种模式。美国心理学家阿尔波特认为具有健康人格的人是成熟的人。成熟的人有以下七条标准。

(1) 专注某些活动，在这些活动中是一个真正的参与者。
(2) 对父母、朋友等具有显示爱的能力。
(3) 有安全感。
(4) 能够胜任自己所承担的工作。

(5) 能够客观地看待世界。
(6) 能够客观地认识自己。
(7) 有坚定的价值观和道德心。

美国人本主义心理学家罗杰斯认为，健康人格不是人的状态，而是过程；是趋势，而不是终点。他认为，幸福不意味着一个人所有的需要都得到满足，如财产和地位。幸福的真谛在于积极地参与实现的倾向，在于持续地奋斗，而不是它的结果。具有健康人格的人是能充分起作用的人，其特征如下。

(1) 对新的经验有很强的适应性，能够自由地分享这些经验。
(2) 有协调的自我。
(3) 能以自己的内在评价机制来评价经验。
(4) 能自我关注。
(5) 乐于给他人以无条件的关怀，能与他人高度协调。

具有健康人格的人，是心理健康者，是人类应该追求的价值目标。他们能有意识地控制自己的生活，掌握自己的命运，能意识到自己的优点和缺点。

对健康人格的理解和使用，目前分歧和争议都很大，从人格心理学的角度和意义上来说，大多数研究者都倾向于人格健康应具有如下标准。

(1) 认知健全适宜。
(2) 情感饱满适度。
(3) 意志坚强可控。
(4) 关系和谐统一。
(5) 人际和谐宽松。

大学生健康人格包括以下几个方面的内容。

(1) 自我悦纳，接纳他人。人格健全的学生能够积极地开放自我，正确地认识自己，坦率地接受自己的不足并对生活持乐观向上的态度。

(2) 人际关系和谐。人格健全者心胸开阔，善解人意，宽容他人，尊重自己也尊重他人，对不同的人际交往对象表现出适宜的态度，既不狂妄自大，也不妄自菲薄，在人际关系中具有吸引人的魅力，深受大家的喜欢。

(3) 独立自尊。人格健全者的人生态度乐观向上，生活态度积极热情，有正确的人生观与价值观，能够理性地分析生活事件，头脑中非理性观念较少。人格独立，自信自尊。

(4) 能够发挥自己的潜能。人格健全的大学生具有自我发展、自我塑造与自我完善的能力，能够充分开发自身的创造力，创造性地生活，发现生命的意义并选择有意义的生活。

二、大学生常见的人格发展不足的方面

大学时代既是学习知识的黄金时代，也是人格发展的重要阶段。但在大学生人格发展中，普遍存在着人格发展不足的情况。

(一)无聊

无聊心理的主要特点是空虚、幻想、被动，感觉不到自我存在的意义与人生的价值，其核心在于没有确立合适的人生目标。空虚是因为没有目标或目标太低，人一旦失去目标

的牵引，生活就没有动力；缺乏对生命意义的深刻认识，就会出现茫茫然混日子的现象，对生命意义的否定发展到极端是对生命的否定；幻想是由于目标定位不准确或者目标太多而导致的心理负担，实质是对责任的恐惧；被动是由于目标不是自己内心的渴望，未获得内心的自觉与认同，只是为学习而学习，为考试而考试，疲于应付，学习生活中缺乏主动性和创造性。克服无聊心理的根本方法是确立恰当的人生目标，并由人生目标牵引着实现自己的人生价值。

(二)不良意志品质

不良意志品质是指意志发展的不良倾向，主要表现为：生活缺乏目标、随波逐流、无所事事、懒散倦怠、浑浑噩噩、醉生梦死；还有的意志发展不成熟，曲解意志品质，把刚愎自用、轻率当作果断，把犹豫、彷徨当作沉着冷静，把固执己见、执着一念当作顽强等。不良意志品质一经形成，会带来很多性格缺陷，最后发展为人格缺陷。克服不良意志品质的办法是矫正自我认知中的非理性观念，正确理解意志品质的内涵，发展自觉性、果断性、坚韧性和自制力。远大的理想、坚定的信念和正确的世界观，是人奋斗的动力之源；大学生应确立适当的行动目标并付诸实践。

(三)懒散

懒散是指一种慵懒、闲散、拖拉、疲沓、松垮的生存状态，其主要表现在：活力不足，什么也不想做，没有计划，随波逐流；无法将精力集中在学业中，无法从事自己喜欢的事，百无聊赖，心情不爽，情绪不佳，犹豫不决，顾此失彼，做事磨蹭。在大学生活中学生常常是踏着铃声进教室的。

(四)偏狭

偏狭就是人们常常说的"小心眼"，主要表现为心胸狭窄、耿耿于怀、挑剔、嫉妒。偏狭的人格特征是百害而无一利的。偏狭人格多出现于性格内向者，尤其是女性。偏狭不是与生俱来的，而是后天习得的。因此，克服偏狭人格首先要学会宽容，能够容人容事，正确看待生活中出现的矛盾冲突，对事不对人；其次要开阔心胸，拓宽视野。人一旦心胸狭窄，就容易进入管状思维，只见树木，不见森林。

(五)虚荣

虚荣是指过分看重荣誉、他人的赞美，自以为是。虚荣心往往与自尊心、自卑感紧紧相连。没有自尊心，就没有虚荣心，也就没有自卑感。虚荣心是自尊心与自卑感的混合产物。虚荣心强的人一般性格内向，情感脆弱，自尊敏感，虽然有些自卑，又担心别人伤害自己的尊严，过分介意别人的评论与批评，与人交往时防御性强，喜欢抬高自己的形象，他们捍卫的是虚假的、脆弱的自我。克服过强的虚荣心，首先要对虚荣心的危害性有明确的认识；其次要正确看待名利，正视自己的优势与不足，扬长避短；最后是树立健康与积极的荣誉心，正确表现自己，不卑不亢，正确对待个人得失与他人评价。

(六)自我中心

自我中心的人考虑问题、处理事情都以自我为中心,将自我作为思考问题的出发点与归宿。表现为一切以自己为出发点,目中无人,甚至自私自利,遇到冲突时,认为对的是自己而错的是他人。特别是那些自尊心、优越感、自信心都很强且独立的大学生,比较容易陷入自我中心之中。改变自我中心的途径主要有:一是正确评价自己,认识到自己的社会责任,既不妄自菲薄也不夜郎自大,既不自我贬损也不自恋;二是树立正确的人生观与价值观,将自己与他人、自我与社会、个人利益与集体利益统筹考虑,从狭隘的小天地走出来;三是学会尊重自己与尊重他人,懂得设身处地,换位思考,真诚待人。

(七)环境适应不良

环境适应不良主要是指大学生对大学学习、人际关系、异性交往等方面表现出的不适应,表现为强烈的失落感、孤独感,不能适应环境的改变。事实上,在构成环境的诸多要素中,人是最重要的要素,个体既受环境的影响与制约,又影响与改变着环境,因此,大学生要多了解自己所处的环境,培养自我调节的能力,在不同的环境下,能够主动适应环境,并成为环境的改造者。

三、大学生健康人格的塑造

(一)提高塑造健康人格重要性的认识

从古至今,人格的塑造都在社会生活和个人生命中占有十分重要的地位。人的一生应该是一个不断完善自我、超越自我、成就自我的过程,是追求生命意义的过程。由于现代社会竞争的激烈和现代生存技能培养的复杂性,往往过分强调智力的开发和技能的培训,而忽略了人格的养成。良好的性格对大学生的学习、交往和未来事业的成就关系重大,在某种意义上甚至可以说性格可以影响人一生的命运,性格可以影响人一生的幸福和价值观。

大学生在入大学前,家长和学校往往过分关注学生的成绩,很少关注精神和心理的健康发展,道德修养就更无关紧要了。大学阶段本身就是人格形成的关键时期,大学生在大学生活中更应该关注精神,关注心灵,自觉弥补以往教育的缺陷,主动进行人格修正。

(二)在实践活动中养成健康人格

要使自己成为一个人格健全的人,需要个体从很多方面加以努力,可以简单地概括为以下几个方面。

1. 悦纳

一个人格健全的人,首先是对自己要有满意感,悦纳自己。对自己所做的事情、对经过努力完成的目标有认同感。即使这个目标并不轰轰烈烈,就像一位母亲看着一家人围坐在一起,津津有味地吃着自己烧的饭菜,心里充满了成就感一样。只要自己尽力而为,就没有什么可以抱怨的。

一个人格健全的人,除了悦纳自己之外,还应悦纳别人。一个妄自菲薄的人自己活得很累，一个狂妄自大的人也不会过得很轻松，因为他时时有被周围人抛弃的可能。因此，承认别人存在的价值，由衷地为别人的成功而高兴，即使他和你有不同意见，也一样地为他祝福，那么你会是个受人欢迎的人。

2. 独立

人格健全的人是独立的人，独立的人能最大限度地发挥自己的潜能。因为独立的人相信自己有能力改变生活，相信人们可以通过努力来改变社会，使之更加合理美好。因此，独立的人拒绝被动，不相信"宿命论"，不迷信传统和权威，在生活、学习和工作中有自己的想法，并努力使之付诸实践。独立的人不为别人而是为自己活着，所以不会随波逐流，说话做事不会违背自己的良心。

3. 理性

人格健全的人是理性的人，表现在能客观地认识自我，评价自己，对自己提出的目标是切实可行的。理性的人是善于控制自己的，喜、怒、哀、乐都适可而止，情绪反应比较适度，较少有酗酒、斗殴、自杀等行为冲动。

4. 善良

人格健全的人应该是一个有道德感的人，对他人有着深切的同情心和爱心。乐于帮助别人，善于理解别人。

践行是儒家提倡的重要方法，在高尚人格的形成中起重要作用。一个人的一言一行往往是其人格的外化，反过来，一个人日常行为的积淀成为习惯就是人格。大学生培养良好习惯的过程，就是运用意志，改正自己的缺点，把自己的理想、人生理念、信仰，付之于行动的过程。这也是自我磨砺的过程。从小事做起，从我做起，良好的品质，是长期锻炼的结果。强调知行合一，从小事做起，培养良好习惯是健康人格自我塑造的基本途径。荀子曰："积土成山，风雨兴焉；积水成渊，蛟龙生焉；积善成德，而神明自得，圣心备焉。"也就是说，个体得善不是一蹴而就的，是一个不断积累和深化的过程。经过善的积累，不断强化，逐渐凝固成优良的品德。

(三)加强人文知识的学习和熏陶

当前大学生，人文知识比较贫乏。现代社会各种大众传媒的发达带来方方面面的影响，能静下心读书是很困难的事。大学生人文知识的欠缺与大学前的应试教育有关，也与现代的环境有密切关系。一些大学生，尤其是理工类大学生认为读人文类书籍没有用，是浪费时间，对稍微有点理论深度的书，认为看不懂。这反映了一些大学生的懒散，思想的贫乏，当然也和他们以往所受人文类课程僵化的教学方式的影响有关。而这反过来又影响了大学生的人文素质的提高和健康人格的塑造。大学阶段，时间充分，相对生活压力较小，大学生应该集中精力，好好读书，多读好书，丰富自己的精神世界，陶冶情操。

(四)不良性格的调节

性格是人格的核心，良好的性格特征是大学生成才的基础。下面以如何克服急躁性格、如何去掉火暴脾气为例来说明良好性格的养成。

1. 克服急躁性格

急躁性格又称"急性子"。急躁者多半表现出耐心、细心和恒心的不足；急躁的人容易发怒，因而既影响人际关系，又影响自己的身心健康。有人把这种性格称为 A 型性格，据研究，此类性格最易导致冠心病、高血压等症。

(1) 急躁性格的特点。

急躁性格的人，一般具有如下行为特点。

① 与人交谈，急于表达自己的观点，不大能够耐心地让别人把话讲完。

② 认为要做某件事时，非得立即动手不可，很少周全考虑，也不管主观条件是否具备。

③ 总感到有很多事要去做，常常手忙脚乱。

④ 对看不惯的事或不称心的事，习惯直露心事，而不大考虑后果。

⑤ 在不得不排队或等待时，就会心急火燎，牢骚不断。

⑥ 玩任何游戏非要赢不可，即使与孩子玩耍时往往也是如此。

⑦ 看到别人做自己认为可以干得更快、更好的工作时，就变得急不可耐。

急躁性格具有两重性，即优点与弱点、长处与短处并存。性子急的人，做事雷厉风行，说干就干，这是好的一面；但由于性子过急，常常欲速则不达，把好事办坏，这就是不足的方面。

(2) 克服急躁性格的方法。

要克服急躁性格，下列方法可供选择。

① 脱敏法。即创造一种环境或条件，使原有的性格逐渐良化。我国著名射击运动员吴小璇，是出名的急性子，为此常在比赛中抢先射击，影响成绩。后来她就强迫自己学习钓鱼，在湖边一坐就是老半天，急性子有了很大改变。我们还可通过学习书法、绘画来改变自己的急性子。

② 放松法。大多急性子的人都有个特点：情绪不好时，性子尤其急。人很难保证自己的情绪永远处于愉悦状态，但人可以学会放松自己的情绪，而使其不处于恶化状态。平时经常听听音乐，散散步，读些幽默作品，培养广泛兴趣，对情绪能起优化作用。一个人不要总是急急匆匆，忙忙碌碌。其实，"急性子"的忙碌有许多是无事忙、寻事忙，反而自寻烦恼。要学会放松自己，该紧张时紧张，该悠闲时悠闲。对自己也应有恰当认识，放弃过高的要求，努力去做一些现实可行的事。这样可以减少许多不必要的烦恼，避免由此而引起的性子急躁。平时要注意劳逸结合，张弛有度，争取每天有一定的文体活动时间，对磨平急性子是有好处的。

③ 暗示法。当意识到自己的急躁毛病发作时，可自我暗示："不要急"，"有些事急也没用"，"急躁往往会把好事办坏的"，"我要平静下来，我已经平静下来了"，"我要按计划行事，不慌不忙，从容不迫"。

④ 提醒法。为了培养自己遇事不慌、从容镇定的态度，在采取行动之前，可自我提出一些问题，如："这事我是否已做了充分准备？计划是否周密详尽？""对这项工作，我是否已有把握？""这项工作中我将会遇到哪些困难？""对这些我是否已有了恰当的对策？"这样多提出一些问题，多泼一点冷水，有助于使自己因急躁而发热的头脑冷静下来。

2. 克服火暴脾气

火暴脾气是指遇事好着急、易激惹的个性。这种不良的个性品质，通常多见于性格外向兼有神经质的青少年。作为一种不良的性格，火暴脾气的主要表现是易激惹，沉不住气，不能控制自己的感情，听到一句不顺耳的话就火冒三丈，甚至唇枪舌剑，拳脚相加。

火暴脾气的形成与遗传有一定的联系，属于胆汁质的气质类型，容易着急上火，又称为"不可遏止型"。这种气质类型的人性格比较暴躁，缺乏自我克制能力，容易发脾气，加上心胸狭隘、自私、斤斤计较，只图自己痛快，容易冒犯别人。此外，家庭的放纵、溺爱或管教过严等，也是造成大学生脾气火暴的主要外部原因。

对火暴脾气可采用以下几种方法进行矫正。

① 认识火暴脾气的危害。第一，火暴脾气会伤害友情。在与别人的交往过程中，你动不动就发脾气，往往容易伤害对方的自尊心，有时还会引起对方发脾气，结果不但问题得不到解决，还伤了彼此之间的和气。再说，对别人发脾气，是对别人的不尊重，那么必然就得不到别人的尊重，相反，还会遭到他人的轻视。第二，火暴脾气会伤害自己的身体。火暴脾气的性格，经常会损伤肝脏，妨碍自己的学习和工作。

② 增强自我控制能力。火暴脾气的矫治，需要有坚强的自制力。自制的方法很多，如当感到自己要发脾气时，可反复默念"不要发火"。又如，当感到自己要发脾气时，可迅速离开现场，去干别的事情，或干脆去找别的人谈谈心，散散步。这样"气"头过后，返回现场，发脾气的外部条件已经不复存在，理智也占了上风，就可进行有效的克制了。

③ 学会进行换位思考。在人际交往的过程中，心理因素起着重要作用。人们都希望自己是对的，对方必须接受自己的意见和做法。但是，双方都坚持己见而不能理智地考虑对方的意见、行为，极易引起冲突。如果双方能交换角色而站在对方立场上想一想，就会在比较中了解彼此的动机和目的，意识到自己的意见是否正确，对方是否能接受，从而避免对方大动肝火。

本 章 小 结

人格是伴随着人的一生不断成长的心理品质。人格的成熟意味着个体心理的成熟，人格的魅力展示着个体心灵的完善。人格是一个丰富而复杂的心理成分，它凝聚着文化、社会、家庭、教育与先天遗传的个体风貌。"人有千面，各有不同。"人格有着鲜明的个性特征，人格的差异铸就了个体千差万别、千姿百态的心理面貌。通过本章的学习，可掌握人格的本质、人格结构的理论等相关的基本知识以及影响人格形成与发展的因素和健康人格的培养和发展。

拓展阅读

大 五 模 型

20世纪80年代以来，美国心理学家科斯塔和麦克雷等人在人格描述模式上达成了比较一致的共识，提出了人格五因素模式，被称为"大五人格"。

在人格科学研究领域，传统上有三种不同的研究取向：临床的、相关的和实验的。但无论研究者们采用什么研究取向，他们的一个共同目标都是构建一个可能描述、解释人格特点的人格模型，从弗洛伊德的本我—自我—超我人格结构到美国心理学家雷蒙德·卡特尔(R. B. Cattell)的十六种人格因素，我们可以看出每一位著名的人格心理学家都会提出一个人格结构模型。通过分析研究这些众多的人格模型，发现它们所包括的因素数量和因素性质都有很大的不同，一致性很小，没有取得共识。但是，近十年来，人格结构五因素模型取得了令人瞩目的进展，被许多研究所证实和支持，也被众多的心理学家认为是人格结构的最好范型。

人格结构中的五个因素后来被称为"大五"人格，强调该人格模型中每一维度的广泛性。这五个维度因素分别是神经质性、外倾性、开放性、宜人性和认真性。

这五种人格特质是如下。

情绪稳定性：焦虑、敌对、压抑、自我意识、冲动、脆弱。

外向性：热情、社交、果断、活跃、冒险、乐观。

开放性：想象、审美、情感丰富、求异、智能。

随和性：信任、直率、利他、依从、谦虚、移情。

谨慎性：胜任、条理、尽职、成就、自律、谨慎。

(资料来源：百度百科整.)

思考与练习

1. 大学生人格发展中值得关注的问题有哪些？你认为应如何完善自我人格？
2. 认真分析一下你的家庭教养方式，评述家庭对你成长的影响。
3. 内心自我剖析十分重要，请你认真回答以下问题。
(1) 最怕发生的事；
(2) 最不敢想的事；
(3) 最不容易忘记的事；
(4) 从未告诉别人的事。
4. 以下是生活中的几个片段，它们也许就发生在你的身边。当你面临如下情境时你会怎样处理呢？

【情境一】学校开始实习了，有好几个选择。有一个远点的单位特别好，可是大家都嫌远不去，我很想去，不过一想到大家都不去又想放弃。

你的处理方法：_____

【情境二】我已报名参加一项大型的演讲比赛，以往我参加学校的比赛都是由当语文教师的妈妈帮我选题、写稿，可是这次妈妈出差，我好泄气。

你的处理方法：_____

【情境三】这是我第一次走进社会求职，听过了许多失败的例子自己很害怕，想让家长帮帮忙，这样较易成功。

你的处理方法：_____

【情境四】要报考研究生了，我想报考自己喜欢的北京高校，在那里我所学的专业发展得很好。可是家长却认为女孩子不要离家太远,要我报考离家近一点的学校。我已在这个城市待了20多年,很想走出去看看,但是离家远也是很苦的。

你的处理方法：＿＿＿＿＿＿＿＿＿＿＿＿＿＿＿＿＿＿＿＿＿＿

5. 从林肯的故事中你得到了什么感悟?

靠自己的力量

美国第16届总统亚伯拉罕·林肯是美国人心目中的圣人,也是享誉世界的著名人物。林肯出生在肯塔基州最荒凉的地带,他的父亲是一个流浪汉,四处游荡,靠打零工或猎鹿过活,曾经穷得要太太用荆棘来缝衣服。到了15岁,林肯才开始上学,但终其一生,他所受的正规教育加起来不过12个月。在这样的艰苦环境中,在没有他人的帮助提携中,林肯靠自己的力量不断求知、上进,最终走进了美国总统的办公室,成了那里的主人。林肯没有有钱有势的亲戚,在当上总统前也一直过着贫穷的生活。如果他等着依靠他人,恐怕会和他父亲一样,永远都只是一个流浪汉了。

实 践 课 堂

有一位大学生,现实生活中性格内向,成绩中下,常有一定的自卑感,总认为自己将会一事无成。后经同学的介绍,他学会了上网。在网上他体验到了与现实生活完全不同的另一种生活,性格并不像生活中那么内向,智力也不像想象中那么低。他感到内心很困惑,到底现实生活中的自我和网络中的自我哪一个是真实的呢?

他应该怎样面对这两个不同的自我?

想一想:

1. 你有过这种体验吗?

2. 你认为造成这种情况的原因是什么?

3. 面对这种情况,你该怎么办?

【附录】心理测试10：你知道自己的气质类型吗？扫描下方二维码。

参 考 文 献

[1] 卢家楣. 心理学[M]. 上海：上海人民出版社，2000.
[2] 彭聃龄. 普通心理学[M]. 北京：北京师范大学出版社，2012.
[3] 姚本先. 学校心理健康教育新论[M]. 北京：高等教育出版社，2011.
[4] 林崇德. 发展心理学[M]. 北京：人民教育出版社，2009.
[5] 金盛华. 社会心理学[M]. 北京：高等教育出版社，2010.
[6] C. R. 斯奈德. 积极心理学[M]. 北京：人民邮电出版社，2013.
[7] 克里斯托弗·彼德森. 积极心理学[M]. 北京：群言出版社，2010.
[8] 樊富珉. 大学生心理素质教程[M]. 北京：北京出版社，2002.
[9] 汪元宏. 大学生心理健康教育新编[M]. 南京：南京大学出版社，2012.
[10] 姜宪明. 大学生心理自我保健[M]. 北京：北京出版社，2001.
[11] 朱海娟，张伯华. 大学生心理健康教育[M]. 济南：山东人民出版社，2012.
[12] 贾晓明. 大学生心理健康[M]. 北京：北京理工大学出版社，2005.
[13] 张玲. 心理健康研究与指导[M]. 北京：教育科学出版社，2003.
[14] 张厚粲. 大学生心理学[M]. 北京：北京师范大学出版社，2002.
[15] 蔺桂瑞，杨芷英. 大学生心理健康与人生发展：成长，从关爱心灵开始[M]. 北京：高等教育出版社，2010.
[16] 王高亮，李侠. 大学生心理健康教育[M]. 北京：北京工业大学出版社，2010.
[17] 葛明贵，王军，施玉琴. 大学生心理健康教育[M]. 北京：教育科学出版社，2014.
[18] 冯观富. 辅导原理与实务[M]. 台北：台湾心理出版社，1996.
[19] 陈家麟. 学校心理健康教育：原理与操作[M]. 北京：教育科学出版社，2002.
[20] 吴增强. 当代青少年心理辅导[M]. 上海：上海科技文献出版社，2002.
[21] 理查德·格里格，菲利普·津巴多. 心理学与生活[M]. 北京：人民邮电出版社，2011.
[22] 毕淑敏. 心理咨询手记[M]. 北京：中国青年出版社，2011.
[23] 莫斯奇里. 绘画心理治疗——对困难来访者的艺术治疗[M]. 陈侃，译. 北京：中国轻工业出版社，2012.
[24] 约瑟夫·J. 卢斯亚尼. 改变自己：心理健康自我训练[M]. 迟梦筠，孙燕，译. 重庆：重庆大学出版社，2012.
[25] 史蒂文·C. 海斯，斯宾斯·史密斯. 跳出头脑，融入生活：心理健康新概念 ACT[M]. 曾早垒，译. 重庆：重庆大学出版社，2012.
[26] 陈祉妍，王雅芯，明志君，等. 日常生活心理健康50问[M]. 北京：商务印书馆，2021.
[27] 沈德立. 大学生心理健康[M]. 北京：高等教育出版社，2013.
[28] 哈克. 改变心理学的40项研究[M]. 北京：人民邮电出版社，2014.
[29] 罗伯特·戴博德. 蛤蟆先生去看心理医生[M]. 天津：天津人民出版社，2020.
[30] 林孟平. 心理咨询与治疗[M]. 上海：生活·读书·新知三联书店，2022.